JN485211

「소설」론

『小説神髄』와 근대

'SHOSETSU' RON: "SHOSETSU SHINZUI" TO KINDAI
by Hideo Kamei(亀井秀雄)

Copyright ⓒ 1999 by Hideo Kamei

Originally published in Japanese by Iwanami Shoten, Publishers, Tokyo, 1999.
This Korean language edition published in 2006.
by Konkuk University Press, Seoul
by arrangement with the author c/o Iwanami Shoten, Publishers, Tokyo

原題:「小説」論—『小説神髄』と近代 / 原出版社: 岩波書店

이 책의 한국어판 저작권은 원저자인 Hideo Kamei의 저작권 사용 승인에 의하여 건국대학교출판부에 있습니다. 저작권법에 의해 한국 내에서 보호를 받는 저작물이므로 무단전재와 무단복제를 금합니다.

「소설」론 『小說神髓』와 근대

1판 1쇄 찍은날 2006년 10월 28일
1판 1쇄 펴낸날 2006년 11월 3일
지은이 가메이 히데오(亀井秀雄)
옮긴이 신인섭
펴낸이 오 명
펴낸곳 건국대학교출판부
등록 / 제 4-3 호(1971. 6. 21.)
주소 / 143-701, 서울시 광진구 화양동 1번지
전화 / (02) 450-3891~3
팩스 / (02) 457-7202
홈페이지 / http://press.konkuk.ac.kr
전자우편 / press@konkuk.ac.kr
책임편집 박명희
찍은곳 동화인쇄(주)
정가 13,000원

ⓒ 건국대학교출판부, 2006

ISBN 89-7107-457-4 93800

* 저자와 협의하여 인지 첨부를 생략합니다.
* 잘못된 책은 바꾸어 드립니다.

이 도서의 국립중앙도서관 출판시도서목록(CIP)은 e-CIP 홈페이지(http://www.nl.go.kr/cip.php)에서 이용하실 수 있습니다.(CIP제어번호: CIP2006002279)

「소설」론

『小說神髓』와 근대

가메이 히데오(亀井秀雄) 지음
신인섭 옮김

건국대학교 출판부

일러두기

메이지(明治)는 1868년 메이지 유신을 원년으로 사용하는 연호로 그 후 다이쇼(大正, 1912~1926), 쇼와(昭和, 1926~1989), 헤세(平成, 1989년 이후)로 이어진다. 일본에서는 통상 이 연호로 연도 표기를 하는데, 원전에서는 연도 표기를 중심으로 표기하고 있다. 이것은 '근대' 이후의 문학사적 이해의 틀이 연호식 연대에 의해 형성, 고정된 사정을 염두에 두지 않으면 이해하기 어려울 것이다. 원전의 연도 표기 방식과 번역 방침을 제시하면 다음과 같다.

[원전의 연도 표기 기본 방식]

<본문> 메이지 이전 시대의 일본문: 연호 연도와 서기 연도를 병기
메이지 이후의 일본문: 연호 연도만 표기
서양서: 서기 연도만 표기

<주> 일본서: 연호 연도만 표기
서양서 및 일본어 번역서: 서기 연도만 표기

<참고문헌> 일본서 및 일본어 번역서: 연호 연도와 서기 연도 병기
서양서: 서기 연도만 표기

[번역에서의 연도 표기 기본 방식]

- 서기 연도만 표기된 경우: 그대로 서기 연도만 표기
- 일본 연호 연도만 표기된 경우나 서기 연도 병기된 경우는 모두 서기 연도를 우선 표기하고 괄호( ) 안에 연호 연도를 표기
- 연호 연도 표기는 明治12, 大正3, 昭和45, 平成6과 같이 하고, 생략해도 무방한 경우는 생략하기도 한다.

[번역문 표기 방침]

- 원서의 한자는 '일본어 상용한자'로 우리의 한자 약자체에 해당한다. 번역문 본문에서는 정자체의 한자를 사용하되, 책 제목 및 각주, 미주, 참고문헌의 한자는 일본어 상용한자를 사용한다.
- 원서의 덧말은 특별한 경우를 제외하고 생략하고, 방점은 원문대로 표기한다.
- 인명 등 고유명사는 특수한 경우를 제외하고 한글맞춤법규정안에 따랐으며 작품명의 번역은 뜻을 살리는 것이 자연스러운 경우는 가급적 뜻 번역을 하였으며 그 외에는 음 번역을 달았다.

한국어판 서문

이번에 건국대학교 신인섭 교수의 번역으로 저의 『「小說」論 『小說神髓』と近代』(岩波書店, 1999)이 한국에서도 읽히게 되어 대단히 기쁩니다.

신 교수와 저는 제가 연구노트 형식으로 이 책의 토대가 된 글을 홋카이도 대학의 『홋카이도 대학 문학부 기요(北海道大學文學部紀要)』에 쓰고 있을 무렵 함께 공부한 사이입니다. 자신의 연구에 누구보다도 많은 이해를 해 준 분이 이 책의 번역을 해 주셨다는 점에서 제 기쁨은 더 한층 각별합니다.

저는 이 연구에 착수하기 전에 일본의 20세기 문학을 연구하는 한편 현대문학 평론을 쓰고 있었습니다. 거기에 전기가 찾아온 것은 『감성의 변혁(感性の変革)』(講談社, 1983)을 쓸 무렵이었습니다.

그 저서는 미국의 UCLA 마이켈 보다쉬(Michael Bourdaghs) 교수를 중심으로 한 일본 문학 연구팀에 의해서 "*Transformations of Sensibility; The Phenomenology of Meiji Literature*"(The University of Michigan Press, 2002)라는 제목으로 번역되어 영어권 사람들에게도 읽히고 있습니다. 이 저서의 자매편에 해당하는 이 책이 널리 한국 독자에게 읽힌다는 점에서도 저는 커다란 기쁨을 느끼고 있습니다. 우선 먼저 『감성의 변혁』에 대해서 조금 설명을 드리면 저는 그 책에서 무엇보다도 현재에는 거의 읽지 않고 연구자들도 관심을 쏟지 않는 에도 시대에서 메이지 시대에 걸친 읽을거리에 주목하였습니다.

분명히 그들 읽을거리는 사전 준비 없이 읽으면 전혀 재미가 없는 지루한 서적에 지나지 않습니다. 거기서 우리들은 그것들을 문학적으로 미숙한 것이라고 배제해 버리기 쉽습니다. 그러나 과연 그것이 연구인가 반성하지 않을 수 없습니다. 예컨대 현대의 우리들에게는 지루하고 재미가 없을지라도 그것들이 발표된 시대의 독자에게는 충분히 재미있고 즐거웠다고 한다면 그들처럼 즐거움을 느끼지 못하는 우리들 쪽에 무슨 문제가 있는 것은 아닐까 하고 말입니다.

저는 이렇게 반성하면서 그들에게 무엇이 어떻게 즐거웠던가를 찾고, 때로는 그 시대 사람이 각별히 자각하지 않았을지도 모르는 재미를 발견해 내려 하였습니다. 그것을 통해서 그 매력에 불감증이 되어 버린 우리들의 문학관의 결함이나 향수 능력의 왜곡이나 저하를 비판적으로 비추어 내는 시점과 방법을 선택하기로 하였습니다.

문제를 명확하게 하기 위해 여기서는 문학 향수 경험에 한정하여 우리들이 어떤 언어 텍스트를 재미있게 느낀다든지 지루하게 느낀다든지 하는 그 느낌법을 '감성'이라고 부르기로 하겠습니다. 이 감성은 자기 자신에게는 태생적이고 근원적인 것처럼 보입니다. 일본의 『문예지평(文芸時評)』이라는 문예 잡지나 신문의 문예란을 무대로 한 비평 장르는 이 감성에 절대적인 신뢰를 두고 자신의 감성은 거짓이 없다는 수도원에서 말하는 계율과도 같은 엄격주의(rigorism)를 신조로 삼았습니다. 이 엄격주의는 소설가의 묘사법에도 영향을 미쳐 소설가와 비평가를 함께 구속하는 규범(canon)이 된 것입니다.

뿐만 아니라 전후 문학자의 전쟁 책임이 문제가 되었을 때에도 '일본의 문학자가 전쟁 수행의 이데올로기에 슬금슬금 빠져 들어가 버린 것은 자신의 문학적 감성을 속이고 권력이 조작하는 지배적 담론에 영합했기 때문이다'라고 감성에 대한 성실함의 유무로 논하는 경우가 많았습니다. 그 결과 전쟁 후에 공표된 전쟁 중의 일기나 서간에서 '자신의 감성에 충실했다'고 보이는 짤막한 말을 찾아내서는 '예술적 저항'이라든가 '문학적 저항'이라든가 하면서 평가하는 연구 논문이 쏟아져 나오게 되었습니다.

현재에도 교육 현장이나 예술계·예능계에서 각자의 '감성'을 무조건 존중하는 담론이 일상적으로 반복되어, 마치 '감성'이 '자유'나 '주체성'의 기반인 것처럼 의미를 부여하고 있습니다.

그러나 우리들의 감성은 실제로는 과거에서 현재에 이르는 다양한 언어 텍스트의 향수를 통해서 길러졌다는 의미에서는 역사적 형성물일 것입니다. 게다가 현재까지 이르는 '문학'의 역사는 어떤 종류의 언어 텍스트를 비'문학'으로서 배제하여 현재의 독자에게 멀어지게 하는 치우침을 담고 있습니다. 그것은 결국 우리들의 문학적 감성은 이 '문학'의 역사를 통해서 행해진 선별이나 차별에 침해당하고 있다고 말할 수도 있습니다.

그 점에 반성의 눈을 돌리자는 것이지요. 즉 '자신의 감성에 충실할 것'을 구실로 반성 없이 자기의 감성을 절대화해서 과거나 타자를 평가해 버리는 방식 속에 숨겨져 있는 자기중심주의를 깨닫게 하고 거기서 벗어나길 촉구하는 것입니다. 이를 위해서 언어 텍스트에서 감성 표현의 역사적 변천을 파악하여 본다는 의미를 담아 제 저서에 '감성의 변혁'이라고 이름을 붙인 것입니다.

이와 같은 시도를 통해서 제 속에 '등거리'라는 사고법이 생겼습니다. 일본어 표현의 세세한 뉘앙스는 일본어 환경에서 자란 인간이 아니면 알 수 없다는 식의 담론을 당연한 것처럼 공언하면서도 자신들의 어리석음을 모르는 일본인 연구자가 당시에는 있었습니다. 아니 요즘도 때때로 볼 수 있습니다. 그것은 일본 문학에 대한 자신의 입장을 특권화하기 위한 근거 없는 주장에 지나지 않지만, 아주 한정된 동시대 문학에 관한 경험만을 추출해서 본다면 현상적으로는 그 연구자가 말하는 측면도 전혀 없는 것은 아닙니다.

그러나 에도 시대에서 메이지 시대에 걸친 언어 텍스트에 관해서는 일본어 환경에서 자란 일본인일지라도 일정한 학습과 방법에 의거하지 않으면 그 매력을 맛볼 수 없습니다. 그렇다면 일본어 이외의 언어로 자란 외국 사람이 일정한 학습과 방법에 의해서 이해에 도달하고 재미를 알게 되는 것과 무엇이 다를까 생각해 볼 문제입니다. 일반론으로서는 일본어로 자란 사람 쪽이 보다 빨리 이해할 것 같지만 그러나 그 사람은 현대 일본어가 방해를 해서 도리어 익숙해지기가 힘들지도 모릅니다.

저는 여기서 '에도 시대에서 메이지 시대에 걸친 언어 텍스트는 외국 연구자로부터도 일본 연구자로부터도 등거리에 있다'고 파악하게 되었습니다.

제가 주의를 촉구한 시기의 언어 텍스트는 일본인 연구자가 무조건 우선권을 주장할 수 없는 독특한 특징이 있습니다. 그런 의미에서 외국 연구자에게 열린 언어 텍스트이기도 합니다. 그 텍스트를 이해하는 기반은 각각의 지역에 따라 다르겠지만 오히려 그렇기 때문에 그 차이를 토대로 해서 방법론을 둘러싼 대화가 가능해지지 않을까 하는 기대도 가질 수 있는 것은 아닐까 생각합니다.

이와 같은 견해에서 저는 쓰보우치 쇼요(坪内逍遙)의 『소설신수(小說神髓)』(松月堂, 1885. 9~1886. 4)라는 일본에서 최초로 근대적인 소설론을 내세운 이론서의 연구에 착수한 것입니다. 연구에 앞서 저는 하나의 방침을 세워 보았습니다. 그것은 지금부터 100여 년 정도 전인 1883, 4년 무렵 불과 25, 6세의 대학 졸업생이 지닌 일본 문학에 관한 지식과 그가 접할 수 있었던 유럽 문학 특히 영어권 문학의 정보를 될 수 있는 대로 생생하게 그려 본다는 것입니다. 그 두 가지를 대조하면서 그의 이론 생산의 실태를 그려 본다는 것이지요.

왜 이런 방침을 세웠는가 하면 20세기 후반의 연구자가 접하고 얻는 유럽 문학의 정보는 『소설신수』 시대의 쇼요를 훨씬 능가하기 때문입니다. 곤란하게도 이들 연구자들은 후세에 태어난 인간의 특권에 의존해서 자신이 친숙하게 접해 온 영국 문학이나 프랑스 문학 때로는 러시아 문학을 그대로 검증 없이 '유럽 근대문학'으로서 일반화해서 '쇼요는 도대체 어느 정도 근대문학의 본질을 이해하고 있었는가, 즉 그는 어느 정도 전근대적인 희작 문학 취미를 극복할 수 있었는가' 하는 질문으로 쇼요의 미숙함을 지적하고 비판하는 것입니다.

『소설신수』에 대한 이와 같은 자세는 유럽 문학을 '서양의 근대 시민 사회가 만든 보다 진보된 문학'으로 보는 태도에서 생긴 유럽 중심적인 근대주의의 소산에 불과합니다. 이러한 입장을 용인한다면 제가 다루었던 에도 시대에서 메이지 시대에 걸친 읽을거리는 모두 '전근대'적인 희작 문학이나 혹은 그 잔재로서 부정적으로 배제되어 버릴 수밖에 없습니다.

그러나 제 시각에서 보면 에도 시대의 교쿠테 바킨(曲亭馬琴)이나 다메나가 슌스이(爲永春水)의 작품은 결코 고색창연한 작품이 아닙니다. 쇼요가 『소설신수』를 썼던 시기에 가장 많이 읽혔던 동시대 문학이었던 것입니다.

현재의 문학사 연표는 그해 그달에 발표된 신작 중에서 현재 가장 높이 평가되는 문학자의 대표작이나 그의 문학에 영향을 주었다고 보이는 작품을 골라서 편집하고 있습니다. 그러나 그와 같은 방식을 버리고 에도 시대에 사본으로 전해진 작품의 번각이나 에도 시대 판본의 복각이나 수년 전에 평판이 자자했던 작품의 재판 등도 포함해서 예컨대 1885년의 출판 상황을 그려 본다면 어떤 모습일까요? 바킨이나 슌스이의 작품이 압도적 다수의 독자를 지니고 『소설신수』도 동시대 문학이었던 것을 알 수 있습니다.

저는 그러한 상황에 자신을 두고 쇼요의 눈높이로 동시대의 동향을 보는 것을 선택한 것입니다.

그렇다면 쓰보우치 쇼요(坪内逍遙)라는 청년에게 영어권 문학은 어떻게 보였는지 문제가 됩니다. 그는 아마 대학 수업에서 셰익스피어를 몇 권인가 읽고, 또 지인으로부터 빌린 스콧(Sir Walter Scott)이나 리턴(Edward George Bulwer Lytton)의 작품을 몇 권 읽었습니다. 그 밖에도 단편을 몇 개 읽었겠지만 강조할 만큼의 양은 아니었던 듯합니다.

한편 소설에 관한 이론서나 연구서에 관해서는 『브리태니커(*ENCYCLOPEADIA BRITANICA*)』의 "로맨스(ROMANCE)" 항목을 참조한 것과 존 몰리(John Morley)의 조지 엘리엇 평(*George Eliot's Novels*,

1866)을 본 것은 확인할 수 있습니다. 그러나 그 이외의 이론서나 연구서를 참고했다고는 보이지 않습니다. 그것은 쇼요가 게을러서가 아니라 그 이상 입수하기가 곤란한 상황이었기 때문입니다.

그렇게 한정된 조건 속에서 어떻게 그만큼의 성과를 거둘 수 있었을까 저는 새삼 감탄하지 않을 수 없습니다만, 『브리태니커』나 존 몰리의 비평문 이외에 비록 단편적일지라도 문학이나 문학자에 관한 정보를 전달해 주는 텍스트는 없었던 것일까 하고 생각해 본 끝에 당시 몇 종류인가 수입되었던 수사서(예컨대 G. P. Quackenbos, *Advanced Course of Composition and Rhetoric*, 1854 등)에 주목하게 되었습니다.

나아가서 그들 수사서가 서사(narrative)의 특징을 설명하는 데에 인용한다든지 언급한다든지 하는 조지 루이스(George Henry Lewes)의 『문학으로 성공하는 법(*The Principles of Success in Literature*)』(1865)이나 앤터니 트롤로프(Anthony Trollope)의 『자전(*An Autobiography*)』(1883) 등을 읽으면서 쇼요와 동시대 영어권에서 벌어진 소설론의 경향과 이론 수준을 정리해 보았습니다.

저는 그와 같은 절차를 통해서 쓰보우치 쇼요의 『소설신수』나 그 책의 토대가 된 교쿠테 바킨 등 에도 시대 서사 작자의 소설론이나 실 작품을 영어권의 연구자에 대해서 열린 대화가 가능한 텍스트로서 제시해 보았던 것입니다.

저의 이러한 시도가 평가되어 한국의 문학 독자나 연구자 여러분들과 대화할 가능성이 열리게 된 것은 정말 기쁜 일이 아닐 수 없습니다.

저는 이 책을 쓰는 동안 자신의 능력으로는 풀리지 않는 의문에 봉착하고 있었습니다.

지금 소설이라는 장르를 지금까지 인류가 만든 언어 텍스트(구승문예도 포함하여)의 역사나 현재 이 지상에서 퍼져 있는 각 민족의 언어 텍스트 속에 놓아 본다면 어떻게 보일 것인가 하는 문제입니다. 그것은 아주 한정된 시대와 공간에서 이루어졌고 또 이루어지는 장르에 불과하다는 결과가 나올 것입니다.

그러한 시점에 서서 다음에 쇼요의 『소설신수』를 본다면 이것은 그 대화성과 고찰의 포괄성에 의해서 세계(사)에 돌출된 업적이었던 것을 알 수 있습니다. 그러면 이것은 아주 예외적인 일인가 아니면 세계 어디에서도 일어날 수 있었던 일인가, 만약 예외적인 일이었다면 그것은 반드시 소설이라는 장르를 필요로 하지 않는 지역에 소설 장르나 그 존재 이유를 뒷받침하는 담론을 가져갔을 경우, 어떤 일이 일어날 것인가, 벌어진 일의 공죄를 구분하는 시점과 이론은 어떻게 되는가 하는 것이 제가 직면한 의문이었습니다.

또 한 가지는 이상의 것과 모순됩니다만 소설이라는 장르 그 자체가 소설의 존재 이유를 설명하는 담론 그 자체의 틀로 볼 경우 당연하지만 장르로서의 질이나 개개 작품의 질, 또는 소설론으로서의 이론적인 보편성이 문제가 됩니다. 저 개인적으로는 이러한 질문은 필요하고 또 계속 문제를 제기함으로써 질의 향상과 이론의 보편성을 실현시켜야 한다고 생각하고 있습니다. 그러나 작품으로서 매우 질이 높고 이론의 보편성이 높은 소설(론)이 실현됐다고 치더라도 그것을 지닌 지역 보편성을 근거로 반드시 소설이라는 장르를 필요로 하지 않았던 지역에 영향을 미치는 것은 과연 정당한 행위일까 하는 의문이었습니다.

단적으로 말하면 소설 및 소설론의 글로벌 스탠더드는 가능한 것인가 아니면 이것은 가능성의 문제가 아니라 필요의 문제인가 하는 의문입니다.

저는 이 질문에 대한 충분한 해답을 낼 수는 없었습니다. 단 이상과 같은 의문에 대한 의견교환이 가능한 대화의 조건을 소묘하기까지에 이른 것은 아닐까 하고 생각합니다. 이 책을 단서로 논의가 확산되어 심화되어 가기를 바라 마지않습니다.

2006년 10월

가메이 히데오(亀井秀雄)

차 례

서 장

Perspective

일본에서 처음 소설에 대해 언급한 작품은 쓰보우치 쇼요[1]의 『소설신수』(1885～1886)[2]였는데, 이 작품의 시도는 순식간에 사회적으로 인지되었다.

에도 시대[3]에도 동업자의 평판기[4] 형태로 새로 나온 요미혼[5]이나 샤레본[6], 곳케본[7], 닌조본[8] 등을 포폄(褒貶)하는 사례가 없었던 것은

1) 쓰보우치 쇼요(坪内逍遥, 1859~1935): 소설가 · 평론가 · 극작가 · 번역가 · 교육가. 도쿄 대학을 졸업하고 와세다 대학 교수를 역임하였다. 근대소설 이론서인 『소설신수(小説神髄)』에서 심리적 사실주의를 제창한 후 실천 작품으로 『당대서생기질(当世書生気質)』, 『아내(細君)』를 발표하였다.
2) 『소설신수』: 평론. 쓰보우치 쇼요 저술. 1885(明治18)~1886년 간행. 근대소설의 이론과 방법론에 관한 책으로 문학의 자율과 예술성에 대하여 기술하며 '사실(写実)'을 주장하였다.
3) 에도 시대(江戸時代, 1603~1867): 도쿠가와 이에야스(徳川家康)가 세키가하라(関ヶ原) 전투에서 승리(1600)하고 에도 막부(江戸幕府)를 연 1603년부터 도쿠가와 요시노부(徳川慶喜)가 막부의 권리를 천황에게 이양하는 대정봉환(大政奉還)을 추진한 1867년까지 265년간. 도쿠가와 시대 혹은 근세, 막번 체제 시대 등으로 불린다.
4) 평판기(評判記): 여러 사건에 대한 세상의 평가나 소문 등을 기록한 책. 근세에 여러 장르에 관한 품평을 모은 간행물.
5) 요미혼(読本): 에도 후기 소설의 일종. 그림을 주로 한 구사 조시(草双紙)에 대하여 읽기 위주의 책이라는 의미. 『우게쓰 모노가타리(雨月物語)』, 『난소 사토미 핫켄덴(南総里見八犬伝)』 등이 대표 작품이다.
6) 샤레본(洒落本): 에도 후기에 유행한 유곽을 소재로 한 문학. 작가로 산토 교덴

아니었다. 그러나 평판기의 용어는 일상적인 소문 수준에 그쳤을 뿐만 아니라, 그 수도 극히 제한적이었으므로 담론으로서 자립성을 확보할 수가 없었다. 그런데 쇼요는 요미혼 다음에 나온 읽을거리를 종합 · 정리하여 '소설'이라는 포괄적인 장르를 새롭게 세웠던 것이다. 이와 함께 소설에 대한 용어, 즉 현대풍으로 말하면 메타(meta) 소설적인 언어 시스템을 만들어 소설을 문제로 삼는 방법(왜 소설을 문제로 삼는가, 소설은 어떠한 점을 문제로 삼아야 하는가에 대한 방향)을 고안한 것이다. 한 마디로 말하면 소설에 대한 담론을 만들어 낸 것인데 이 책은 바로 이것을 문제 삼는 것이다.

그렇다면 어떤 계기로 소설에 대한 서술이 시작되었는가 하는 질문에서 시작해 보자. 우선 어떠한 관점으로 이 문제 제기에 답할 것인가를 설명해 두기로 한다.

『소설신수』는 쓰보우치 유조(坪内雄藏)라는 이름으로 1885년(明治18) 9월부터 1886년(明治19) 4월까지 쇼게쓰도(松月堂)에서 9권의 분책 형식으로 출판되었다. 모두 20쪽의 지승(紙縄)으로 묶은 간편한 팸플릿 형식의 책자로, 판의 크기를 예외로 한다면 후쿠자와 유키치[9]의 『학문의 장려』[10]를 모방한 출판 형식이었다고 할 수 있다. 상권

(山東京伝, 1761~1816)이 유명하다.

7) 곳케본(滑稽本): 에도 후기 소설의 하나. 에도를 중심으로 유행한 골계(滑稽) 중심의 소설. 초닌(町人)이라 불리는 서민의 일상생활을 제재로 대부분 대화체로 이루어져 있다. 짓펜샤 잇쿠(十返舎一九)의 『도카이도추 히자쿠리게(東海道中膝栗毛)』, 시키테 산바(式亭三馬)의 『우키요 부로(浮世風呂)』 등이 대표적 작품이다.

8) 닌조본(人情本): 에도 시대 희극문예의 일종으로 퇴폐적인 연애와 풍속을 그린 작품. 샤레본(洒落本)을 전신으로 19세기 초부터 나옴. 다메나가 슌스이(為永春水, 1790~1843)의 『슌쇼쿠 우메고요미(春色梅児誉美)』가 대표작이다.

9) 후쿠자와 유키치(福沢諭吉, 1835~1901): 사상가 · 교육가. 게이오 의숙(慶応義塾) 창립자. 개인 및 국가의 독립자존, 사회의 이익추구에 대한 존중을 주장하였다. 저서로 『서양 사정(西洋事情)』, 『학문의 장려』 등이 있다.

10) 『학문의 장려(学問のすすめ)』(1872~1876): 후쿠자와 유키치의 계몽 저서로

제1권에서 제4권까지는 「소설총론」, 「소설의 변천」, 「소설의 주안(主眼)」, 「소설의 종류」, 「소설의 비익(裨益)」으로 이루어져 있고, 하권 제5권에서 제9권까지는 「소설법칙총론」, 「문체론」, 「각색의 법칙」, 「시대소설의 각색」, 「주인공의 설치」, 「서사법」의 장으로 구성된다. 대략 상권은 소설 이론 편, 하권은 소설의 창작 방법에 관한 창작론으로 볼 수 있는데, 매우 포괄적인 시야에서 논하고 있어 이보다 포괄적인 소설론은 그 후 일본에서는 나오지 않았다고 해도 과언이 아니다.

주지하는 바와 같이 쓰보우치 쇼요는 소설이 '미술(美術: 현재적 의미로는 예술=인용자 주)'인 이유를 분명히 하기 위해 미술이란 무엇인가를 묻는 것으로부터 『소설신수』의 고찰을 시작한다. 바로 같은 시기 영국에서는 월터 베잔트[11]가 왕립연구소에서 「예술(fine art)로서의 픽션」(1884, 明治17)이라는 강연을 하고, 그것을 「픽션의 아트(術, art)」**[*원주1]**라는 제목의 팸플릿으로 배포하였다. 그것을 헨리 제임스[12]가 「픽션의 아트(術, art)」(1884)**[*원주2]**라는 동명의 에세이에서 비판하는데, 현재는 헨리 제임스의 글이 더 잘 알려져 있다. 그 논의가 어떤 성질과 내용을 담고 있는지는 나중에 검토하기로 하고, 영미문학 연구자들 사이에서 월터 베잔트의 팸플릿이 소설을 예술로서 주장한 첫 발언으로 간주되는 점에 주목하고자 한다.**[*원주3]** 월터 베잔트의 창작론 이전에도 조지 루이스(George Henry Lewes, 1817~1878)의 『문학으로 성공하는 법』(1865, 慶應1)**[*원주4]**과 같은

각각 독립된 17개의 테마를 분책 형식으로 엮었다. 인간평등, 한 나라의 독립, 실용적인 학문, 학자의 각오 등을 다루고 있다.

11) 월터 베잔트(Walter Besant, 1836~1901): 소설가·역사가. 영국 작가들의 저작권 보호를 위한 작가협회를 만들었다. 한편 런던 빈민 계급을 위한 사회 운동이 그의 소설의 영향으로 적잖은 반향을 일으켰다. 『황금나비(*The Golden Butterfly*)』(1876)가 대표작이다.

12) 헨리 제임스(Henry James, 1843~1916): 미국의 소설가로 『데이지 밀러(*Daisy Miller*)』(1879), 『어떤 부인의 초상(*Portrait Of A Lady*)』(1881)이 대표작이다.

매뉴얼이 있고, 앤터니 트롤로프(Anthony Trollope, 1815～1882)의 『자전(自伝)』(1883, 明治16)[*원주5]처럼 젊은 소설가 지망생에게 실제적 조언을 담은 회상기도 있었다. 작가가 자기 작품의 「서문」에 서술한 체험적 소설론도 물론 많이 있다. 그러나 소설이 예술(fine art)이라는 주장은 나오지 않았다. 소설이 예술이라는 것을 자명한 전제로 삼는 발언은 무의식적인 차원에서조차 찾아볼 수 없었다. 소설을 화제로 삼는 동기가 전혀 달랐던 것이다.

쇼요가 『소설신수』를 쓸 당시 이들의 소설 창작론을 본 것은 아닐 것이며, 설령 보았다 하더라도 수사서 정도 참고했을 가능성 쪽에 무게를 두는 것이 좋을 듯하다. 왜냐하면 『소설신수』의 원리편과 응용편이라는 구성 방식은 아마도 수사서에서 힌트를 얻었을 것으로 추측되기 때문이다. 당시 일본에 전해진 영어 수사서는 필자가 확인한 것만도 15종류가 넘는다. 그만큼 많은 수사서가 들어온 것은 그 책들을 영작문의 실용서로서 수입하였기 때문일 것이다. 한편 이 책들은 시를 예술의 하나로 꼽기는 하였지만, 소설을 예술에 포함시키지는 않았다. 산문으로 된 픽션 혹은 소설은 역사와 나란히 서사(narrative, 物語)의 하위 장르로 간주되었던 것이다.

여기에서 쇼요의 과잉근대주의라고 부를 만한 돌출성이 명백해진다. 쇼요는 월터 베잔트나 헨리 제임스의 소설론과는 다르면서 독립적이고, 게다가 쇼요가 준비에 착수한 시기를 기점으로 보면 동시대인임에도 불구하고 오히려 그들보다 먼저 소설을 미술이라 주장하였던 것이다.[*원주6] 더구나 그 논의는 월터 베잔트의 소설 창작론과 헨리 제임스의 소설 원리론의 내용을 고루 구비하고 있었다.

관점을 바꾸면 소설을 미술 혹은 예술이라고 주장하는 것은 일본은 물론 영국에서도 시대통념을 넘는 문제 제기 발언이었다. 영국에서는 소설을 예술의 범주에 포함시키느냐 마느냐 하는 문제 설정과는 전혀 다른 틀에서 소설의 제 문제를 논하였는데, 그렇다고 해서 소설을 경멸한다거나 업신여긴 것도 아니었다. 소설을 멸시하는 발언이 없었던 것은 아니지만, 멸시하는 기준이 달랐던 것이다. 쇼요의 경우도 사정은 비슷하였다. 다만 일본에는 미처 성립된 미술관(美術觀)이 없었기 때문에 그것에 대항하여 소설의 존재 이유를 주장할 수 없었다는 점이 결정적으로 다른 점이었다. 따라서 쇼요는 애초에 미술이란 무엇인가라는 계몽적 시각에서 논의를 시작한다. 즉 소설과 미술의 존재 이유를 하나로 묶어서 설명할 수밖에 없었고, 결국 그것이 일본에서 소설에 대한 담론을 전개할 때 나침반 구실을 하게 된 것이다.

그렇다면 다음에 떠오르는 의문은 당시 영국의 예술 관념은 어떠한 관념군으로 구성되었으며, 또 소설을 예술로 꼽는다고 했을 때 그 관념군에 어떠한 변용이 생겼는가 하는 점이다. 그리고 일본의 경우에는 소설과 미술을 한 묶음으로 주장함에 따라 어떠한 관념을 생산하게 되었는가 하는 점이다. 이 문제의 구체적인 검토는 제1장으로 양보하지만, 미술이라든지 예술이라든지 하는 관념이 어떻게 시민권을 얻게 되었는지에 대한 방식(혹은 과정)을 도외시해서는 이 문제를 풀 수 없다는 점을 지적해 두자.

그런데 지금까지 『소설신수』 연구는 근원 조사나 비교문학적인 연구에서는 커다란 성과를 거두었다. 이 글이 그 성과에 의존하고 있음은 말할 필요도 없다. 그럼에도 불구하고 굳이 이 연구에 착수한 것은 종래의 연구가 앞에서 언급한 문제를 해결하지 못하고 있기 때문이다.

쇼요는 앞에서 지적한 것처럼 19세기의 영어권의 동향과 비교해도 과잉근대주의라고 할 만한 첨단적인 관점에서 소설이 미술인 점을 주장한 것이다. 단 그 자신의 의식에서 보면, 그는 서양 제국(諸國)과 일본과의 관계를 선진/후발, 혹은 문명개화(civilization)/반개화(half civilized)라는 틀에서 파악하는 시대통념에서 벗어나지 못했다. 아니, 오히려 이 사고 틀이야말로 그와 같은 과잉근대주의의 원인이었다고 보아야 할지도 모른다.

『소설신수』 연구자도 이와 같은 사고 틀을 금방 알아차렸지만, 그 자신들조차도 이 사고 틀에 무의식적으로 빠져 들었는지, 당시 영어권에서도 예술의 위치가 확고하지 못한 개념이었다는 점을 깨닫지 못하였다. 그 때문에 연구자들은 소설을 예술이라고 주장하는 것 자체가 전혀 새로운 논제라는 사실을 놓쳐 버린 것이다. 그것을 보지 못한 채 쇼요가 도대체 얼마만큼 '근대문학'의 본질을 이해했는가, 어느 정도 '전근대'적인 에도의 희작 문학[13] 취미를 극복하였는가 하는 문제의식 아래 비교문학적인 검토를 수행해 온 것이다. 이런 식의 문제 설정에서는 유럽/일본=영향/피영향이라는 구도밖에 끌어낼 수 없다.

후세 연구자의 서양 문학에 관한 지식은 당연히 『소설신수』 시대의 쇼요보다 훨씬 풍부하다. 이들은 이같이 후세라는 특권에 의존해서 자신들이 친숙하게 접한 영국 문학이나 프랑스 문학을 검증 없이 그대로 '유럽 근대문학'으로 일반화하여, 쇼요의 유럽 문학에 대한 미숙한 이해나 쇼요의 소설이 유럽 근대문학에 '뒤처진' 점을 지적해 온 것이다. 결국 이것은 쇼요 시대의 틀 안에서 논해야 할 사항을 그보다 훨씬 후대에 '시간적 간극' 을 무시한 입장에서 비판을 가한 것에 불과하다. 사실 쇼요가 근대에 '뒤처졌다'는 것은 나중에 나타난 후대 연구자들로부터 '뒤처진' 것이었다. 그들은 이렇듯 황당한 시간

13) 희작 문학(戲作文学): 근세 후기, 18세기 후반경부터 메이지 초기까지 에도에서 유행했던 읽을거리의 총칭. 샤레본, 곳케본, 닌조본, 구사 조시 등으로 크게 구분된다.

적 위치 관계를 자각하지 못하고 혼동된 적용을 해 버린 것이다.

이와 같은 연구의 바탕에는 다음과 같은 『소설신수』에 대한 통설이 깔려 있었을 것이다. 즉 쇼요는 유럽 문학의 영향하에서 공리주의적인 문학관을 배제하고 문학의 자립을 주장함으로써 일본에서 처음으로 근대적인 문학관을 표명하였다. 그 자립을 실현하는 소설 방법은 첫째 허구 세계를 마치 현실에서 대하는 것처럼 지극히 객관적이고 사실적인 태도로 그리는 것이고, 둘째 심리학자의 눈으로 인간 내면의 진실을 추구하는 것이다.

물론 이상의 요점에다가 연구자에 따라서 살붙이기 정도의 미묘한 차이를 보이고, 그 중에는 방금 지적한 것처럼 쇼요의 논의에 에도기의 희작적인 문학관이 잔재하는 점을 꼽으며 근대적인 문학관에 철저하지 못한 것을 비판하는 연구도 적지 않다. 그러나 공통적으로는 다음과 같은 전제를 바탕으로 한다는 점에서 일치한다. 그 동안 한 번도 의심받은 적이 없었던 그 전제란 유럽에서는 '근대문학'이라는 것이 존재했었고, 그것은 또 일본에서도 실현되어야만 한다는 '신념'이었다. 또한 '문학의 자립'은 문학의 존재 이유를 충족시키는 조건으로 문학 제작은 항상 '문학의 자립'을 실현하고 유지하려는 실천이 요구된다는 것이다. 여기에다 '작가'의 '내면'의 진실이야말로 '자립'의 근거라는 관념이 따라다녔다. 그런데 『소설신수』의 어떤 부분들을 떼어놓고 보면 쇼요 자신이 이미 이런 관념을 가지고 있었던 것을 알 수 있다. 후대의 연구자들은 쇼요가 정리해 놓은 노선에 무임승차해서는, 쇼요의 부족함이나 미숙함을 지적한 것에 불과하다는 비판에 자유롭지 못하다.

물론 이와 같은 사고 틀에 입각한 비교문학적 연구에 대해 비판도 가해졌다. 그것은 주로 1980년대 후반부터 급속히 유포된 포스트모던의 입장에 선 비판으로, 그에 따르면 비교문학은 국가라는 관념을 재생산하고 보강하는 역할을 수행해 온 것이다. 두 개의 문학 텍스트를 비교문학적으로 등치(等置)시키는 것은 비록 그 의도가 둘 간의 영향·섭취 관계를 발견하는 데 있다손 치더라도, 실은 각각의 텍스트를 상이한 문화나 언어에 귀속시키는 발상에 따르기 때문이다. 결국 그것은 두 개의 상이한 국어(national language), 두 개의 국민문학(national literature)의 존재를 전제로 하고, 그 전제를 재확인하는 작업인 것이다. 이 작업을 반복하는 가운데 우리들은 국가를 마치 언어나 문학의 차이를 결정하는 자명한 틀처럼 믿게 된다. 그리고 그 다음 순서로 '외국'의 영향을 넘어서 지속되는 자국 문학의 고유한 국민적 본성이라는 것을 찾기 시작할 것이다. 이처럼 영향·섭취 관계를 찾아내려는 비교문학은 필연적 논리로 내재적 본질론(essentialism)이라 할 내셔널리티의 관념을 보강해 버리는 것이다.

이것을 조금 일반화시켜 보자. 비교란 한쪽을 비교·대조의 거울로 삼아 다른 한쪽을 비춰 내는 인식행위를 포함한다. 특히 메이지(明治) 시대에 행해진 것처럼 서양 제국의 문화와 문물을 규범적인 모델로 비출 경우, 양쪽에 공통되는 부분을 일본의 보편성이라 하고, 같은 표준으로 잴 수 없는(incommensurable) 부분을 일본의 특수성으로 논하는 경향이 생긴다. 만약 다른 지역의 별도의 문화·문물을 거울로 삼았다면, 일본의 보편성과 특수성의 발견도 또 다른 모습을 띠었을지도 모른다. 그러나 서양 제국을 규범적인 모델로 삼는 의식에 사로잡힌 상황에서는 이 같은 보편성, 특수성의 관념을 상대화시키는 발상은 기대하기 어렵다. 그렇기 때문에 이렇게 발견한 일본의 특수성도 역시 일본인이 공유해야 할 본질 즉 일본인으로서의 보편성으로 고정되어 버린 것이다.

이런 의미에서는 메이지 시대 이후 일본은 두 개의 보편주의에 사로잡혔다고 할 수 있다. 시대 경향이 서구주의와 국수주의 중

어느 쪽으로 움직이는가에 따라서 국제 보편주의와 내국 보편주의가 교대로 이데올로기적 기능을 수행해 온 것이다. 그런데 그 어느 쪽도 균질적인(homogeneous) 공동체를 이상으로 하는 것에 변함이 없고 내부의 이질적(heterogeneous) 요소를 억압하고 배제하는 결과를 낳았다.

일본 근대에 대한 비판은 이와 같이 유럽적 보편주의 혹은 유럽중심주의에 대한 비판을 수반하고 있었기 때문에 근대적인 문학관도 그 비판을 면할 수는 없다. '문학의 자립'이라는 관념으로 보면, 이 경우의 '자립'은 어떠한 정치권력의 이데올로기에 대해서도 비판적인 입장을 견지할 수 있는 정신의 자유를 의미한다. 그러나 그 입장에서 가정한 객관 · 중립이라는 태도 자체가 실은 유럽 근대주의의 산물에 불과한지라, 필경 근대를 보완하고, 보강하는 이데올로기에 지나지 않는다고 간주되어 버릴 것이다. 이와 같은 비판적 동향은 1990년대에 들어서 한층 더 현저해져 현재에는 문학 저널리즘에서 통념으로 굳어졌다고 해도 과언이 아니다.

얼핏 첨예해 보이는 이런 종류의 이론에 대해서는 앞으로 본론에서 언급하겠지만, 지금 한 가지만 지적해 두면, 위와 같은 비판은 스스로를 수반가상(隨伴仮象)으로 표현하는 데에 불과하다. 에드워드 사이드의 『오리엔탈리즘』의 이론에 따르면 유럽이라는 관념이 만약 사라져 버린다면 오리엔트라는 표상도 사라져 버리게 된다. 같은 논리로 국가의 관념이 소멸하면 비교문학도 소멸하게 된다. 마찬가지로 '근대'나 국민국가가 소실되면 포스트모던도 소실될 수밖에 없다. 어느 관념과 대치되는 또 하나의 관념은 선행하는 관념이 수반하는 가상(仮象)일 수밖에 없고 선행하는 관념의 리얼리티가 상실되면 함께 리얼리티를 잃어버릴 수밖에 없는 운명이기 때문이다.

나는 이 점에 대해 아주 단순한 방법으로 비판하고자 한다. 본론에서 필자는 19세기 영어권의 소설 창작론이나 수사서를 통해서 제 관념을 털어 내고 그 기본적인 시스템이 어떠하였는가를 검토하고자 하는데, 그렇다고 그것이 '유럽 근대문학(관)'을 확인하기 위해서는 결코 아니다. 마찬가지로 나는 에도 중·후기에 나타난 오규 소라이[14]나 모토오리 노리나가[15]나 교쿠테 바킨[16] 등의 언어에 관한 담론이나 서사론(物語論)에 상당한 페이지를 사용하겠지만, '근세'라는 용어는 사용하지 않을 것이고, 따라서 자연 메이지기를 '근대'라 부르지도 않을 것이다. '유럽'이나 '근대'나 '문학' 등의 용어를 개념 없이 사용하여 애초부터 19세기 영어권과 에도 중·후기의 담론 관계를 설정하는 방식을 피하기 위한 것이다. 이러한 제약을 설정한 후에, 19세기 영어권과 에도 중·후기에 나타나는 관념과 논리를 대조하려고 한다.

새삼 말할 필요도 없겠지만 이 두 종류의 관념이나 이론은 멀리 떨어진 지역에서 서로 무관하게, 이 세상에는 자신들과 다른 사고법이 존재하는 것조차 모르는 채 성립되어 버린 것이다. 이처럼 무관한 관계를 나는 우선 확인해 두고 싶다. 만약 양쪽이 교섭을 한다고 가정하면, 그 교섭 방식은 적어도 논리적으로는 다양할 것이다. 바킨이 조지 루이스의 『문학으로 성공하는 법』을 알고, 노리나가가 휴

14) 오규 소라이(荻生狙徠, 1666~1728): 에도 중기 유학자. 고문사학(古文辞学)을 주창하고, 고전주의(古典主義)에 입각하여 정치와 문예를 존중하는 유학을 설명하였다. 『나루베시(南留別志)』 등이 대표작이다.

15) 모토오리 노리나가(本居宣長, 1730~1801): 에도 중기 국학자. 고전연구에 주력하여 『고지키(古事記)』·『겐지 모노가타리(源氏物語)』의 주역(注釈)과 한자음·문법 등을 연구하였고 일본 국어학 연구에 기여하였다. 저서에 『고지키덴(古事記伝)』, 『겐지 모노가타리 다마노오구시(源氏物語玉の小櫛)』, 『고토바노 다마노오(詞の玉緒)』 등이 있다.

16) 교쿠테 바킨(曲亭馬琴, 1767~1848): 에도 말기 희작 작가. 산토 교덴에게 사사받았고 요미혼에 뛰어난 작품이 많다. 권선징악을 아속절충(雅俗折衷)의 문체로 저술하였다. 『난소 사토미 핫켄덴』 등이 대표작이다.

블레어(Hugh Blair, 1718~1800)의 『수사학강의』(1848, 嘉永1)[*원주7] 나 G. P. 쿼켄보스(G. P. Quackenbos, 1826~1881)의 『수사와 작문 상급코스』(1854, 安政1)[*원주8]를 알았다면(물론 그 반대의 경우도 가정할 수 있다) 어떻게 이해했을까? 다양한 교섭 가능성 중에는 전혀 관계가 없었던 경우도 포함된다. 단순한 가정에 불과한 것에 매달린다고 보일지도 모르지만, 이러한 다양한 가능성을 상정함으로써 쓰보우치 쇼요가 처음 양쪽을 관계 짓게 된 우연성과, 결국은 쇼요가 그렇게 관계 지을 수밖에 없었던 필연성을 이해할 수 있게 된다. 다시 말해서 쇼요가 관계를 설정한 사실로, 그 이전에 동시대적으로 존재한 양쪽이 별도의 다른 형태로 교섭했을지도 모른다는 가능성이 소실되고, 그 이후 소설에 대한 우리들의 사고는 『소설신수』의 규정을 받게 된다. 이런 의미에서 역사적 '사실'은 다양한 가능성의 부정 위에서, 마치 그것만이 유일한 방식이라는 듯이 출현한다. 나는 이러한 관점에서 『소설신수』라는 사실(事實)을 정밀히 조사하는 동시에 그 사실을 상대화하려 한다. 그 가운데서 세계와 사회와 인간을 서술하는 행위와, 서술하는 행위에서의 담론성과 세계성 문제를 부각시키고자 한다.

이 관심은 왜 소설이라는 장르는 이토록 전파력을 지니는가 하는 문제와도 관련된다.

지금 과감하게 시야를 넓혀 본다면, 세계 각지의 인류가 지금까지 만들고 전해 온 서사에는 소설이나 예술이라는 범주로서는 결코 수렴되지 못하는 것이 수없이 많았고, 현재도 있을 것이다. 그것들 중에는 만약 억지로 소설이나 예술의 개념을 대입하면 그 즉시, 그것을 만들고 전해 온 사람들에게 부여된 의미가 사라져서 파괴되는 것도 많을 것이다. 그런 점에서 본다면 서사가 소설 형태를 지니게 된 것은 불과 최근 이삼백 년에 지나지 않는다. 하물며 예술의 개념을 적용할 경우에는 더욱이 시간과 지역이 한정되어 버릴 것이고 오히려 예외적인 사태가 될 것이다.

이러한 시각에서 보면 소설이라는 장르를 만든다든지, 그것에 예술 담론의 의미를 부여한다든지 하는 것이 얼마나 문화적으로 특수하고, 과잉적인 사항에 속하는지 알 수 있다. 아니 '문화' 역시 소설이나 예술처럼, 시 · 공간적으로 한정된 개념이라 그것을 무한정하게 다른 시대, 다른 지역으로 확대하면 도리어 그 '생산-소비' 양식이나 '생활-행동' 양식을 파괴해 버릴 위험성이 농후하다. 문화 연구(cultural studies)의 목표 가운데 하나는 유럽적 문화주의가 지닌 이데올로기성을 비판적으로 폭로하는 점에 있다. 그럼에도 불구하고 연구자 스스로 각 지역의 민족이나 공동체의 제 양식을 '문화'라 부르고 그 '고유성'의 보호를 주장하면서도, 도리어 '고유'한 의미를 간과해 버리는 경우가 많다. 따라서 보다 정확하게 말하면, 일종의 서사 형태를 소설이라고 부르고 예술로서 의미 부여하는 문화가 있는가 하면, 반면에 그와 같은 과잉적인 문화를 지니지 않은 시대나 지역도 있는 것이다.

그런데 소설은 다른 어떠한 서사 형태와는 달리 일종의 독특한 전파력을 지니고 있는 것처럼 보인다. 즉 문화로서 운반되면서 실은 문화를 운반하는 것이다. 물론 다른 서사 형태도 전파가 가능했을 터인데 그것은 몇 개인가의 화형(話型) 혹은 화소(話素)가 넓은 범위로 분포되는 사실로 상정해 볼 수 있다. 단 그 화형에 사실성을 부여하는 소재는 각 지역의 자연이나 사회 풍속이나 친족 관계 등이 이용된다. 그로 인하여 외관상으로는 매우 다른 서사 내용으로 변형되어, 그것을 서술해서 전하는 사람들은 다른 지역 서사와의 형태적 유사성을 깨닫지 못한다. 여기에 비교 의식은 거의 개입되지 않는 것이다. 그에 비해서 소설의 전파력은 오히려 그 테마성이나 소설을 의미

짓는 제 관념에서 유래한다. 서사가 공동체 속에서 안정적인 위치에 있을 때, 필시 테마성의 강조나 의미 부여는 필요치 않다. 따라서 소설이 그것들을 필요로 했다는 것은 그만큼 소설이 불안정한 위치에 놓여 있었다는 증거이기도 한데, 이 불안정을 해소하려는 방책이 소설의 전파력을 낳고, 비교 의식을 낳아 온 것이다.

소설은 영국이나 프랑스, 독일에서 성립했다. 이 같은 사실에서 소설의 전파력을 설명하는 가장 용이한 방법은 유럽 제국주의(imperialism)의 일환으로 관계 짓는 방식일 것이다. 최근 영어권의 소설 연구는 그러한 방향으로 진행되며, 일본에서도 최신 문화 연구의 방식으로서 응용되고 있다. 이 포스트콜로니얼리즘적 방법에 대한 나의 입장은 포스트모던에 대한 입장과 마찬가지다. 굳이 말한다면 나의 목표는 포스트콜로니얼리즘의 콜로니얼리즘적 현상에 대한 역사적인 시발점을 명확히 하는 것에 있다.

소설과는 유사성이 없는 서사 형태를 지니는 사람들에게 소설의 '식민(殖民)'은 가능할 것인가, 하는 본줄기로 돌아가 보자.

이와 같은 질문을 세워 보면 소설의 '식민'이란 어떠한 사태인가 금방 상상이 간다. 이것은 그때까지 수렵 생활을 영위하던 사람들에게 국가적 통치를 강요하거나, 자동차를 반입하거나 하는 것과는 완전히 차원을 달리하는 '식민'일 것이고, 필시 '성공'에 이르기까지 몇 가지 단계를 밟아야만 할 것이다. 우선 그 지역에 식민한 쪽의 여행자나 정주자 중에서 그 지역 제재(題材)의 소설을 쓸 것이고, 이윽고 선주민 중에서 저자가 나타날 것이다. 그런데 여기서 중요한 문제는 그것이 식민자의 언어로 쓰일 것인가, 혹은 선주민의 언어로 쓰일 것인가 하는 것인데, 아마 일반적으로는 전자의 언어가 사용될 것으로 예측된다.

이것도 역시 가정에 지나지 않는다. 다만 적어도 이와 같은 가정을 세워 봄으로써 쇼요가 일찍이 소설이라는 개념 자체에 관심을 보이고, 자신들이 쓰는 방식을 고안하려 한 것이 세계적으로 얼마나 예외적인 일인지 잘 납득할 수 있기 때문이다. 그것을 촉구한 것은 두말할 필요도 없이 에도기로부터 메이지 중기까지 쓰인 방대한 서사류와, 소라이나 노리나가 등의 언어나 서사에 관한 고찰, 그리고 바킨의 서사 창작론이었다. 그것들이 쇼요의 이론적 토대가 되었고, 그에 의해 취사선택되고 개편된 것이다. 관점을 바꾸면 쇼요에게 소라이나 노리나가나 바킨의 담론이 없었다면 소설은 그 전파력을 발휘할 수 없었을 것이다. 쇼요 이전에도 서양의 서사에 흥미를 가진 사람들이 있어 번역도 시도되었지만, 궁극적으로 쇼요가 그들과 달랐던 점은 노리나가나 바킨의 서사담론까지 거슬러 올라감으로써, 소설의 제 관념에 대한 이해를 가능하게 한 것이었다. 이와 같은 사례까지도 만약 장르의 '식민'이라고 부른다면 그것은 에도 시대의 축적에 무지한 덕분에 공식을 남용하여, '식민' 개념을 비유로 바꾸어 버리는 것에 지나지 않는다.

여기서 다시 『소설신수』 연구로 돌아가면, 물론 지금까지의 연구는 상권의 원리론적인 부분에 집중하여 영국 문학의 근원을 찾고, 쇼요의 '근대문학' 이해의 수준을 측정하는 데에는 나름대로의 성과를 거두었지만, 하권의 소설 작법 부분에는 거의 관심을 보이지 않았다. 하권에서는 에도기 서사에 대한 언급이 많았기 때문인데, 연구자들은 그것을 '근세문학'의 잔재로밖에 보지 못했다. 뿐만 아니라 실용성을 띤 소설 창작론을 에도기의 왕래물[17]에 빗대어 초심자용

17) 왕래물(往来物): 헤이안(平安) 말기부터 메이지 초기까지 널리 퍼졌던 서민 교육의 초등교과서 총칭. 처음에는 서간문(書簡文)의 예문집이었으나, 에도 시대에는 역사·지리 등, 일상생활에 필요한 지식을 가르치게 되었다.

실용서 정도로밖에 보지 않았기 때문이기도 하다. 이러한 취급 방식이야말로 유럽 제국주의라고 불릴 만한 것으로, 장르의 '식민'적 행위라고 볼 수 있는 것이다. 이런 식의 편향은 그 후 오치아이 나미오(落合浪雄)의 『소설저작법(小説著作法)』(1903, 明治36), 일본문장학원(日本文章學院)의 『소설작법』(1906, 明治39), 다야마 가타이[18]의 『소설작법』(1909, 明治42), 도쿠다 슈세이[19]편 『회화문범(会話文範)』(1911, 明治44) 등 많은 소설 작법이 나왔음에도 불구하고 전혀 관심을 끌지 못한 점에도 나타난다. 특히 『소설신수』의 경우 하권의 문체론이나 구성론에서 쇼요가 참조한 요미혼이나 닌조본은 상권의 미술론적 소설 원론과 이질적(heterogeneous)인 관계를 구성하고 있다. 여기에는 형식적 논리의 수미일관성을 추구하는 연구자가 부정적으로밖에 취급하지 못한 탓도 있을 것이다.

그런데 나는 바로 이 이질적인 부분이야말로, 쇼요가 사용한 근원을 넘어서, 영국 소설에 관한 담론이나 소설 창작론을 비추어 내는 중요한 거울이라고 본다. 그러므로 지금부터는 구체적인 예를 드는 편이 이해하기 쉬울 것이다. 쇼요는 소설이 '미술'이라는 주장과 그 이유를 설명하는 것으로 『소설신수』를 시작하고 있다. 여기서는 그것을 염두에 두고 우선 당시 영어권에서 소설이 어디에 위치하였고, 소설을 예술이라 주장하는 것이 어떤 식으로 펼쳐졌는지에 대한 검토부터 착수한다.

18) 다야마 가타이(田山花袋, 1871~1930): 소설가. 『문장세계(文章世界)』의 주필로 자연주의를 표방. 평면묘사론(平面描写論)을 주창하여 자연주의 문학의 대가가 되었다. 일본 자연주의를 대표하는 『이불(蒲団)』을 남겼다.

19) 도쿠다 슈세이(徳田秋声, 1871~1943): 소설가. 겐유샤(硯友社) 계열의 소설가로 출발, 후에는 인생파적(人生派的) 자연주의 경향이 강했다. 견실한 산문 정신과 서민적 작풍 때문에, 태생부터의 자연주의자라고 일컬어졌다. 대표작 『신세대(新世帯)』, 『발자취(足迹)』 등을 남겼다.

제1장

소설의 위치

픽션(fiction)은 모든 점에서 회화 · 조각 · 음악 · 시 등 제반 예술(art)에 필적하는 예술(art)이고, 그 자매로 부를 만한 가치가 있는 것이다.**[*원주1]** (가메이 역. 앞으로 특별히 언급하지 않는 경우는 모두 같음)

이것은 월터 베잔트가 1884년(明治17) 4월, 왕립회관에서 강연한 『픽션의 아트(術, art)』에 나온 말이다. 월터 베잔트는 19세기 후반의 대표적인 역사적 전기(傳奇, romance)와 멜로드라마의 작가였다. 이 강연은 팸플릿 형식으로 출판되었는데, 같은 해 헨리 제임스가 『픽션의 아트』라는 동명의 에세이를 써서 월터 베잔트의 의견을 비판하면서 자신의 소설론을 전개하였다. 현재에는 헨리 제임스의 에세이가 영어권에서 나온 최초의 소설 방법론으로서 평가되어, 월터 베잔트의 발언은 세인의 뇌리 속에서 거의 사라졌다.

그러나 베잔트의 발언은 예술로서의 소설에 시민권을 부여한 첫 시도였다. 양쪽을 비교해 보면 알 수 있듯이, 제임스는 베잔트의 발언에 편승해서 소설이 예술인 이유, 더 엄밀히 말하자면 소설가가 예술가인 이유를 말한 것이다.

제임스는 자신의 에세이 속에 베잔트의 의견을 소개하면서 "픽션은 예술(fine art)의 하나로 지금까지 음악이나 시 · 회화 · 건축처럼 행운을 지닌 전문가를 위해 마련된 존경과 보수 등을 (앞으로는 그 전문가들을 대신해) 수혜할 가치가 있는 것이다"[*원주2]라고 바꾸어 말했다. 월터 베잔트는 강연 서두에서 "나는 지금부터 소설을 예술의 하나로 고찰하고자 한다"라고 전제한 뒤, 서두에서 인용한 것처럼 주장한 것이었다. 이 점에서 볼 때 제임스가 베잔트의 '아트(art)'를 '파인 아트(fine art)'로 수정한 것은 잘못된 것은 아니며, 필자(가메이=인용자) 자신도 앞의 인용에서는 그에 따르고 있다. 단 월터 베잔트의 관심은 어디까지나 소설의 '아트(術, art)'를 법칙화하는 데에 있었다. 따라서 앞의 인용문에 계속해서 "픽션도 다른 예술과 마찬가지로 일반적 법칙의 지배 아래서 유도되는 것이므로 (음악의) 조화(harmony), (회화의) 원근법(perspective), (조각의) 균형(proportion) 법칙과 마찬가지로 엄밀함과 정확성으로 규정하고 가르칠 수 있을지도 모른다"[*원주3]라는 의미의 말을 하고 있다. 그런데 제임스는 소설에서 그와 같은 법칙을 발견한다는 것은 불가능하다고 비판하고 그 대신 소설가의 주체적 조건을 명백히 한 것이다.

단 필자가 이 두 사람의 의견을 제시한 이유는 영어권에서 소설의 예술론을 누가 먼저 주창했는지를 확인하려는 것은 아니다. 또 소설론 혹은 예술론으로서의 우열을 검토하기 위해서도 아니다. 본고의 지향점은 당시 일본에 들어온 영어권 수사서에서 예술이나 소설을 문제화하는 관념군을 추출해서 그들의 주장을 자리매김하고, 나아가 쓰보우치 쇼요의 '미술' 개념과 대조하는 것이다.

그것은 동시에 소설을 예술의 범주에 집어넣기 위해서 어떤 관념이 필요했는가, 또 그 반대로 소설을 예술이라고 하는 논리에 의해서 예술 관념 그 자체가 어떻게 변경되었는지 검토하는 데에 있다. 따라서 필자는 현대의 예술 관념이나 소설 개념으로서 당시의 개념을 유추하는 어리석음을 피할 것이다. 뿐만 아니라 그 시대 사람들에게 예술이나 소설의 개념은 이미 자명한 것이었다는 예단을 경계해야 한다. 그러한 다짐을 스스로 환기시키기 위해서 아트(Art)라는 용어 자체가 당시 영어권에서 얼마나 미묘한 위치에 있었는지 그 예를 들어 본 것이다. 이 미묘함은 아트를 일본어로 바꾸려고 할 때 더 한층 복잡하게 된다.

왜냐하면 여기서 아트는 일본의 '예(藝)', '기(技)', '술(術)', '예술(藝術)', '기술(技術)'의 어느 것과도 대응하기 때문이다. 그 점은 당시의 영일사전을 보면 쉽게 확인할 수 있는데 지금 반대로 일영사전의 설명으로부터 보면, 헵번(James Curtis Hepburn, 1815～1911)의 『화영어림집성(和英語林集成)』[1)] **[*원주4]**에서 '예(藝)'는 polite accomplishments이고, '기(技)'는 등록되어 있지 않다. 아마 그 대신에 사용된 것이 '업(業)'[2)]이었을 텐데, 그 '업'은 work, act, deed, art였다. 그리고 '술(術)'은 art, science, rules, principles, artifice, trick이라고 설명되어 있다. 베잔트나 제임스의 에세이에 나오는 아트는 '기술', '기법'으로 많이 번역되었지만 규칙이나 원리의 의미가 강하다. 『화영어림집성』의 용법에 따르면 '술(術, art)'이 타당할 것이다. 당시 일본인이 파인 아트(fine art)를 '미술(美術)'이라 한 것은 fine의 '양질의'나 '근사한 결과의'라는 의미를 살리고자 했기 때문일 것이다. 나중에 이 말은 '예술'이 되는데, 그것은 '예'＝polite accomplishment(세련된 마무리, 才藝)의 의미를 집어넣으려고 한 때문이라고 보인다.

이러한 요인들을 염두에 두고 필자는 영어권의 수사론을 읽어 내면서 그 검토에 착수하고자 하는데, 가장 기본적인 용어에 포함된 문제와 그것을 취급하는 나의 방침을 제시할 필요도 있어서 우선

1) 화영(和英): 화는 일본을 의미하는 말로 일영사전의 의미이다.
2) わざ: 현대어에서는 기술이라는 뜻이다.

두 사람의 사용법을 소개해 본 것이다.

그런데 쓰보우치 쇼요가 『소설신수』에서 언급한 구미의 예술·문학론은 어니스트 페놀로사(Ernest Fenolossa, 1853~1908)의 『미술진설(美術真説)』(후술), 기쿠치 다이로쿠(菊池大麓) 역 『수사 및 화문(修辞及華文)』[3](후술), 허버트 스펜서(Herbert Spencer, 1820~1903)의 『문체의 철학론(文体の哲学論)』(후술) 및 존 몰리(John Morley, 1838~1923)의 『조지 엘리엇의 소설(*George Eliot's Novels*)』 등 불과 몇 편에 지나지 않는다. 후에 쓰보우치는 「회상만담(回憶漫談)」**[*원주5]**에서 "그 무렵은 도쿄 대학의 도서관도 무척 빈약하여, (중략) 문학론이나 미술론의 영서 단행본은 전무하였고 수사서도 베인 등이 제일 좋은 자료였을 것이다"라고 서술하고 있다. 이처럼 정보는 극히 제한되어 있었다.

직접적인 영향관계를 검토하는 것이 이 글의 목적은 아니더라도 쇼요와의 접점이 되었던 것에 대해서 간단히 검토하기로 한다. 그가 앞의 회상에서 언급한 베인의 수사서란 알렉산더 베인(Alexander Bain, 1811~1877)의 『영작문 및 수사』(1869, 明治2)로 베인은 '예술'로서 다음과 같은 것을 열거한다.

> 시는 예술(fine art)의 하나로 언어로 전달되는 사상을 수단으로 삼아 효과를 거둔다.
>
> 시는 회화·조각·건축·음악의 '속(genus)'에 속하고, 그 '종(species)'적인 특징은 사용하는 수단에서 유래한다.**[*원주6]**

월터 베잔트는 이와 같은 의견에 대한 정정을 시도하였던 한편 W. D. 콕스(W. D. Cox)는 알렉산더 베인의 이 수사서를 참고로 하여

3) 화문(華文): 일본문이라는 의미이다.

『일본인 학생을 위한 영작문 및 수사의 원리』(1882, 明治15)를 출판했다. 당연히 콕스도 소설을 예술로는 꼽지 않았다. 알렉산더 베인은 미국의 심리학자이면서 교육자로 일본에서는 허버트 스펜서에 버금가는 구미의 대표적인 인문학자로 간주되어 이노우에 데쓰지로(井上哲次郎)가 번역한 『베인 씨 심리신설(倍因氏 心理新説)』(1882, 明治15)과 소에다 주이치(添田壽一) 역 『베인 씨 교육학(倍因氏 教育学)』(1884, 明治17)이 소개되었다. 쇼요가 『소설신수』에서 참조한 『수사 및 화문(修辞及華文)』(1879, 明治12)은 미국의 가정 상비 백과사전이라 할 수 있는 "Chambers's Information for The People"의 'Rhetoric and Belless-lettres'라는 항을 기쿠치 다이로쿠가 번역한 것이었다. 스가야 히로미(菅谷廣美)[*원주7]가 그 원문과 베인의 『영작문 및 수사』의 유사점을 상세하게 지적하고 있고, 베인 자신도 그 『자전』에서 "Chambers's Information for The People"의 출판에 협력했다고 말하고 있다. 그러므로 『수사 및 화문』 원문의 저자가 베인일 가능성이 높아진다. 만약 그렇다면 쇼요는 『영작문 및 수사』만이 아니라 『수사 및 화문』을 통해서도 알렉산더 베인의 견해를 접하고 있었다는 말이 된다. 아무튼 그는 그것들을 참고하면서 굳이 소설을 '미술'로 꼽는 쪽으로 방침을 정한 것이었다.

한편 일본인 학생을 위한 수사서를 출판한 콕스는 도쿄 대학 예비교의 영어 교사였다. 그는 1877년(明治10) 11월, 처음에는 고마바(駒場) 농학교의 영어 교사로 일본에 왔지만 1879년(明治12) 9월 도쿄 대학 예비교로 전근하여 다음 해 『일본인 학생을 위한 영문법』을 출판하였다. 앞에서 지적한 『일본인 학생을 위한 영작문 및 수사의 원리』는 『일본인 학생을 위한 영문법』에 이은 중급용 교과서로 출판되었을 것이다. 쇼요가 가이세(開成) 학교 보통과에 입학한 것은 1876년(明治9) 9월이었는데 다음 해 4월 가이세 학교는 도쿄 대학으로, 도쿄 영어학교는 도쿄 대학 예비교로 개편되어, 그는 그해 9월 대학 예비교의 최고 학년으로 편입되었다. 그리고 다음 해인 1878년(明治11) 9월 도쿄 대학 본과에 진학한다. 즉 콕스가 부임한 1년 전에 대학 예비교를 졸업하고, 콕스가 수사서를 출판한 해에는 본과 3학년으로, 1881년(明治14) 6월에 제3학년 종료의 시험에 실패하여 유급되었다. 따라서 그가 콕스의 수업이나 저서로부터 영어나 영문학의 지식을 얻었을 가능성은 그다지 크지 않다. 그러나 관점을 바꾸면 쇼요와 콕스는 베인의 영향하에 있었다고 볼 수 있기 때문에 두 사람의 저서를 동시대적인 시도로 파악할 수도 있다. 뿐만 아니라 콕스에게 배운 세대의 예술관이나 소설관을 추출하는 것도 가능할 터이다.

단 베인이나 콕스는 픽션을 예술로 꼽지는 않았지만 픽션 그 자체에 부정적이었던 것은 아니다. 그런데 그들과 동시대의 영어권 수사학자 중에서는 존 하트(John S. Hart, 1810~1877)의 『작문 및 수사편람』(1870, 明治3)처럼 대단히 부정적인 소설관도 있었던 것이다.

> 오늘날 출판되어 읽히는 대부분의 픽션의 목적은 단순한 오락의 범위를 벗어나지 못하는데다가, 그 오락이라는 것 마저 매우 저차원적이다. 이런 종류의 소설(novel)은 공중의 정신을 저하시켜 버린다. 이러한 것을 읽는다는 것은 단순한 정신의 방탕일 뿐, 훨씬 고차원적인 독서를 통해 인생의 적극적인 의무를 다하고자 하는 독자에게는 어울리지 않는다.**[*원주8]**

그는 이어지는 문장에서 무차별한 소설의 남독(濫讀)은 기억력에 파괴적인 악영향을 미친다고까지 극론을 펼치고는, 그로부터 일변해서 소설의 목적은 인생과 도덕 및 신앙의 이론(theory)을 보급하는 데에 있다고 소설의 존재 이유를 밝혔다. 이것은 거의 권선징악 이론 수준이라고 말할 수 있을 것이다.

그러나 미술 혹은 예술이라는 관념이 근대 부르주아 사회의 산물이라고 한다면 존 하트의 논의처럼 공중(公衆)의 문제를 고려하지 않을 수 없다. 출판이라는 보급수단으로 출현한 소설은 음악이나 회화보다도 훨씬 광범위한 공공성을 획득했지만 한편으로는 혼자 독방에서 탐독한다는 식의 극단적이고 개인적인 향수 형태를 만들어 냈다. 이러한 이면성에 사람들이 주목하여 '소설'이라는 독서물의 존재를 문제시하기 시작한다. 그러한 시대에 헨리 제임스가 적절히 갈파한 것처럼 많은 시민들은 소설을 독자가 미처 경계하기도 전에 마음속에 침투하여 유해한 영향을 미치는 매우 천한 오락물로 여겼던 것이다. 하트의 의견은 그러한 시민적 여론을 대변하는 것이었다고 볼 수 있다.

소설을 예술로 인정할 것인가 말 것인가의 문제는 공중을 고상하게 인도하는 역할을 강조하느냐, 공중의 저속한 취향에 영합하는 현상을 비난하느냐 하는 문제와 관련이 있었다.

여기서 필자가 주의를 촉구하고 싶은 것은 이 고상/저속이라는 이항대립은 당시에는 공공(public)/개인(individual)이라는 대립을 포함하고 있다는 사실이다. 알렉산더 베인은 앞에서 소개한 수사서에서 이 점에 대해서 다음과 같은 흥미로운 발언을 하고 있다.

> 예술(art) 작품이라는 것은 한 사람 한 사람의 인간에게 기쁨을 주고는 사라지는 물건들과는 달리 *많은 사람들의 참가*를 허용하는 것이다. 회화, 시, 혹은 멋있는 건축은 수 세대 사람들이 계속해서 즐길 수가 있다. 그것은 주로 **보는 것** 및 **듣는 것**이라는 고급적인 감각 — 이것들이 앞에서와 같은 요구에 응할 수 있는 것인데 — 에 호소한다. 미각의 대상은 특정한 사용자에게 소비된다. 향기는 조금 더 많은 사람들에게 즐거운 영향을 미치지만 그럼에도 불구하고 그 범위는 한정적이다. 촉각이나 근육감각 등을 기쁘게 하는 것은(예를 들면 침대나 의자는)

일정한 시간 누군가에게 독점된다. 다툼의 계기나 불화의 원인을 제공하지 않고 그 대신에 서로 위하는 마음이나 공통의 즐거움 속에 인간을 맺어지게 하는 것이 인간의 품위를 높이는 예술의 기능인 것이다.**[*원주 9]** (방점은 가메이, 기울임체 원문은 이탤릭체. 이하 동일)

"미각의 대상은 특정한 사용자에게 소비된다"고 일본어로 직역하면 투박하게 들리겠지만 이것은 "예술이라 부를 만한 요리는 미식가의 혀를 즐겁게 할 뿐이다"라는 정도의 의미다. 한마디로 즐거움을 준다고는 해도 시각에 호소하는 회화는 수세대에 걸쳐 사람들에게 감상되고, 청각에 호소하는 음악은 공통의 장소와 시간 내에서 수많은 사람들이 동시에 향수할 수 있는 것으로, 그러한 것만이 예술(art)이라 불릴 수 있다는 것이다. 이에 비해서 극히 제한된 사람에게 독점적으로 향수되기만 하는 것은 예술에 해당하지 않는 것이다. 사람들의 다툼이나 불화의 원인을 만들어 버리기 때문이다. 알렉산더 베인의 이와 같은 구별은 촉각이나 미각 · 후각에 비해 시각과 청각 등에 보다 높은 가치를 부여하는 것이다. 즉 공공성을 기준으로 해서 오감의 서열화가 행해진 것이다.

G. P. 퀴켄보스의『작문과 수사 상급 코스』(1854, 安政1)는 A. 베인의 수사서와 함께 일본에 많은 영향을 끼친 책인데, 거기에는 다음과 같이 나와 있다. 촉각이나 미각, 후각을 보다 낮은 감각으로 보는 것은 그들 대상이 신체에 직접적이기 때문에 시각이나 청각의 도움을 빌리지 않으면 대상의 상(image)을 상기하여 즐거움(pleasure)을 얻을 수 없기 때문이다. 예를 들면 향기로운 냄새는 때로는 미의 지각을 가져오는 것처럼 보이지만 우리들이 이미 그것을 알고 있기 때문에 비로소 가능하게 된다. 촉각으로 우리들은 어느 정도 부드러움이나 감촉 등을 판단할 수 있지만 시각의 도움이 없으면 그 자리에

서 정확하게 그 모습을 파악하여 인식의 즐거움으로 바꿀 수는 없다. 요컨대 미각이나 후각은 과거의 경험을 회상시켜 바람직한 상념의 연상(agreeable train of thought)을 이끌어 내는 경우는 있지만 정신적 기쁨(mental pleasure)의 근원이 될 수 없다는 것이다.

그는 시각과 청각에 대해서는 이런 식으로 말하고 있다.

> 이 감각들(보는 것과 듣는 것)은 특히 혼에 봉사하고 있다고 여겨진다. 그들이 만들어 내는 센세이션은 조잡하지 않고 순수하며, 육체적이지 않고 지적이다. 그것들은 생활을 지탱할 뿐만 아니라 한 걸음 나아가 순화에 기여한다. 그것들은 우리에게 즐거움을 안겨주지만 이기적이지도 않을 뿐더러 관능적이지도 않고 고귀하여 우리들을 향상시키는 즐거움인 것이다.**[*원주10]**

이렇게 보면 알렉산더 베인이나 G. P. 쿼켄보스는 촉(觸)·미(味)·후각(嗅覺)/시·청각(視·聽覺)이라는 이분법 속에 육체/정신을 이항 대립시키고 있는 것이다. 베인은 예술의 공공성을, 쿼켄보스는 시·청각의 비이기성을 들면서 유독 시각의 우위성을 강조했다. "이미 살펴본 바와 같이 눈이라는 존재는 가장 생생하고 풍부한 센세이션의 매개이고, 그것에 호소하기 위해 회화·조각·건축·정원 등 예술(fine art)의 대부분이 만들어지고 있는 것이다"**[*원주11]**라고 말이다. 만약 그렇게 설명한다면 그들이 생각하는 예술이라는 것은 공동의 향수가 가능한 공공물로서 그로 인하여 인간이 서로 공감과 동정을 함양할 수 있는 미적 규범이어야만 한다. 그것에 포함되지 않는 사적인 향수는 이기적·관능적인 행위로서 소외되어야만 했다. 저속한 취미라는 것은 대상을 독차지하는 것과 같은 사적인 향수를 지칭하는 것이기도 했던 것이다.

이상과 같은 예술관이 지배적인 한 그 속에 포함되는 것이 소설이 아니라 시였던 이유는 명백하다. 여전히 시는 청중 앞에서 낭송되는 공공성이 높은 표현으로 여겼고 그 때문에 서사시(epic)에 특권적인 위치가 부여되었다. 게다가 운율의 청각성, 교묘한 문의 수식으로 극화된 정경 묘사, 주인공의 숭고한 행위 등은 모두 청중의 감성이나 심성을 고상하게 하는 미적 규범으로서의 조건을 구비하고 있다. 그에 비해 소설은 인쇄 출판으로 유통성에서는 공공성이 매우 컸음에도 불구하고, 아니 공공성이 크기 때문에 개인적인 탐독이라는 향수 형태에 대한 경계심을 불러일으켜 오히려 그 향수 형태 때문에 '문제 있는' 향락물로 비쳐진 것이다.

단 당시의 수사서는 소설을 예술로 꼽지는 않았지만, 수사학 그 자체에 대한 관심은 시보다 오히려 산문 쪽을 향하고 있었다. 다음 말은 콕스가 일본 학생을 위해 쓴 수사서 속의 내용인데 쿼켄보스의 수사서에서도 같은 취지의 의견이 보인다.

> 과학으로서의 수사학은 문장을 음미하고, 분석하고, 그리고 작문의 원리를 명백히 하는 데에 있고, 기술로서의 수사학은 우리들에게 그 원리를 실제적으로 응용할 수 있게 하는 것이다.**[*원주12]**

몇 개의 예를 더 들어 보자. A. D. 헵번(A. D. Hepburn)의 『영어수사편람(英語修辞便覽)』(1875, 明治8)의 특징은 산문 특히 역사의 서사 방법에 깊은 관심을 보인 점으로, 다음 장에서 자세히 소개할 예정이지만 여기에서 그는 수사학의 특징을 다음과 같이 정의하고 있다.

> 수사학은 산문의 법칙과 형식에 관한 과학이다.

> 시는 예술(fine art)이라고 불리는 것에 속한다. …… 산문은 그와는 대조적으로 언어 외의 목적 성취에 치중한다.[*원주13]

알렉산더 베인도 역시『영작문 및 수사(英作文及び修辞)』의 개정판(1887, 明治20)을 내면서 시에 대한 고찰을 삭제해 버렸다. 그 대신 그가 많은 기술을 할애한 것은 비유적 표현(figure of speech)에 대해서였다.

> 비유적 표현이란 보다 큰 효과를 내기 위해 사용하는 평상시의 평범한 말로부터의 일탈이다.[*원주14]

그는 이와 같이 정의하면서 그 일탈을 낳는 지적 능력이나 심리적 프로세스를 중시하여 종전의 수사학에서 꼽던 묘사(description)·서술(narration)·설명(exposition)·웅변(oratory) 등의 형식적·용도적인 분류법을 폐지하고 명석(clearness)·간결(simplicity)·인상(impressiveness)·회화성(picturesqueness) 등 감각적 이미지를 중시하는 분류로 재편성하였다. 또 이미지의 분류에 관해서도 다른 수사학이 건조한(dry), 평명한(plain), 우아한(elegant) 혹은 화려한(florid) 것 따위의 문체적 규범으로 분류한 데 비해서, 그는 인상 제시의 방식(묘사법)에 의거한 분류를 시도하고 있다. 이러한 의미에서 그의 개정판은 형식주의적인 수사론에서 이탈하여 심리학적 방향으로 이동했다고 할 수 있겠다.

이와 같이 19세기 후반 영어권의 수사학은 수사의 방법을 심리·생리학에 의거하면서 시각 중시의 방향으로 옮겨감과 동시에 산문에 대한 관심을 강조해 간 것이다. 그러면 소설은 산문 속에서 어떠한 위치가 부여되었을까 하는 점이 관심거리다.

G. P. 쿼켄보스는 산문을 서간(letter) · 서사(narrative) · 허구(fiction) · 수상(essay) · 논문(thesis) 혹은 논설적 담론(argumentative discourse) · 변론(oration)의 6개로 나누었다. 그 위에 다시 서사를 역사(history) · 전기(biography) · 사망기사(obituary) · 항해기(voyage) · 여행기(travel) · 일화(anecodote)로 분류하고, 픽션은 이야기(tale) · 소설(novel) · 로맨스(romance) · 극(dialogue)으로 분류하였다.

콕스는 일본 학생을 위한 수사서를 집필하면서 위의 분류를 다분히 모방했다고 보이는데 산문을 묘사(description), 서술(narration), 설명(exposition), 설득(persuasion)의 4개로 나누고, 다시 서술의 하위분류로서 역사, 전기(위인 약전, 일화), 항해기 및 여행기를 들었다. 또 그와는 다른 시점에서 서간과 에세이 · 논문, 픽션의 3항목을 세워 픽션의 하위분류로서 이야기(tale) · 소설(novel) · 로맨스(romance) · 극(dialogue)을 들고 있다.

이와 같은 예에서도 알 수 있듯이 당시 서사는 역사나 전기 등 현실의 사건이나 인물의 경력을 서술하는 장르를 포괄하는 개념으로 픽션은 포함하지 않았다. 오히려 서사는 픽션과 병립하는 범주였던 것이다. 소설과 로맨스는 당연히 픽션에 속한다. 단 스토리라는 서술(narration)의 기본조건을 말할 경우 서사와 픽션이 같은 기초에서 논해지게 되고, 픽션의 경우는 스토리(story) 외에도 플롯(plot) 문제가 추가되었던 것이다.

물론 어느 수사서나 할 것 없이 서사의 항을 세운 것은 아니며 서사를 항으로 꼽지 않았던 수사학도 있었다.

조금 지루한 면은 있지만 그 예를 들어보면 존 하트는 서간(letter), 일기(diary), 보도(news), 사설(editorial), 비평(review), 수상(essay), 학술논문(treatise), 여행기(travel), 역사(history), 허구(fiction), 담론(discourse)으로 열거한다. 그리고 다시 역사 속에 연대기(annual) · 회

상기(memoir)·전기(biography)를 포함시키고, 픽션을 소설(novel)과 로맨스(romance)로, 소설의 하위에 다시 역사소설(historical novel)과 가정소설(domestic novel)로 분류했다. A. D. 헵번은 대화적(dialogue) 및 서간적 산문(epistolary prose)·교훈적 산문(didactic prose)·역사적 산문(historical prose)·변론적 산문(oratorical prose)으로 나누고, 역사적 산문을 세계사·개별사·전기로 분류하는 데에 그쳐 픽션의 장르는 언급도 하지 않았다.

즉 이 시대는 역사 쪽이 소설보다도 훨씬 중요시되었던 것이다. 왜 그럴까 하는 의문은 동시에 여행기나 항해기 등이 왜 역사와 함께 서사 속에 포함되었는가 하는 궁금증으로 이어진다. 그러나 이 문제는 나중에 다시 다루기로 하고 우선 여기서는 산문 속에서 이상 지적한 바와 같은 위치에 놓인 소설이 어떤 의미를 부여받았는지 살펴보기로 한다.

존 하트의 부정적인 소설관은 이미 소개했다. 쿼켄보스는 서사와 픽션의 차이를 전자가 서술하는 사건은 진실(true)에 한정되지만 후자는 상상에 의해 창조된 것으로, 역사적 사건을 서술할 때에 인물의 성격이나 회화 등의 세부를 상상으로 보완한다면 이것 역시 충분하게 픽션일 수 있다고 설명했다. 그 서술 방법에 대해서 그는 다음과 같이 말하고 있다.

> 픽션의 기반이 되는 사건의 연쇄는 플롯이라고 불린다. 플롯이란 도저히 일어나기 어려울 듯한 것이어서는 안 된다. 그것은 도덕에 부합되고 어떠한 부분도 모순되지 않도록 계획되어 전편(全篇)을 통해 독자의 흥미를 생생하게 유지할 수 있도록 잘 운용되어야만 한다. 대부분의 경우 그것은 결말을 향해서 몇 개인가의 중요한 해결을 준비해 두는 방식으로 확보된다.

> 좋은 플롯에 이어 허구의 작품으로 성공하기 위해서 인상 깊게 진실에 다가가는 인물의 초상만큼 필요한 것은 없다. 한 사람 한 사람의 독특한 성격이나 태도(의 표현)도 수행되어야만 한다.**[*원주15]**

아마 그는 이 플롯이라는 용어를 이야기(tale)나 스토리와 의식적으로 구별해서 사용하고 있었을 것이다. 왜냐하면 그는 다른 곳에서 이야기(tale)의 화법은 등장인물이 제한된 단편의 서사 형식이나 서스펜스로 독자의 관심을 끌거나 대단원으로 유도하려는 것은 아니라고 설명하고, 또 스토리에 대해서는 일반적으로 이야기(tale)와 동의어로 쓰이지만 과거에 일어난 일의 서사에 적용되는 때가 많다고 말하고 있기 때문이다.

또 하나 지적해 두고 싶은 것은 퀼켄보스가 픽션을 서사=역사에 연결시켜 파악하려고 해서인지 소설에도 현대(풍속)사적 조건을 부여하려 한 점이다.

> 소설은 주요한 특징 면에서는 로맨스와 유사하지만 사회풍속 묘사, 혹은 흔해빠진 인생사에 의거한 스토리 전개, 또는 그 양쪽 모두를 의도하는 점에서 로맨스와는 다르다. 한편 로맨스는 도저히 일어날 리도 없는 사건에 의거할 뿐만 아니라, 현대의 당연한 인생 코스로부터 일탈한 통제 불가능한 일 — 일반적으로는 지나간 시대의 전설, 전시대의 영웅적인 위업, 초자연적인 사건, 그리고 엉뚱한 상상력 등에 의거하고 있는 것이다.**[*원주16]**

쇼요가 감화를 받은 월터 스콧(Walter Scott, 1771～1832)은 『나이젤의 운명』 서문(1831)에서 경이(marvelous)와 개연성(probability)이라는 두 요구를 충족하는 역사소설의 조건을 다음과 같이 설명한다. 그 무엇보다도 색채가 풍부한 역사 시대(period)라는 것은 고대의 조잡하고 야만적인 풍습이 쇠퇴 징조를 보이면서도 여전히 그 빛을 잃지 않으면서, 오히려 그 반면에 새롭게 개화하여 세련된 시대가 시작되는 시기(epoch)이다. 왜냐하면 전자에 눈에 띄게 특이한 인물의 사건을 도입하여, 후자의 감정이나 성격으로 그 인물에게 현실감을 줄 수 있기 때문이다.

이 말을 다시 바꾸어 말하면 기이한 사건을 설정해도 독자로부터 이의가 나오지 않을 만큼만 현대로부터 떨어진 시대일 것, 그 위에 현대인의 심리나 감정으로 이해할 수 있을 만큼 가까운 시대가 바람직하다는 것이다. 퀴켄보스는 이러한 역사적 시기의 파악 방법을 바탕으로 스콧적인 혼합 형태로부터 로맨스와 소설을 나누어 사회 풍속 묘사, 일상생활 사건에 의거한 스토리의 전개를 소설의 특질로서 의미 부여한 것이다.

W. D. 콕스가 일본 학생을 위해서 쓴 수사서의 픽션관이나 소설관은 그 말투까지 퀴켄보스의 논의와 거의 동일했다. 단 다음과 같은 점에서는 콕스의 독창성이 인정된다.

> 훌륭한 픽션이라는 것은 늘 아름다움과 진실, 덕의 승리를 보여주고 우행의 추함과 악덕의 처벌을 그리는 관점에서 써야만 한다. 이런 범주에 속하는 문학은 다른 그 어떤 것보다도 널리 읽혀 때때로 한 나라의 도덕이나 취미에 깊은 영향을 미친다.
>
> 그 중에서도 소설은 가능한 한 다양한 인물과 장면을 포함하면서 현대 사회생활에서 일어나는 일이나 풍속을 그려 내는 순수한 픽션이다. 게다가 숨 쉴 틈도 없이 연속되는 사건으로 관심을 불러일으키고 뒤엉킨 플롯을 해결해나감으로써 독자의 흥미를 높이려고 의도하는 픽션인 것이다.**[*원주17]**

표면적으로 보면 콕스는 퀴켄보스의 의견을 약간 부연하여 미/추, 진실/허위, 미덕/악덕이라는 이항대립의 관점을 추가한 것에 불과하다. 그런데 그것을 한 나라의 도덕이나 취미와 연관 지으려는 점에서는 주의를 기울일 필요가 있다. 이와 같은 진선미가 위악추(僞惡醜)에 승리한다는 (이상적 정의 혹은 권선징악의) Poetic Justice 방법은 민족이나 국가 등의 공동체가 그 내부 스스로의 서사=역사를 만들 때의 전통적인 구상 방법이었다. 이 점은 베인의 서사시(epic)론에서 콕스가 섭취한 것으로 보인다. 그것을 소설의 요건으로 포함시킨다는 것은 결국 소설을 민족이나 국가 등의 역사 메타포로 삼는 결과를 유도하게 되는 것이다.

또 하나 주의할 점은 콕스가 연속(succession)이라는 당시의 키워드를 사용한 점이다. 이것은 시각 중시라는 당시의 특징적인 관념과 밀접한 관계가 있다.

> 회전화적(回轉畵的, panoramic)인 광경은 때때로 효과적이다. 이 파노라마적 광경은 어느 하나의 사물이 자연스럽게 그것과 계속되는 것을 유도하는 것처럼 갖가지 대상의 연속을 순차적으로 나타내는 식으로 구성된다. 베인 교수는 이것을 '여행자적 시점(traveller's point of view)'이라고 부르며, 때때로 파노라마적인 묘사(description)는 기구(氣球)처럼 매우 높은 위치에서 부여된 '조감(bird's-eye view)'이라고 불린다.
>
> 묘사는 대상을 어느 특정한 시점으로 한정하고, 또 어떤 특수한 상황하에서 봄으로써 흥미 있는 대상이 될 수 있다.**[*원주18]**

콕스는 묘사(description)를 표현함에 있어 알렉산더 베인의 의견을 원용하면서 시점의 중요함을 위와 같이 설명했다.

광대한 정경을 한눈에 집어넣는 조감은 땅 위를 걸어가는 여행자의 눈과 반드시 일치하지는 않을 것이다. 그러나 아마 콕스가 강조하고 싶었던 것은 대상의 연속적인 제시에 의한 전체적 개관으로, 이 경우

조감은 어떤 곳에 초점을 맞추어 그로부터 차례차례로 인접하는 것을 파악해 가는 눈의 이동을 함의하고 있었던 것이다. 이것이 언어에 의한 묘사의 특징이고 그런 의미에서 여행자란 언어적 묘사의 메타포였다.

이 시대의 수사론의 특징의 하나는 여행자가 언어 묘사나 서사 구성의 메타포로서 빈번히 등장하는 것이다. 그 이유는 여행자가 부국(富國)과 대외적 팽창의 근간인 교역의 담당자였다는 것뿐만 아니라 세계의 정보 수집이라는 점에서도 중요시되었기 때문일 것이다. A. D. 헵번은 『영어수사편람』(기출) 속에서 다음과 같은 페늘롱(Fénelon)의 말을 인용하고 있다.

> 독자라는 것은 그것(지금 읽고 있는 것)에 이어지는 결과에 대해서 혼란에 빠지지 않고 예견하는 것을 기뻐하는 것이다. 그는 어느 사건으로부터 다른 사건이 파생되는 것을 바라보고 전체의 우여곡절을 강하게 알고 싶어 한다. 그런데 그 전체상이 교묘하게 독자로부터 숨어 버린다면 독자는 견딜 수 없어서 전체상을 얻기 위해 앞으로 나아갈 것이다. 그가 역사를 완전히 파악했을 때는 마치 산정에 도달한 여행자가 그 자리에서 호기심을 가지고 자신을 에워싸고 있는 것을 바라보며 이제까지 거쳐 온 길을 돌이켜 본다든지, 그 도중에 즐거웠던 장소를 전망한다든지 하는 때와 같은 즐거움을 느끼는 것이다.**[*원주19]**

여행자인 읽는 자의 눈에 교묘히 감춰진 전체의 우여곡절이란 역사 그 자체인가 아니면 역사를 쓰는 방식인가. 물론 페늘롱의 관심은 글쓰기에 있었는데, 그것을 거의 소설의 플롯과 마찬가지 기교로서 파악하고 있었다. 그가 말하는 여행자=독자는 연속해서 나타나는 장면을 예측하면서 발길을 서두르다가 마침내 어느 전체적인 조망이 가능한 지점에 도달해서 그때까지의 경과를 돌아보고 현재의 자신의 상황을 파악한다. 즉 베인이나 콕스가 말하는 조망을 얻는 것이다. 이와 같이 과거의 재파악과 전체상을 획득하는 지점 그것을 역사의 방법에 전용한다면, 어떤 시대를 가르는 일련의 사건이 멈추는 종결 지점과 아날로지(analogy)였던 것은 말할 필요도 없다.

또 하나의 예를 들어 보자. 콕스가 소개한 알렉산더 베인은 1887년(明治20)의 『영작문 및 수사』 개정판에서 '여행자적 시점'을 다음과 같이 설명한다. 넓게 펼쳐진 복잡한 광경은 관객의 눈에 연속적으로 제시하기 위한 제 양상을 선택함으로써 단순화된다. 이것을 여행자의 시점으로부터의 묘사라고 부르자. 우리들의 눈은 광대한 정경을 다른 몇 개인가의 부분으로 나누어서 관찰해야만 하고, 정신은 순서에 입각해서 각 부분을 보지(保持)·통합하면서 묘사를 이해한다. 여행자의 시점은 또 그가 있는 쪽 위치의 연속적인 이동이라는 점을 포함하여 픽션에서 유효한 방법이 된다.

요컨대 어느 지점에 달해서 전체상을 얻기 위해서는 그것에 앞서 대상을 분절화하고 연속화하는 조작이 불가결한 것이다. 콕스는 그것이 서술(narration)의 조건이라고 생각했다.

> 서술(narration)이라는 것은 현실의 사실 혹은 상상의 사건을 설명하는 것이다. ……서사적 구성은 시계(視界)의 연속, 혹은 하나의 상에서 다른 상으로 변화해 가는 어떤 사물, 그리고 사건의 흐름에 적합하다.**[*원주20]**

계속해서 나타나는 광경, 어떤 사물의 여러 상(相)의 연속적인 제시와 사건의 흐름에 적합한 것이 서사다. 그것은 역으로 서사가 이들의 중요성을 발견했다고도 말할 수 있을 것이다. 알렉산더 베인은 1869년판 『영작문 및 수사』에서도 언어라는 수단에 주의를 환기시키면서 정지 상태보다도 활동·변화 양태에서 표현하기 쉬운 대상이야말로 시의 소재에 적합하다는 지적을 하고 있다. 나아가서 그는 자연을 의인화함으로써 그 대상에 상상 위에서 활동을 부여할 수가 있다고 말하고 있다. 이것은 시에 대한 지적이었지만 그것을 산문의 문제로 번역하면 다음과 같다. 우리들이 무엇인가에 대해서 말하는 '문'은 주어와 술어라는 구조를 가진다. 실로 이로 인해 우리들은 무엇인가를 주어와 그 속성(또는 운동)이라는 형태로 구조화한다. 혹은 일직선으로 연속화해 버리는데 그것 자체가 이미 대상을 의인화시키는 것이고, 생명을 불어넣는 것임에 분명하다.

이 문제에 관심을 가진 사람이 애덤스 힐이었다.

애덤스 힐은 『수사의 원리와 응용』(1878, 明治11)에서 서사를 고찰함에 있어서 어의 레벨, 즉 좀 더 엄밀히 말하면 지각 레벨에서부터 고찰을 시작했다. 우선 그는 동시대의 시각론을 소개하고 다음과 같이 검토하고 있다. 어떤 형이상학 학자에 의하면 우리들이 대상을 볼 때 눈은 어느 한 부분에서 한 부분으로 움직여 가는데, 그것들을 종합하는 프로세스가 너무나 빠르기 때문에 눈의 움직임을 의식하지 못할 뿐이라는 것이다. 또 다른 학자에 의하면 우리들은 대상의 전체를 일거에 파악한다고 한다. 그 어느 쪽이 올바른가는 알 수 없지만 우리들의 의식은 한 대상을 바라볼 때 우선은 전체적으로 보이고 그 후에 분석이 이루어져 부분 지식이 얻어진다는 것인데 이는 누구나 인정하는 바이다.

애덤스 힐은 이렇게 언급한 후에 우리들의 시각에는 일거에 지각 대상을 분절화해 가는 작용이 있는 것과 우리들이 말로써 그 대상의 속성을 순차적으로 서술해 가는 방식, 즉 한 덩어리의 대상을 언어적으로 일직선화(linear)시키는 방식을 대응시켜서 서사의 시원(始原)을 파악하려 했다. 즉 시각 속에 그는 한 대상을 분절하고 통합시키는 운동성을 가정하여 거기에 서사=시간의 근원을 찾으려 한 것이다.

그러나 그는 이와 같은 지각-인식 방식을 그대로 언어적 설명에 전용하지는 않았다. 왜냐하면 눈은 하나의 대상이 계기적(繼起的)으로 제시되는 경우 그 연속하는 두 순간의 인상을 동시에 지각할 수가 없기 때문이다. 눈에 호소하는 회화나 조각도 마찬가지 한계를 지닌다. 그 때문에 화가는 어느 대상의 과거와 미래가 잘 전달될 법한 '시점의 장면'을 선택할 수밖에 없지만 결국 그 과거나 미래는 암시적으로만 보는 이의 상상력에 호소하게 되는 것이다. 그에 비해서 우리들의 말(word)은 연속적인 서술(narration) 즉 시간이 계속해서 이어짐으로써 회화나 조각이 암시적으로 밖에 나타내지 못한 스토리를 충분히 설명할 수가 있는 것이다.

그는 이와 같은 의미에서 서술의 본질은 운동(movement)이라고 생각한 것인데 또 하나 주목해야 하는 것은 언어는 그것이 의미하는 것 앞에서 투명하게 되는 것이 바람직하다고 주장한 점이다.

> 환상(illusion)을 낳기 위해서 즉 독자가 의미를 따라가는 데에 열중하여 언어(language)의 존재를 잊고 의미된 것에 주의를 기울여 음성기호(verbal sign)를 잊어버리게 하기 위해서, 저자는 언어(word)를 그 울림(sound)이 긴밀하게 의미(sense)와 호응해서 페이지 위의 문자들의 연쇄(succession of characters)가 스토리상 사건의 연쇄(succession of events)로 이어지게끔 가장 효율적인 방법을 사용하지 않으면 안 된다.**[*원주21]**

언어의 개입을 잊은 독자의 관심이 바로 의미나 대상을 향하도록 할 것. 그러기 위해서는 언어의 울림이나 문자가 전달하는 내용 앞에서 자기 현시적이어서는 안 된다. 이런 주장은 한편으로는 수사학의 자기부정일 것이다. 그러나 언어 외의 목적 성취(A. D. 헵번) 혹은 대상의 인상적인 제시(알렉산더 베인)라는 견해는 그러한 방향으로 나갈 수밖에 없다. 또한 애덤스 힐의 수사론이 다른 수사론과 결정적으로 다른 것은 고찰 대상에서 시를 제외한 것뿐만 아니라 문채(文彩)적인 수사법마저도 제외시켜 관심을 산문의 문장법으로 한정해 버린 것이다. 게다가 그는 수사학은 과학이 아니라 어디까지나 언어에 의한 커뮤니케이션 기술이라고 주장한다. 회화와의 안이한 아날로지에 의해 산문을 논하는 것 역시 비판 대상이 될 수밖에 없었다. 그와 같은 입장에서 그는 앞의 문장에 이어 다음과 같이 말한다.

> 따라서 그와 같은 저자는 결코 장소나 인물의 피상적인 외관을 극명하게 그리지 않는다. 그보다 그는 자신의 서사에 다음과 같은 점에 심혈을 기울일 것이다. (1) 길을 달리는 사람이 하는 것처럼 장소나 인물에게 재빨리 일별(一瞥)을 보낼 것. (2) 장소나 인물에 대한 관념은 그들이 주는 인상이나 그들이 만드는 감명이라는 매개를 통해서 전달할 것. 혹은 (3) 만약 어느 사항을 오랫동안 마음에 남길 필요가 있다면 그것에 대한 스토리를 (비록 삽화적일지라도 차근차근 말을 정성껏 담아) 독자에게 전달할 것.**[*원주22]**

독자의 주의를 '의미되는 것'에 향하게 하기 위해 언어 그 자체에 관심을 빼앗기지 않도록 언어를 투명하게 할 것. 작가는 서사의 코스를 따라 달리는 사람이 주위 사물을 순간적으로 포착하며 지나치는 것처럼 단적인 파악·적확한 묘사 방법에 심혈을 기울여, 그 인상을 매개로 대상의 관념을 전달할 것. 이와 같이 애덤스 힐은 대상을 분절화하고 연속화하는 시각에 대응하는 '문'(어의 연속, word succession)이라는 견해에 의거하여 그 언어 자체를 투명하게 하는 형태로 '의미되는 것' 혹은 이야깃거리 그 자체의 운동을 현재화시키는 방향으로 나아간 것이었다.

이 운동이 탈선한다든지 방해받는다든지 하면 스토리는 깨져 버린다. 애덤스 힐은 앞의 수사서 개정판(1891, 明治24)에서 더욱더 주목할 만한 내용을 지적하고 있다. 앤터니 트롤로프는 19세기 중반 영국에서 가장 성공한 서사 작가로 『자전』(1883, 明治16)은 소설 작법적인 조언으로 가득한 책인데, 그 속에서 그는 소설에서 삽화를 제거할 것을 충고하고 있다. 작가의 말은 모두 스토리를 전달하는 것에 최우선을 두어야 하며, 이 규범에 따르면 삽화는 독자의 주의를 산만하게 한다든지 불쾌감을 줄 수 있기 때문이다. 힐도 기본적으로는 이 의견에 찬성이었다. 단 그것은 소설의 유일한 목적이 스토리를 서술하는 것이라는 가정하에서의 문제였다. 그런데 스토리는 광범위하고 복잡한 소설의 단지 일부분에 지나지 않는다. 예컨대 알렉산더 뒤마(Alexandre Dumas, 1802～1870)와 윌리엄 새커리(William Makepeace Thackeray, 1811～1863)를 비교해 보면, 뒤마는 결코 스토리를 일탈하지 않지만 새커리는 때때로 스토리를 일탈한다. 그러나 그것은 인생의 관찰을 위한 것으로 때로는 주요한 사건이나 중심인물과 관련은 깊지 않더라도 독자에 따라서는 서사 그 자체보다도 인생의 관찰 쪽에 이끌리기도 한다. 애덤스 힐은 이와 같은 입장에서 서사의 운동에는 일정한 방법이 필요하다고 생각했다.

> 운동의 방법을 확보하기 위해서 저자는 일정한 시점을 지니고 그것을 바꿀 정당한 이유가 발생할 때까지는 계속 유지해야만 한다.

> 운동의 방법을 확보하기 위해 저자는 언제나 중심적인 관념을 계속해서 심중에 유지해야만 한다. 그 중심적인 관념을 축으로 그 이외의 관념을 각각 상대적인 중요성과 적절함으로 통합해 나가야만 한다.

> 픽션에서는 운동의 법칙에 대한 요구를 항상 준수할 필요가 있다.

> 스토리는 될 수 있으면 빨리 움직여야만 한다. ……일단 시작되면 움직임을 계속 유지하고 결코 정체된다든지 제자리에서 맴돈다든지 하지 말고 모든 지류를 흡수하면서 보다 넓고 보다 깊어지는 대하(大河)처럼 흘러가야만 한다.[*원주23]

소설에는 경우에 따라서 주요한 사건이나 중심인물과 깊은 관련이 없는 에피소드나 묘사에 치중하는 방법이 있다. 단 그것은 어디까지나 저자가 서사의 중심적인 관념을 흐트러뜨리지 않고 대하처럼 전개되는 메인 스토리에 그 에피소드나 묘사를 통합시킬 수 있는 경우에만 허용된다.

그는 역사에 대해서도 이러한 식으로 말하고 있다. "서투른 역사가는 하나의 관점에서 다른 관점으로 탈선하여 중심적인 관념을 유지할 수 없다. 그는 균형 감각이 결여되어 있기 때문에 하찮은 사항에도 중요한 사항과 대등하게 지면을 할애하고, 원근법적인 시각이 없으므로 사건들 사이의 참된 관계를 제시하지 못한다. 그의 서술이 역사적으로 옳더라도 그 전체적인 인상은 거짓된 것이 되고 만다."[*원주24]

에피소드와 메인 스토리와의 통합, 세부와 전체와의 조응이 서사의 조건이었던 것이다.

당시의 수사학자는 좋은 산문을 쓰는 주체적인 조건으로서 발명(invention)을 강조하였는데 그것도 이 점과 관계가 있을 것이다. 존 하트에 의하면 발명이란 무언가 말할 만한 것을 발견하는 것이다. 한편 발명은 헵번에 의하면 광의의 개념에서는 서술하는 사항에 대한 관념이나 그 발전과 배열의 전 과정을 의미하고, 협의의 개념에서는 담론의 주된 발상(main thought)을 발견하는 과정 혹은 방법이었다. 콕스에 의하면 무언가 특정한 주제와의 관계에서 사상을 발전시키는 과정을 말한다. 발명이란 이와 같이 착상에서 구성에 이르는 사고의 프로세스임과 동시에 그 프로세스를 스스로 발견하고 컨트롤하는 방법으로, 여기에도 운동(movement)과 연속(succession)이라는 시대관념을 엿볼 수 있을 것이다. 사실의 영역에서 헵번이 말하는 광의의 발명을 하는 것이 역사이고, 자기 속에서 발견한 발명의 프로세스를 더욱더 세부적으로 하거나 에피소드를 배치하면서 발전을 꾀하는 것이 소설의 방법이었던 것이었다.

애덤스 힐의 서사론의 경우는 1878년판의 『수사의 원리와 응용』에서 거의 역사를 언급하지 않고, 1891년의 개정판에서도 앞에서 소개한 정도로 언급한 것에 불과하다. 힐의 예에서 보듯이 수사학자의 관심은 역사에서 소설로 옮겨갔지만 그러나 특별히 자각적으로 이와 같은 이행이 이루어졌다고는 보기 어렵다. 다른 수사론에서 정리된 서사로서의 역사 조건이 그대로 소설론에 전용되고 있기 때문이다. 단 그간에 위와 같은 '주된 발상(main thought)'의 강조라는 변화가 나타났다. 만약 주체(subject)로서의 서술자(narrator)라는 관념이 역사의 서사조건을 정하는 과정 특히 시점이나 주제(subject)의 중시 속에서 태어난 기능 개념이라고 한다면, 소설의 주된 발상에 대응하는 주체 이미지는 서사 세계에 대해서 좀 더 자율적인 이른바 주체적인 자유를 유지하는 존재라고 말할 수 있다. 서술자(narrator)로서의 기능 개념이 배후로 밀리고 존재 개념으로서의 '작가 주체'가 실체적인 것으로 환시되게 된 것은 아마도 이러한 사정에 의한 것일 것이다.

대략 이상이 19세기 중기로부터 후기에 걸친 수사서로부터 추출할 수 있는 예술 개념과 소설 개념 등을 구성하는 관념군이었다. 다시 한 번 정리하면 공공(公共)/개인(個人)이라는 이항대립에 의거한 오감의 서열화와 시각의 분절・통합 기능을 전제로 한 운동과 연속의 중시, 그리고 여행자의 메타포를 이용한 서사 방법 등이다.

필자가 분석하는 수사서는 주로 미국에서 출판된 것으로 그것이 영국도 포함한 경향이었는지에 대해서는 신중을 기할 필요가 있다. 단 헨리 제임스의 에세이를 보면 이 시대의 영어권의 공통 관념이었다고 보아도 무방할 것이다. 그는 이 장 처음에 소개한 월터 베잔트의 의견에 반대하였던 것은 아니다. 단지 사람에 따라서는 소설이 예술이라는 견해에 전혀 납득하지 못하는 상황에서 지나치게 강한 주장은 오히려 불신감을 자초하지 않을까 하는 염려 때문에 예술에 대한 사회의 평가를 다음과 같은 식으로 나타냈다.

> 너무나 많은 것이 기묘하게 뒤틀려 있는 우리 프로테스탄트 사회에서 어떤 사람들은 예술을 중요하게 생각하거나 신중하게 평가하고자 하는 사람들이 예술로부터 막연히 유해한 영향을 받는다고 여기고 있다. 그것은 무엇인가 불가사의한 방식으로 도덕과 오락과 교훈에 대항하는 것이라고 간주되고 있다. 이와 같은 것이 화가의 작품에서 구체화되는 경우에는(조각가는 또 다른 문제이지만!) 그것이 무엇인지 사람들도 금방 알 수 있게 된다. 그것은 한눈에 알 수 있는 핑크색이나 녹색으로 그려져 금테두리 액자에 들어가 사람들 앞에 서게 되고, 사람들은 한눈에 그 최악의 것을 보고 느낄 수 있고 경계할 수 있다. 그런데 그것이 문학에 도입될 때 그것은 더욱더 잠행성(潛行性)을 지니게 된다. 거기에는 사람들이 그것을 알아차리기 전에 해를 끼칠 위험한 것이 있다. 문학은 교훈적이거나 또는 오락적이어야 하는데 예술적(artistic)인 몰두 즉 형식의 추구는 이 두 목적의 어느 편에도 기여하지 못하고 실제로는 양쪽 모두 손상을 입힌다는 인상을 많은 사람들이 가지고 있다. 예술에 대한 몰두는 교훈적이라고 하기에는 지나치게 경박하고, 기분전환이라고 하기에는 지나치게 진지하며, 게다가 딱딱하고 역설적이고 과잉적이기까지 하다.**[*원주25]**

그의 논리도 "기묘하게 뒤틀려" 함축이 많은 표현을 하기 때문에 두, 세 가지 보충이 필요할 것 같다. 그는 "그것(예술)이 문학에 도입될" 혹은 "(문학에서의) 예술적(artistic)인 몰두"라고 말하는데, 이것은 다분히 첫머리에서 소개한 월터 베잔트의 의견을 염두에 둔 말이었다. 노파심에서 다시 한 번 인용하면 월터 베잔트는 "픽션도 다른 예술과 마찬가지로 일반적 법칙에 지배되며 유도되는 것이므로 (음악의) 조화(harmony)·(회화의) 원근법(perspective)·(조각의) 균형(proportion) 법칙과 마찬가지로 엄밀성과 정확성으로 규정하고 가르칠 수 있을지도 모른다"고 말하고, 음악이나 회화의 법칙에 상당하는 소설의 법칙을 찾아내려고 했던 것이다.

그 '법칙'을 그는 아래와 같이 들고 있다. 소설가는 자신의 경험을 바탕으로 써야 한다. 그가 쓰는 인물은 현실적이고 실제 인생에서 만날 수 있을 법한 인물이어야만 한다. 조용한 시골 마을에서 자란 젊은 여성은 군대 생활의 묘사를 피해야만 한다. 친구나 자신의 개인적인 경험이 하층 중산 계급에 속하는 작가는 그의 작중인물을 사교계에 등장시키는 것은 신중하게 생각해야만 한다. 비망록에 메모를 해 두어야만 하고 인물상은 명확하게 그려야 한다. 그러나 말투나 몸놀림의 묘사로 인물상을 표현하는 것은 서투른 방식이고 장황하게 묘사하는 것은 더욱더 엉성한 기법이다. 영국의 소설은 의식적인 도덕적 목적을 지녀야만 한다. 마무리에 세심한 장인 기질의 (문체에 관한) 가치는 아무리 높이 평가해도 부족함이 없을 것이다. 가장 중요한 포인트는 스토리로, 그 스토리가 전부인 것이다.

그러나 월터 베잔트가 제시한 이와 같은 '법칙'은 규격화되어 있지 않아서 마음만 먹으면 얼마든지 더 들 수 있을 것이다. 그런데 가장 큰 문제는 과연 이것이 음악에서의 조화나 회화에서의 원근법과 같은 엄밀하고 정확한 '법칙'이라고 말할 수 있을 것인가 하는 점이고,

헨리 제임스도 이와 같은 의구심을 가졌을 것이다. 그래서 그는 월터 베잔트와 같이 형식적 조건에 몰두한다고 해서 소설을 쓸 수 있는 것도 아니며 오히려 도덕이나 오락, 이 양쪽 모두를 잃을 수 있다고 비판한 것이다.

뿐만 아니라 그는 '예술적(artistic)'인 소설에 대한 세인의 반감도 배려하고 있었다. 예컨대 '예술'이라는 관념이 독자의 즐거움을 빼앗아 간다고 하는 것은 모든 세상 사람들이 공감하는 것으로 어떤 사람은 그 원인을 '묘사'에서 찾고, 어떤 사람은 그것을 작가의 동정심 결여로 돌릴 것이라고 언급하고 있다. 즉 예술을 지향하는 것이 동정이 결여된(냉랭한) 분석이나 묘사를 도입하는 것이라고 하면, 그것은 도덕이나 오락이나 교훈에 대항하는 유해한 것으로 간주될 수도 있다고 그는 프로테스탄트 사회에서의 반응을 파악하였던 것이다. 그가 본 공중은 그러한 사고의 소유자들이었고 '예술'을 일종의 신성함으로 간주하는 담론이 유포된 현대와는 전혀 다른 양상이었다는 점에 주의할 필요가 있다. 그가 월터 베잔트의 주장을 받아들이면서도 신중할 수밖에 없었던 이유가 여기에 있었다.

그렇지만 그가 월터 베잔트의 '법칙' 전부에 대해 비판적이었던 것은 아니었고, 회화와의 아날로지의 유효성을 인정하지 않았던 것도 아니다.

> 소설의 유일한 존재 이유는 인생의 재현을 시도하는 것에 있다. 소설이 이 시도를(우리들이 화가의 캔버스 위에서 보는 것과 같은 마찬가지 시도를) 포기할 때 그것은 기묘한 길로 빠져 들어 버릴 것이다. ……(기독교도의) 소설에 대한 의혹을 덜어 주는 효과적이고 유일한 방법은 내가 앞서 언급한 아날로지를 강조하는 것 — 회화가 현실인 것처럼 소설은 역사라는 사실을 강조하는 것이다. 이것이 우리들이 소설에 부여하는 단 하나의 일반적인 (소설을 정당하게 취급하는) 설명이다.

> 과거나 인간의 활동을 재현하고 설명하는 것이 역사가와 소설가의 일이다. 내가 이해하는 양자의 차이는 단 하나다. 즉 소설가는 도저히 문학적이라고 할 수 없는 다양하고 잡다한 자료를 모아야만 하기 때문에 그 곤경을 이겨 내고 성공하면 그에 비례해서 명예가 높아진다는 것이다. 소설가가 철학자와 화가들이 공통적으로 겸비한 것을 가지고 있다고 한다면 이것은 소설가에게 위대한 성격을 부여한 것이라 볼 수 있다. 이 이중(二重)적인 유사점은 소설가의 멋진 유산이다.

> 직접 인생의 복제(reproduce)를 담당하는 예술(art)이 건강하기 위해서는 완전한 자유가 보장되어야만 한다.

> 사람들은 인생의 감촉을 느끼고 그것이 강하면 강할수록 인생에서 그 무엇보다 밀접하게 관계를 맺는 예술(art)을 감수(感受)한다. 이 밀접한 관계야말로 우리들이 소설의 효과에 대해서 말할 때 잊어서는 안 되는 것이다. ……상태나 성벽, 인생의 기묘하게 불규칙적인 리듬을 붙잡는 것 그것이 우리들이 시도하는 바이고 그 시도의 부단한 노력이 소설을 자립시킨다. 소설이 제공하는 것 속에서 우리들이 그것을 재배열하지 않고도 인생을 알게 되고, 그 정도에 비례해서 우리들은 진실에 접했다고 하는 감촉을 얻는다. 또 그 반대로 우리들이 소설을 재배열하면서 느끼게 되는 정도에 상응하여 우리들은 대용품이나 타협이나 인습적인 것을 강요당하고 있다고 느껴 버리는 것이다.**[*원주26]**

헨리 제임스는 이렇게 동시대의 많은 수사학자와 마찬가지로 소설을 한편으로는 회화와 다른 한편으로는 역사와의 유사성을 강조하면서 월터 베잔트가 말하는 '경험'·'실제 인생'의 의미를 부연하고 살을 붙였던 것이다. 소설의 최고 미덕은 현실감을 주는 것이기 때문에 소설가는 인생의 환영을 능숙하게 그려 내어 독자들에게 또 다른 인생을 사는 것 같은 느낌을 맛보게 해야만 한다는 것이다. 그런 인생을 만들기 위해서는 위의 네 번째 인용처럼 인생을 서술하는 연속성(succession)의 재배열을 필요로 하지 않고도, 인생의 불규칙한 리듬조차도 전해져 오는 것이어야만 한다. 그 점에서는 헨리 제임스도 동시대인과 같은 사고 틀 속의 발상이라고 할 수 있다. 좀 더 엄밀하게 말하자면 월터 베잔트의 성급한 '소설 즉 예술론'에는 신중하게 결론을 유보하고 사회 통념과 절충하듯이 보이면서, 회화의 외견 묘사나 역사적 사실의 종속을 뛰어넘는 '진실'을 그리는 장르로서의 소설의 지위 향상을 꾀한 것이다.

그러면 그 진실은 어떻게 하면 포착할 수 있을 것인가. 그에 의하면 '경험'이란 헤아릴 수 없이 세밀한 감수성, 의식의 방에 걸려 있다. 감수성과 의식은 최고급 견사로 만들어진 거대한 거미줄과 같은 것이어서 공중을 부유하는 사소한 요동까지도 그 그물로 포착해 버린다. 그것은 그야말로 정신의 정서라 할 수 있으며 만약 정신이 상상력으로 가득 차 있다면 인생의 암시를 포착하고 공기의 미세한 파동을 계시로 변환할 수 있다. 소설에서의 세부적인 '진실'은 이처럼 섬세하고 예민한 감수성에 의해서만 파악이 가능한 것이다.[*원주27]

이것은 '경험'의 중요한 의미 변환일 것이다. 이런 의미에서 '경험'의 법칙에 구속을 가하지 않는 것이 그가 말한 '자유'의 보장이었다.

관점을 바꾸면 결국 그것은 당시의 예술 관념에 새로운 관념을 도입해서 의미 변화를 초래한 것이고, 적어도 예술 관념을 구성하는 관념군의 배치전환을 야기하는 발언이었다. 헨리 제임스가 그것을 자각하고 있었는지의 여부를 떠나서 결과적으로 그와 같은 담론을 낳은 것이다. 인생의 재현, 사람들 각자의 고유한 정신의 정서 표출, 섬세하고 예민한 감수성에 의한 세부의 진실. 이 관념들은 회화나 조각, 음악이나 시만을 예술로 취급할 경우 필수적인 문제들은 아니었다. 적어도 현재적(顯在的)이지는 않았다. 헨리 제임스도 인정한 바와 같이 공중(公衆)은 어떤 화가에 대해서 "이 화가는 그 자신이 정통한 방식으로 이 그림을 그렸다"라고 기법의 관점에서 평가를 내린다. 그러나 소설에 관해서는 독자성이나 개성의 관점에서 보아야 한다. "소설의 방법은 인간의 기질처럼 다양하고, 타인과 다른 그 특유의 정신을 나타내 보이는 정도에 비례해서 성공한다." "기법은 한 사람의 작가에게만 속하고 무엇보다도 개인적인 것으로, 그로써 우리는 작가를 평가하는"**[*원주28]**것이라고 그는 주장했다. 이런 의미에서 위에서 말한 관념은 월터 베잔트가 소설을 예술로 꼽고 헨리 제임스가 수정하여 심화시킨 결과, 예술 관념 속에 반입되고 혹은 현재화된 것이라고 말할 수 있을 것이다.

그리고 그것이 19세기 후반부터 20세기 예술 개념의 중심에 서서, 회화나 음악의 해석에까지 침투하여 끊임없이 현대의 통속적인 예술적 담론을 재생산해 내고 있는 것이다.

쇼요는 그러한 움직임이 시작된 시기에 때마침 소설이 미술이라는 것을 주장했던 것이었다.

그는 미술을 크게 둘로 나누었다. 즉 하나는 회화・조각・목세공・자수・동기(銅器)・건축・정원 조경 등의 유형 미술, 또 다른 하나는 음악・시가・조루리[4] 등의 무형 미술, 그리고 무도나 연극은 그 둘을 겸비한 것(「소설총론」)이라고 논한다.

그는 아마 영어권에서 공공/개인이 예술 개념의 근저에 있는 것을 깨닫지 못했던 것 같다. 목세공이나 동기 등은 공공/개인의 관점에서

4) 조루리(淨瑠璃): 서사의 일종으로 16세기에 미카와(三河) 지방에서 맹인 법사들이 비파(琵琶)와 부채박자에 맞춰 이야기하던 것에서 유래한다. 17세기 초부터 샤미센(三味線) 반주와 인형극이 합쳐져 닌교 조루리(人形淨瑠璃)가 생겼는데, 1684년 다케모토 기다유가 오사카에서 다케모토좌(竹本座)를 열고 조루리를 유행시켰다.

보면 특정한 개인에게 점유되기 쉬워 예술의 범주에 넣기 어렵기 때문이다. 그러나 그는 그런 관점에서가 아니라 "사람의 심안(心眼)을 즐겁게 하고 또 그 기품을 고상하게 하는 것"(앞의 글)이라는 기준으로 아마 박람회의 전시물을 염두에 두면서 이와 같이 열거했을 것이다.

마찬가지로 그는 회화나 음악으로서 예술을 논하는 발상은 있었지만 오감을 서열화하는 관점은 없었는데, 그 대신 다음과 같이 느닷없이 '마음' · '인정'의 관념을 집어넣었다.

> 그 미술의 질에 따라 주로 마음에 호소하는 것이 있고, 주로 눈에 호소하는 것이 있고, 주로 귀에 호소하는 것이 있다. 예를 들면 유형의 미술과 같은 것은 오로지 형태를 주로 해서 사람의 눈에 호소하지만, 음악 · 창가는 귀에 호소하고, 시가 · 희곡 · 소설 종류는 오로지 마음에 호소하는 것을 그 본분으로 하는 것과 같다. (중략) 시가와 희곡은 이것(유형 미술이나 음악 · 창가)들과 달리 주로 마음에 호소하기 때문에 그 주안점은 색채나 음향에 있지 않다. 다른 형태를 갖지 않는 소리 없는 인간의 정이 바로 그것이다. (앞의 글)

회화에 색채가 있고 음악 · 창가에 소리가 있다고 한다면 시가와 희곡, 소설에는 문자 혹은 문장이라는 '재료 · 수단'이 있을 터이지만, 쇼요는 그러한 매개의 문제를 건너뛰어 버렸다. 어떠한 문장으로 소설을 미술로서 가능하게 하는가의 문제는 '문체론'에서 다룰 셈이었을 것이다. 이 문제를 건너뛰고서 그가 우선적으로 강조하고 싶었던 것은 시가 · 희곡 · 소설이 직접 '마음'에 호소하는 것이라는 것, 그렇기 때문에 시각에 호소하는 회화와 청각에 호소하는 음악보다 뛰어나다는 것이었다. 마음을 오감의 으뜸으로 놓는다는 발상에 그가 따르고 있었다는 것은 말할 필요도 없다.

쇼요가 이처럼 주장한 것은 헨리 제임스의 견해와 월터 베잔트의 의견에 상응하는 다음과 같은 발언이었다.

세계의 개화는 인류의 공적임에 틀림없다. 그런데 인류의 공적에는 두 종류가 있다. 이른바 수용(須用) 즉 장식 수용(裝飾須用)은 오로지 인생의 필수적인 능력을 제공하는 것을 목적으로 한다. 장식은 사람의 마음에 오락을 주고 기품을 고상하게 하는 것으로, 이 장식을 일컬어 미술이라고 칭한다. (쇼요의 인용에 의함)

이것은 도쿄 대학의 이재학(理財學) 및 철학 교사 어니스트 페놀로사가 1882년(明治15) 5월, 류치카이[5]의 초청으로 우에노(上野)의 교육박물관에서 강연한 『미술진설(美術真說)』(大森維中 譯, 같은 해 10월, 竜池会 출판)의 서두와 유사한 대목이다. 도쿄 대학 학생 시절에 페놀로사의 강의를 들었던 쇼요는 이 강연에 주목했을 것이다. 그가 예술(fine art)이라는 관념을 알게 된 계기가 이 강연이었다고는 단정할 수 없지만 적어도 이 미술 개념을 빌려 공리주의로부터 소설을 해방하려고 한 것은 분명하다.

이전에 그는 1880년(明治13) 6월에 페놀로사의 정치학 시험에 불합격해서 낙제를 받았다. 그에 대한 유감 때문이었는지 위 문장의 인용에서는 페놀로사의 이름을 말하지 않고 "미국의 식자 모(某)는"이라고 우회적으로 부르고 있다. 인용 방식도 정확하지는 않았다. 그러나 그간의 사정이 어찌되었건 그는 페놀로사의 논리에 의거하면서 그의 담론 속에 남아 있던 '목적'론적인 발상을 비판하면서 "소설이 미술인

5) 류치카이(龍池会): 메이지 초기에는 급격한 서양화 결과로 종래 미술 작품의 가치가 떨어지고 작가도 수입을 잃어 궁핍해졌다. 이와 같은 상황을 염려하여 사노 쓰네타미(佐野常民), 가와세 히데지(河瀬秀治), 구키 류이치(九鬼隆一) 등이 1878년(明治11) '류치카이'를 발족시켜 미술의 부흥을 꾀하였다.

이유를 분명히 밝히려면 우선 미술이 무엇인가를 알아야 한다", "그 기품(氣韻)을 높고 원대하게 하고, 그 형상을 정결('淸絶')하게 하여 인간의 질을 고상하게 하는 것은 우연히 이루어지는 것이 아니므로, 미술은 사람의 심안(心眼)을 즐겁게 하고 또 그 기품을 고상하게 하는 것이라고 하면 된다"(앞의 글)라는 주장까지 끌어냈다. 그와 병행하여 미술의 범위를 장식(시각에 호소하는 형태나 색채의 미)의 레벨에서 '마음'에 호소하는 표현까지 확장 · 심화시키려고 시도했던 것이다. 언어유희 식으로 말하면 그것은 '심안'을 '심'과 '안'으로 분리하여 '심'의 영역을 자립시킨 것이었다.

이 시기 일본에서는 아직 미술이라는 말이나 개념이 생소하기만 하였다. 단 일찍이 오규 소라이(荻生徂徠)가 『소라이 선생 문답서(徂徠先生問答書)』(1727, 享保12)에서 '문학'을 수신이나 치국평천하의 이데올로기로부터 해방할 것을 주장하고 있었다. 소라이에 의하면 한시(漢詩)는 일본에서의 와카(和歌)와 마찬가지로 "특별히 심신을 다스리는 도리를 설파하거나 천하를 다스리는 길을 설파하는 것"이 아니라 "옛사람들이 슬프거나 즐거울 때 그 표현으로 나온 말"로, 그로 인하여 인정을 알고 "그 당시 나라의 풍속을 아"는 방편이라면 충분히 존재 이유가 있는 것이다. 이것을 받아서 모토오리 노리나가가 서사는 유교와 불교의 가르침을 널리 알리는 방편 따위가 아니라 "세상사 인간의 마음과 모습을 갖가지로 그린 것이기 때문에 읽으면 저절로 세상 속의 정황을 깨닫고 사람들의 행위와 그 마음의 현상을 잘 분별할 수 있다. 이것이야말로 서사를 읽으려는 사람의 기본자세로 여겨야만 할 것이다"(『겐지 모노가타리 다마노오구시(源氏物語玉の小櫛)』, 1799, 寬政11. 쇼요의 인용에 의함)라고, 이른바 '모노노아와레(もののあはれ)'[6]론을 주창했다. 쇼요는 이것을 『소설신수』에 인용하고 있다. 이런 의미에서는 공리주의적인 서사관에 대한

비판은 일본 쪽이 한 발 빨랐다고 볼 수 있는데, 쇼요는 이것을 기반으로 페놀로사의 의견을 받아들였던 것이다.

미술이라는 용어는 1872년(明治5)에 정부가 배포한 빈 박람회의 '출품 요강'에 "서양에서 음악, 화학(畵學), 상을 만드는 술시학(術詩學)을 미술이라고 한다"라고 설명을 붙인 것이 최초로 알려져 있다. 단 이것은 제작품의 틀을 제시하는 데 그쳐 개념설명까지는 이르지 못하고 있다. 그에 앞서 니시 아마네[7]가 육영사(育英舍)의 강의록 『백학연환(百学連環)』(1870년경, 永見裕 필록본)에서 미학(Aesthetics)을 가취론(佳趣論)으로 번역하고, "지(know)를 진정한 것으로 만드는 것은 지치학(知致學, Logic)에 있고, 행(行, art)을 선하게 하는 것은 명교(名教, Ethics)에 있고, 사(思, feel)를 미(美)로 하는 것은 가취론에 있다. 미라는 것은 외형이 구비되어 결여됨이 없음을 말한다"고 설명했다. 이 강의록에는 '예술'이라는 용어도 보이지만 그것은 기술(mechanical art)과 대비시킨 의미에서 liberal art의 번역어로서 나온 말로, 여기에 '예(藝)'를 사용한 까닭은 "예(藝)는 심사(心思)를 움직이는 뜻으로서 시문 등을 만드는 것과 같은 것이다"라는 이유에서 왔다고 한다. 오모리 이추(大森惟中)는 제작품의 준거 틀로서의 '미술'에 니시 아마네가 말하는 가취론을 빌려와 페놀로사 강연의 번역어로 정한 것이다.

쇼요는 '미술'이라는 말이 일본 지식인 사이에서 이제 막 정착하기

6) 모노노아와레(もののあはれ): 에도(江戸) 시대의 국학자 모토오리 노리나가(本居宣長)가 『겐지 모노가타리』의 미의식을 설명하면서 세운 용어로 인생이나 자연에서 그때마다 일어나는 차분한 정취를 가리킨다.

7) 니시 아마네(西周, 1829~1897): 에도 시대 말기, 메이지 시대의 학자·계몽사상가. 1863~1865년에 에도 막부 유학생으로 네덜란드에 가서 정치·법률을 연구하여 서양 철학을 최초로 일본에 소개하였다. 메이지 정부의 병부성(兵部省)으로 출사하여 군제(軍制)의 확립을 위해 힘을 쓰고 또 군인 칙유(軍人勅諭)를 기초(起草)하였다.

시작한 시기에 소라이(徂徠)의 '인정'이나 노리나가의 '모노노아와레'를 도입해서 자기 나름의 용어로 만든 셈이었다. 나아가 그는 그 '미술' 속에 소설을 덧붙이는 발상보다 더 한 발 다가간 문장을 접하게 되었다. 그것은 기쿠치 다이로쿠가 번역한 『수사 및 화문(修辭及華文)』(1879, 明治12)이다.

문부성은 "Chambers's Information for The People"이라는 미국의 계몽적인 백과사전의 각 항목을 『백과전서』라 하여 1873년(明治6)부터 소책자의 분책 형식으로 출판하기 시작했다. 그 속에 "Rhetoric and Bell-Lettres"의 항을 기쿠치 다이로쿠가 번역한 것이 『수사 및 화문』이었던 것은 앞에서 소개하였다. 쇼요는 자신의 논의를 보강하기 위해 그 모두의 "시문의 술(術)(Poetic and Literary art)"을 상당히 길게 인용하고 있다. 『수사 및 화문』의 문장은 한자와 가타카나 혼합문이었는데 쇼요는 한자와 히라가나 혼합문으로 바꾸어 버렸다. 또한 다음 인용문 중 < > 속은 쇼요가 생략한 부분이다.

> 리듬감 있는 언어가 고상한 주제에 적합하다는 것은 세상에서 늘상 말하는 바이지만 생각하건대, 산문체 언어를 세상사에 비유하자면 마치 평상시의 일에 있어서와 마찬가지로 인심의 우유한적(優悠閑適)함을 나타나기에 적당하다. 따라서 시와 산문의 관계는 무용(舞踊)과 행보의 관계와 비슷하다. 그렇지만 산문이 이윽고 문자 조직의 한 방법이 되어 이것을 기교 있게 운용하게 된 이래 무수한 저서가 세상에 전파되고, 그리하여 그 내용도 크게 시적으로 크게 바뀌어 그 간선('斡旋')[8] 형용의 묘가 거의 최상의 리듬감 있는 문장을 만들어 내기에 이르렀다. <먼 옛날 사람의 연설 역사 도학의 비평 등에 관한 서(書)는 (시와 함께 당시의 화문(華文)을 이루던 것) 시재(詩才)로 말하자면

8) '斡'자에 ママ(원문 그대로 옮김) 표시 있음. 의미가 약간 불투명하여 원문 한자대로 번역함.

최상이라고 칭할 만큼 묘지(妙旨)를 담고 있어 실로 사람을 감동시키기에 충분한 것이었다.> 다만 근세 산문의 저서라 할지라도 그 문체는 지극히 고상한 시상(詩想)에 의거하는데 단지 그것이 시와 다른 바는 엄밀한 리듬을 버리고 부드러운 언어로써 자유롭게 변화하는 데에 있을 뿐이다. <그리하여 우리 소설, 닌조본, 시체(詩体)를 따르지 않는 기어(綺語) 등 그 모든 것과 그 역사, 전기, 비평, 설법, 도덕 강의 등은 시의 목적에 있어서 인간의 절절한 감정과 장왕(壯旺)한 신심(信心)을 발육시키기 위해 이들을 실용 예술과 구분하는 경향이 현저했다.>

주지하는 바와 같이 쇼요는 영어권의 수사학자라면 당연히 관심을 보였을 산문 장르의 인접 관계, 상호 관계 부분을 생략해 버렸다. 바로 지금의 논제와는 관련이 없기도 했겠지만 애당초 일본에서는 연설(speech)·도학(道學, moral)·비평(criticism)·설법(sermon)·도덕 강의(moral disquisition) 등은 산문 장르로서 인지되지 않았기 때문이었다.

그의 관심은 산문이 시와 동등한 위치에 있다는 점 한 가지에 집중되어 있다. "리듬감 있는…… 생겨나기에 이르렀다"까지의 번역문은 오늘날 독자에게는 다음과 같은 영문보다도 오히려 이해하기 힘들지도 모른다.

The metrical form of language has always been felt to be the appropriate accompaniment of a certain elevation of subject; while the prose form suits a state of mind more free and composed, as in the ordinary routine business of life. As the dance is to walking, so is the poetical measure to prose. But since the age when prose began to be a form of literary composition, and to be cultivated with artistic skill, innumerable works have been produced which have seized upon the fittest subjects of poetry, and embodied them with a dress and treatment such as to produce effects equal to the finest metrical compositions.

쇼요가 영문을 참조했는지는 명확하지 않지만『소설신수』에서 그는 운문('韻語')을 "화공이 사용하는 물감 같지는 않더라도 충분"한 것으로 간주했다. 게다가 "소설패사(小說稗史)의 경우 만일 신운(神韻)이 풍부하다고 한다면 이것을 시라고 하고 노래라고 칭해서 미술의 단상에 세우는 것은 불가능한 것이 아니라 실로 당연하다고 해야 마땅하다"(同前)라고 주장하고 있다. 이는 위와 같은 발상에 근거하고 있기 때문일 것이다.

본 장의 머리글에서도 언급했듯이 이 영문을 알렉산더 베인이 서술했을 가능성은 매우 높다. 그 베인의 저서를 소에다 주이치(添田壽一)가 번역한『베인 씨 교육학』(기출)에「미술 교육」(제6권, 1885. 1)이라는 주목할 만한 장이 있다. 이미 확인한 바와 같이 당시의 수사론적 발상에 따라서 그는 '시관(視官)'에 호소하는 회화・자수(縫繡)・조각・건축과, '청관(聽官)'에 호소하는 시나 음악의 "강렬한 정욕을 제어하고 동시에 유도함으로써 이 같은 욕정으로부터 발생할 만한 악념을 제어하게 하"는 효과를 언급하였다. 그것을 바탕으로 소설에 관해서는 다음과 같이 말했다. 그에 의하면 소설은 "가장 인기를 쫓고, 가장 유행하는 것"이고, "지금 현재 유행하는 소설"은 "그중에 가장 고상한 미술에 관련되기는 하나, 감정 또는 이상에 잠긴 바 적"지 않다. 이 같은 "소설의 쾌락에 탐닉하는 것을 제지하는 데 유효한 법칙"은 "자극제를 복용할 때와 같이 가능한 한 이를 절제시키는" 것이다.

"이상에 잠긴"다는 말은 쉽게 이해되지 않는 표현이지만 전후 문맥으로 볼 때 현실을 잊고 몽상적으로 이상에 잠긴다는 의미일 것이다.

이처럼 베인은 소설을 '미술'로 꼽는 바로 전 단계에 머무르고 있었다. 그것은 헨리 제임스가 그린 공중이나, 수사학자 존 하트의 의견에 매우 가깝다고 볼 수 있다. 그런데 쇼요는 그것을 간단하게 뛰어넘어 "소설의 주안점(主腦)은 인정이다. 이어서 세태풍속이 따른다. 인정이란 어떤 것을 말하는가 하면 인간의 정욕으로써 소위 백팔 번뇌가 이것이다"(「소설의 주안」)라고 선언해 버린 것이다. 이처럼 단언하기 위해서는 '인정'과 '번뇌'를 세상의 도덕률을 초월한 것으로써 그 자체를 통째로 긍정할 수 있는 인식에 서 있어야만 한다. 그 인식은 이미 노리나가(宣長)가 "사람의 정이 사물을 느끼는 것은 선악사정(善惡邪正)이 다양하게 있는 중에서 도리에 어긋나는 것은 느끼지 않으려 할지라도 정은 (자기) 스스로도 마음대로 할 수 없어서 스스로가 견디기 어려운 점이 있다고 느끼는 법이다"(『다마노오구시(玉の小節)』. 쇼요의 인용에 의함)라고 제시해 준 바 있다. 소설은 "스스로도 마음대로 할 수 없"는 정을 미리 선악의 기준으로써 취사선택하는 것이 아니라 있는 그대로를 겉으로 드러내야 마땅한 것이다.

되풀이해서 말하자면 쇼요의 발언은 월터 베잔트나 헨리 제임스의 발언이 있고나서 불과 1년 후에 나온 것이었다.『소설신수』원고의 완성 시기로 보면 오히려 쇼요 쪽이 보다 일찍 소설의 예술성에 착안하고 있었다는 것이다. 동시대에 일본에서 활동한 W. D. 콕스가 넘어서지 못한 부분을 쇼요는 가볍게 뛰어넘었다. 이같이 후진국의 선행 현상이 일어난 이유는 여러 가지로 생각할 수 있지만, 그 하나의 이유로서 공공의 도덕적 요구가 영어권에서는 보다 강하고 일본에서는 극히 가벼웠던 것을 들 수가 있겠다. 이 견해는 의외로 틀릴지도 모른다. 현재의 문학사적인 통념에 의하면 에도기의 권선징악 이데올로기가 아직 뿌리 깊게 남아 있었기 때문이다. 그러나 나중에 논하듯이 권선징악은 이미 다메나가 슌스이(爲永春水)의 닌조본에 의해

유명무실해져 버렸고, 쇼요는 그것을 간파하여 "권징(勸懲) 소설은 서사를 중심('本尊')으로 하고 권징으로써 장식을 삼았다"(「소설의 변천」)고 단언하고 있었다. 다른 한편 '미술'이라는 관념은 당시 일본의 지식인들에게 점차로 수용되고 있었다. 더 정확히 말하자면 그들은 이 유럽의 관념에 저항할 의식과 방법을 알지 못했던 것이다. 쇼요는 이 같은 상황 속에서 인정과 미술을 상호보완적인 관념으로 표현했다. 그는 헨리 제임스에게 굴절된 표현을 강요해 마지않았던 다양한(polyphonic) 공공의 소리를 자신의 내부에 되새기지 않고 발언할 수 있었던 것이다.

그리고 결국 그것이 일본에서의 예술 개념의 방향을 결정하였다. 그가 만든 '밖에 나타나는 외부의 행위'/'안에 숨겨진 내부의 사상'이라는 이분법(「소설의 주안」)과 '안에 숨겨진 내부의 사상'의 표출로써 예술을 근거로 삼는 발상은 갖가지 변화를 거치면서 고정관념을 이루고 현재까지 이어지고 있다.

제2장

역사로의 길항(拮抗)

이제까지 살펴본 것처럼 19세기 중반 무렵 영어권의 수사서에서 서사와 픽션은 병렬하는 범주였다. 그리고 서사의 대표적인 장르가 역사였고, 한편 픽션에 속하는 소설에는 그다지 주의를 기울이지 않았다. 그런데 스토리 혹은 플롯을 기본적인 요소로 하는 점은 양쪽이 공통적이다. 따라서 당시 수사학자는 우선 역사의 서술 방식(narratologie)을 검토하여 거기에서 얻은 관념을 픽션에 적용하는 수순을 밟았다는 것을 알 수 있다. 즉 양쪽의 차이를 발견하여 그 차이에 근거해서 픽션의 독자적인 서술 방식을 논하였던 것이다. 이렇게 소설의 특성은 역사라는 비교 대상을 통해 발견된 것이다.

같은 무렵 일본의 서사 작자 특히 요미혼(読本) 작자도 정사(正史)와의 관계를 통해서 서사의 필요성을 설명하였다. 영어권의 역사나 소설을 일본의 정사와 요미혼과 같은 개념으로 볼 수는 없다. 그렇지만 역사는 양쪽 사회 공히 과거에 발생한 사건을 정리함으로써 권력의 성립이나 그 정통성을 보증하는 행위로 중요시되었다. 그러한 사회 상황 속에서 허구(fiction)의 존재 이유를 어떻게 설명할 수 있는가? 그 점에서 픽션 작가가 고심할 수밖에 없었던 사정은 서로 비슷했을 것이다.

본 장에서는 우선 일본의 사정을 검토하는 것부터 시작해 보자. 류테 다네히코[1]의 작품 『니세무라사키 이나카겐지(偐紫田舍源氏)』(1829~1842)는 우타가와 구니사다(歌川國貞) 그림의 삽화에 등장하는 여성의 헤어스타일이 당시 패션으로 유행될 만큼 인기 있는 요미혼이었다. 이 작품 속에서 미쓰우지(光氏)[2]는 서사 읽기에 심취해 있는 양녀 다마쿠즈(玉葛)를 놀리면서 다음과 같은 서사론을 전개한다.

> "아…… 보기만 해도 귀찮구나. 여자들은 대부분 내용도 별로 없는 이야기를, 사실 아무런 근거도 없다는 걸 알면서도 멍청히 이야기에 빠져 버리다니. 그냥 가만히만 있어도 더운 날, 여자들은 귀찮은 것도 마다않고 이런 장마에 흐트러진 머리를 묶지도 않고 베껴 쓴다. 정말로 여자는 거짓말이나 꾸며낸 이야기에 속기 위해 태어난 사람이네"라고 비웃다가 다시 생각을 바꾸어, "말이야 그렇지만 옛날 풍속, 그 시대 상황을 알 수 있는 것은 서사밖에 없지. 실로 이렇게 단조롭고 무료한 판에 이것마저 없다면 어찌 시간을 보낼 수 있으랴. 하기는 서사를 만드는 거짓말에도 여러 종류가 있지. (중략) 아카시 히메(明石姬)가 시녀에게 읽어주는 것을 가끔씩 엿들어 보니 옛날부터 이야기를 잘하는 사람도 꽤 많구나 싶구려. 거짓말을 능수능란하게 해서 입에서 나온 이야기라고 나는 생각하지만 당신은 그렇게 생각하지 않소?" 하고 물어보니 다마쿠즈는 여느 때처럼 몹시 부끄러워하며 목소리를 낮추어 "말씀대로 거짓말이에요. 인간사에 익숙한 사람들이 이것저것 꾀하는 것은 인간사에 능통한 사람 눈에는 갈파할 수 있겠지만 저 같은 사람에게는 그저 진짜처럼 보입니다" 하고 그 서사를 베낄 때 쓰던 벼루를 한쪽에 밀어서 보내자, 미쓰우지는 한층 더 웃으면서

1) 류테 다네히코(柳亭種彦, 1783~1842): 에도 시대 후기의 희작자(戱作者).
2) 일본 고전 서사의 대표작이라 할 수 있는 『겐지 모노가타리』의 유명한 주인공 히카루 겐지(光源氏)의 유사 한자를 사용하면서 발음은 전혀 다른 인물로 패러디하였다.

"아, 좀 경솔한 말을 했구먼. 기분이 안 좋았다면 용서해. 신대(神代)부터 세상에 있던 일들을 기록해 놓은 니혼키(日本紀) 같은 건 그냥 전해들은 것을 적당히 쓴 것이라서 하잘것없지. 이 두루마리 그림책(繪卷物) 안에야말로 도리에 맞는 것이 있어 보인다. 읽어서 모범으로 하면 좋겠지" 하고 웃으셨지만 다마쿠즈가 사실처럼 생각한다는 말을 흥미롭게 생각하여 일부러 올바른 니혼키를 나쁘게 말씀하셨다. (제35편, 1841)

길게 인용한 이유는 서사 속에 '서사'를 읽는 인물을 등장시켜 서사의 의의를 밝히는 꽤 공들인 방법이 에도 후기에 일반화되기 시작하였다는 일례를 나타내고 싶었기 때문이다. 단 시대 설정이 무로마치(室町) 시기였으므로 다마쿠즈라는 여성은 서사를 읽는다기보다는 두루마리 그림책(繪卷物)의 글자를 베끼고 있다는 표현이 정확하다. '읽는' 행위가 '베끼는' 행위와 동시 수행적이었던 향수 형태는 독서사(讀書史)적 측면에서도 중요한 문제를 제기하지만 우선 여기에서는 '읽는' 행위 정도로 한정해두겠다.

여기서 미쓰우지는 여하튼 여자는 허무맹랑한 서사를 즐긴다는 식의 일반론을 들이대며 젊은 다마쿠즈를 조롱한다. 그러다가 곧 상대방의 기분을 헤아려서 '하긴 뭐 서사는 옛날 풍속이나 세상을 아는 데에는 쓸모가 있으니까' 라며 수습한다. 이런 유의 서사 효용론은 앞 장에서 언급한 바와 같이 오규 소라이(荻生徂徠)가 제시한 시가론의 변주곡이고, 19세기 영어권에서도 각본을 맞춘 듯이 같은 의견이 나왔던 것인데, 일본의 경우(아마 영어권에서도) 이와 같은 논리는 남성들의 이론이었다. 풍속 · 세태의 자료로서 서사를 가치 있게 하는 시점은 자신을 통치자와 동일시할 수 있는 남성 지식인의 시점이었기 때문이다.

그런데 만사에 조신하기만 하던 다마쿠즈가 뜻밖에도 반격에 나선다. 세상을 잘 아는 사람은 서사를 헛소리라고 꿰뚫어볼 수 있을 테지만 "저 같은 사람에게는 그저 진짜처럼 보입니다"라고 그녀는 반론을 제기한다. '반론'이라고까지 할 만큼 강한 어조는 아니더라도 어쨌든 어떤 일에도 미쓰우지에게 말대꾸를 한 적이 없던 다마쿠즈가 서사에 관해서만큼은 유독 '자신'의 생각을 말했던 것이다. 그만큼 다마쿠즈가 서사에 대한 애착이 강했다고 읽을 수 있다. "인간사에 능통한 사람"이라고 할 때의 인간사(浮世)라는 말은 옛날에는 남녀 사이를 가리켰다. 그렇기 때문에 여기서는 '당신처럼 여자를 잘 아는 분이라면 금방 서사의 이면을 갈파해 버릴 테지만……'이라는 의미를 함축해 버린다. 다마쿠즈에게 그런 생각이 없을지라도 미쓰우지에게는 그런 의미로 들리고 마는 것이다. 허를 찔린 미쓰우지는 서둘러 수습에 나선다. 신대(神代)부터 정사라고 일컫는 『니혼쇼키(日本書紀)』 따위도 실은 들은 바를 기록한 그렇고 그런 것에 불과하고 오히려 서사 쪽이야말로 "도리에 맞게" 기록되어 있다고 둘러대는 것이다.

그런데 이 미쓰우지의 말을 서술자는 이것이 다마쿠즈의 비위를 맞추기 위해서 미쓰우지가 "일부러 올바른 니혼키(日本紀)를 나쁘게" 말한 것이라며 얼버무린다. 이같이 서사에 관한 평가는 엎치락뒤치락 반전을 거듭하는데 다네히코는 서술자에게 당시 남성 지식인이 지닐 법한 상식을 부여하고 자신은 다른 입장을 취하고 있었던 것이다.

새삼스럽지만 다네히코는 이 장면을 『겐지 모노가타리(源氏物語)』의 「호타루(반딧불)」 편을 밑그림으로 하고 있다. 확인하는 차원에서 기타무라 기킨(北村季吟)의 『겐지 모노가타리 고게쓰쇼(湖月抄)』(1675)의 해당 장면을 인용해 보겠다.

"아아, 역시나. 여자야말로 귀찮은 것을 마다하고 사람에게 속기 위해 태어났다고 볼 수밖에. 이 안에 진실은 아주 적은데 그런 줄 알면서도 마냥 마음을 빼앗기고 상상에 잠기시네. 장마철에 처치 곤란한 머리가 흐트러지는 것도 모르고 쓰고 있는구려" 하고 웃으시며 또 "이런 세상에 옛날이야기마저 없다면 하기야 무엇으로 이런 심심한 나날들은 보낼 것인가. (중략) 요즘 아가씨들에게 시녀들이 읽어주는 것을 가끔 엿들으면 세상에는 참 이야기 잘하는 사람도 있다 싶다. 거짓말에 익숙한 입에서나 나올 법하다고 생각했는데 사실 그렇지도 않은 모양이다"고 말씀하시자, "하긴 거짓에 익숙한 사람이라면 여러 모로 그리도 생각할 수 있겠지요. 그렇지 못한 저로서는 그저 진실인 것처럼 여겨집니다" 하고 벼루를 밀쳐 버리자 "아 나 좀 봐, 어쩌다 보니 폄하하는 것처럼 되어 버렸네. 신화시대부터 이 세상에 있는 것을 기록해 놓은 니혼키(日本紀) 따위야 말로 어느 일면만을 적어 놓은 것이지. 이것이야말로 도리에 맞게 전부 들어 있을지도 모르겠네" 하고 웃으셨다.

기타무라 기킨의 『고게쓰쇼』에서 인용한 이유는 이 책이 에도시대를 통틀어 가장 많이 읽힌 『겐지 모노가타리』의 텍스트였기 때문이다. 이 텍스트에서 히카루 겐지[3]는 옛 이야기(서사)가 없다면 도저히 이 지루함을 달랠 길이 없다고 한다. 그렇지만 미쓰우지처럼 고전 서사가 옛날의 풍속과 세상사를 아는 지름길이라고는 말하지 않는다. "신화시대부터 이 세상에 있는 것을 기록해 놓은" 것이라는 히카루 겐지의 말은 옛날 서사에 관한 말로 해석해야 마땅하지만, 다네히코는 그것을 '니혼키'에 대한 언급으로 바꾸어 버렸다. 또 히카루 겐지는 『니혼쇼키』 등은 편파적일 수밖에 없으니 차라리 이들 그림 서사가 이치에 맞게 자세히 기록되어 있다고 말하고는

3) 『겐지 모노가타리』의 주인공으로 귀족의 영화를 한 몸에 누리는 이상적인 인물이다.

있다. 그러나 『니세무라사키 이나카겐지』처럼 미쓰우지가 상대의 기분을 헤아려 "일부러 올바른 니혼키를 나쁘게" 말했던 것이라는 식으로 서술자가 코멘트를 붙이지는 않았다.

이 같은 차이에서 다네히코가 의도적으로 바꾸어 쓴 의도를 알 수가 있는데, 문제는 이와 같은 서술자의 코멘트가 반드시 다네히코의 착안이라고 할 수는 없다는 점에 있다. 『고게쓰쇼』의 주석에 "우리나라의 책에는 니혼키를 비롯한 역사서에는 적당한 사항만 적혀져 있어, 실은 가나 조시 등에 오히려 여러 진정한 이치에 통달한 이야기가 있다고 하며 잠시 동안 아가씨 마음에 들게끔 이야기하셨다"고 하는 주석이 보인다. 다네히코는 이러한 에도기적인 이해를 서술자 시점을 빌려 구사하는 방식으로 『겐지 모노가타리』를 개작한 것이다.

현대에 와서 『겐지 모노가타리』 연구자들은 작자 무라사키 시키부(紫式部)가 히카루 겐지의 입을 빌려서 역사의 '사실'보다 서사의 '진실'이 우위에 있다는 것을 말하고 있다고 지적한다. 이러한 입장에서 본다면 다네히코의 개작은 『니혼쇼키』 이하의 사서(史書)를 중국의 정사관('史'란 왕조의 정통성을 증명하는 기록이라는 역사관)으로 규정하고 그에 대비하여 서사를 여자와 아이의 노리개쯤으로 자리매김한 것이 된다. 즉 에도 시대 공통된 이해가 초래한 비굴한 극작가 의식으로 겨우 풍속자료로서의 가치를 주장한 것에 불과하다고 말할 수밖에 없게 되는 것이다.

그러나 역사와 문학(혹은 소설)을 사실/진실이라고 이항대립화시키는 발상은 근대의 산물로 히카루 겐지의 말에서 현대의 『겐지 모노가타리』 연구자들이 말하는 식의 발상을 읽어 내는 것에는 무리가 있다. 그 말은 서사 쪽이 사서보다도 유래가 오래된 것을 지적하고 있는 것에 불과하다. 『겐지 모노가타리』에서 다른 '이치에 통달한(みちみちし)'이라는 표현의 용례와 맞추어 생각해 보면 서사는 여러

가지 예도 · 제반 기예와 상통하는 것들, 즉 두루마리 그림책은 글(書) · 노래(歌) · 그림(繪) 등을 갖춘 종합적인 장르라고 칭찬한 것에 지나지 않았다. 이런 발상이었기 때문에 오히려 글로만 되어 있는 "니혼키 따위야말로 어느 일면만을 적은 것이지"라는 말이 나올 수 있는 것이다.

에도 시대에는 그 시대의 독서 방식이 있고 현대처럼 『겐지 모노가타리』를 성역화하지는 않았다. 겐슌잔진 기쓰톤(建春山人橘墩)의 『전전태평기(前々太平紀)』(1715)는 『전태평기(前太平紀)』(작가 및 간행연도 미상)가 서술한 시대를 더욱 거슬러 올라가 쇼무 천황(聖武天皇) 즉위부터 시작되는 통속 역사서인데, 그 서장에서 "사실을 서기실록(書紀實錄)에서 취하고 야사잡기(野史雜記)로부터 보충하였다"(원문은 한문)라고 말하고 있다. 사실을 『고지키(古事記)』나 『니혼쇼키』 기타의 정사실록에서 취했다고는 하나, 실제로는 관학의 유학자 하야시 슌사이[4]의 『일본왕대일람(日本王代一覧)』에 의존하여 그 대의명분론까지 계승하였다. 따라서 야사잡기로부터 취한 삽화도 대의명분에 따라 의미를 축소시켜 버렸던 것이다. 관제의 정사실록의 압력이 그만큼 강했다고 볼 수 있는데, 작가는 결말 부근에서 『겐지 모노가타리』에 대하여 언급하고 있었다. "실로 그 겐지 모노가타리는 왜 쓴 것일까? 그 유래를 들여다보면 표면적으로는 조토몬인[5]께서 심심풀이로 읽으시도록 썼다고 하면서 그 이면에는 세상의 성쇠를 나타내는 듯이 보이지만, 실은 여자의 성질이 나쁘고 바보스러우면서 교만하기

4) 하야시 슌사이(林春斎, 1618~1680): 하야시 가호(林鵞峰)의 별호. 에도 전기의 유학자. 라잔(羅山)의 자식으로 쇼군 이에미쓰 · 이에쓰나(家光 · 家綱)에 중용되었으며,『본조통감(本朝通鑑)』 등을 편찬하였다.

5) 조토몬인(上東門院, 988~1074): 이치조(一条) 천황의 중궁으로 후지와라 미치나가(藤原道長)의 딸로 후사를 이음으로써 후지와라 씨의 전성기를 가능하게 한 여성. 『겐지 모노가타리』의 저자 무라사키 시키부(紫式部)가 섬겼다.

짝이 없고 집착이 강하고 질투가 강하다. (중략) 지난날 그와 같은 이야기를 써서 옛날을 풍자하여 지금 사람들에게 깨닫게 함이라." 이것만을 보면 무라사키 시키부의 성격을 놓고 왈가왈부하고 있는 것처럼 해석할 수도 있겠다. 그렇지만 물론 이것은 기리쓰보(桐壺)의 고이[6]에 대한 다른 뇨고(女御)나 고이들의 질투에 사로잡힌 심술과, 로쿠조노 미야스도코로[7]의 애착과 집념을 가리킨 말이며, 요컨대 작가는 이것들을 반면교사로 삼는 여성교화·권선징악 이야기로써 『겐지 모노가타리』를 이해하고 있었던 것이다. 그러한 섬세한 이치를 모르는 인간은 "혹은 겐지 모노가타리를 필경 불도를 제시한다고 본다든지, 또는 와카(和歌) 작법의 길라잡이로만 인식하여 오로지 화조풍월의 정취만을 쫓는 자만 많았다. 그것은 작자인 무라사키 시키부의 의도를 다 얻지 못한 것이다." 즉 그는 『겐지 모노가타리』를 와카 작법의 길라잡이로서 실용적으로만 보았던 중세적인 독법에서 벗어나 서사 그 자체로서 읽도록 방향 전환할 것을 요구하였던 것이다. 권선징악은 서사 그 자체를 읽기 위해 필요한 틀이었던 것이다.

이런 상황을 점검해 보면 다네히코의 개작 방법이 정사에 대해서뿐만 아니라 『겐지 모노가타리』의 독법과 관련해서도 더욱더 자유로운 향방을 제시하는 것이었다는 점을 이해할 수 있을 것이다. 아까 인용한 말에 이어서 히카루 겐지는 더 나아가 서사 동기론을 서술하고, 그것을 받아서 미쓰우지도 말하고 있다.

> 서사는 사람들의 신상에 대해서 있는 사실 그대로 이야기하는 것은 아니다. 다만 좋은 내용이든 나쁜 내용이든 세상을 살아가는 사람들

6) 고이(更衣): 후궁의 여관(女官, 요즘의 여자 비서관)으로 뇨고 다음 가는 자리.
7) 로쿠조노 미야스도코로(六条御息所): 『겐지 모노가타리』의 등장인물로 히카루 겐지의 애인.

> 모습을 보고 듣는 것만으로는 만족할 수 없어서 후세에 전하고 싶어서 이야기를 시작하는 것이다. (중략) 다른 나라 학문도 그 구성에서는 다르려니와 같은 일본이라 할지라도 옛 것은 지금과는 다를 것이다. 또 의미의 깊고 얕음의 차이는 있겠지만 서사를 그냥 헛소리라고 무시하는 것도 사실을 제대로 아는 것이 아니다. (『겐지 모노가타리 고게쓰쇼(湖月抄)』)

> 이미 말한 바와 같이 서사에도 가지가지가 있지만 작가의 마음이 작용하는 것은 틀림이 없다. 이는 사람들의 신상을 사실 그대로 말하는 것은 아닐지라도 좋은 내용이든 나쁜 내용이든 세상을 살아가는 사람의 모습에 우선 마음을 두고, 본 바를 이야기하면 결코 사람들이 싫증내지 않는 줄거리라서 자신의 마음속에 담아둘 수 없는 것은 때로 후세에 구전하고 싶어져서 만드는 법이다. (중략) 중국에서 만든 책은 재능의 사용법이 다른 법이다. 야마토(大和)[8] 것도 옛것과 지금 것은 다른 데가 있다. 하지만 인정의 깊고 얕음은 만 리 밖이나, 천년의 세월 차이에도 변함이 없는 법이다. 서사를 한결같이 거짓말이라고 비난하는 것도 경직된 견해라 좋지 않다. (『니세무라사키 이나카겐지(修紫田舍源氏)』) (방점은 가메이)

『니세무라사키』의 미쓰우지는 서사 동기론에 "이야기하면 결코 사람들이 싫증내지 않는 줄거리"라는 독자를 의식한 견해를 덧붙인다. 중국과 일본, 그리고 일본의 예전과 지금은 사람의 재능도 서사의 작법도 변했다고 하면서 그러나 '인정'은 동서고금을 통해서 변하지 않는 것임을 강조한다. 이 '인정'에는 서사를 즐기는 인정도 함의된 것으로 볼 수 있다. 이러한 것들이 류테 다네히코가 의식한 서사의 존재 이유였던 것이다.

8) 일본의 옛 이름.

이상과 같은 『겐지 모노가타리』의 모작(模作) 과정에서 현재화(顯在化)된 에도 시대적인 담론의 또 한 가지 틀은 진실/거짓이라는 이항대립이다.

중국 『진서(晋書)』의 사마표(司馬彪)전에 의하면 초주(譙周)는 사마천(司馬遷)이 『사기(史記)』를 쓸 때 '속어백가지언(俗語百家之言)'을 취한 점을 비판하여 '구전(舊典)'을 근거로 해서 사마천의 '오류'를 밝혔다고 한다. 현대에서는 사마천이 널리 여행을 하며 민간의 '속어백가지언'을 모은 것은 역사가의 당연한 자세로서 높이 평가되지만 그것과는 반대의 판단도 있을 수 있었던 것이다. 정사(正史)란 근거가 확실한 옛 기록을 정리한 것이고 제도의 근거를 설명하는 것이다. 이와 같은 입장에서 보면 속세의 무책임한 풍설과 전승 등은 정사로부터 배제해야 마땅한 거짓에 지나지 않는다. 무릇 임금이 민간의 풍속과 인정을 알고 싶을 때는 패관(稗官)에게 '가담항설(街談巷說)'을 모으게 했다. 여기서 패관의 '패'는 쌀 찌꺼기, 잡곡을 의미한다. 패관이란 신분이 천한 속물관리를 말하는데 그러한 무리가 모아오는 풍설, 전승을 '패사(稗史)라고 부른 것이다. 『한서(漢書)』 예문지(藝文志)에 따르면 "소설가라는 자들은 대개 패관 출신이다. 대부분 백성들의 한담에서 나오며 윤리 도덕을 선양하는 사람들이 쓰는 것이다(小說家者流, 蓋出於稗官, 道德塗說者之所造也)"고 하여 소설이 패사로부터 생겨났음을 주장한다.

이 관념은 에도 시대 독서인의 상식이기도 하였다. 이에 따른다면 정사에 실리는 말, 정사를 엮어 내는 말이야말로 진실이고, 소설패사에 사용된 언어는 아무 근거도 없는 가담항설이기 때문에 처음부터 거짓이었다. 이런 의미에서 역사/서사, 진실/거짓이라는 구분은 언어의 구분이기도 했던 것이다. 앞에 소개한 『니세무라사키 이나카겐지』는 이 틀 안에서 서사=거짓의 위치를 높이려고 하는 전술(strategy)이었다고 할 수 있는데, 교쿠테 바킨은 『슌칸 소즈시마 모노가타리(俊寬僧都島物語)』(1808)의 서문에서 한 걸음 더 나아가려는 시도를 보였다.

> 일년 삼백육십오일, 문신응답천만언(問訊應答千萬言)일지다. 손님과 주인이 세간의 갖가지 속담과 이야기를 나눈다. 이것들 모두가 쓸데없는 말이 아닐지라. 책을 읽는 것도 이와 유사하다. 공식적인 사전(史伝)이 세상에 이익을 주지만 이를 모두 읽지는 않는다. 소설야사는 책상을 펼쳐서 탐독하여 등불을 밝혀 읽으면서 싫증나는 줄 모른다. 왜냐 하니 소설의 신기한 이야기가 재미있고 그 문장이 읽기 쉽기 때문이다. 왕중임[9] 가라사대 해학담의 달콤함은 꿀과도 같은데 여기에는 다 까닭이 있는 것이다. 양약은 반드시 입에 쓰기 때문에 이를 섭취하기 위하여 엿과 꿀을 함께 써야 한다. 바른 말은 그 무엇보다도 귀에 거슬리니 이를 완곡히 하기 위해 골계(滑稽)를 사용한다. 의사들이 당밀을 좋아하지 않는 것처럼 어찌 이야기꾼이 우화를 자랑할 것인가. 그림속의 용을 좋아하면서 실제 살아 있는 용을 미워하는 이치다. 기세를 꺾을 수는 없다.

인간은 담화 없이 생활하지 못하고 세간의 소문이 결코 무용지물인 것만은 아니다. 사서오경(四書五經)이나 정사 따위가 확실히 유익하기는 하지만 모든 사람들이 다 읽는 것은 아니다. 그에 비해 소설류는 밤에 등을 밝혀서까지도 사람들이 탐독하는 것이다. 이는 소설이 진설기화(珍說奇話)를 즐기는 인간의 본성에 근거하고 있는 데다, 일상속담(日常俗談)의 언어를 사용하기 때문에 한 번 읽고 바로 이해할 수 있기 때문이다. 이처럼 인간의 커뮤니케이션 구조에 소설 유통(circulation)의 근거를 발견한 점에 바킨의 독창성이 있었다고

9) 왕중임(王仲任): 본명은 왕충(王充). 중국 후한(後漢)의 사상가.

할 수 있다. 읽지도 않는 경서에 과연 의미가 있기나 한 것인가 하는 비판을 그는 넌지시 던지고 있는 것이다. 그 이면에는 경서라 할지라도 인간행동이나 정치의 선악, 옳고 그름에 접할 수밖에 없는 이상, 그러한 것들에 허구를 섞어서 인과관계의 갈등을 분명하게 설명하는 점에 서사의 의의가 있다는 자부심을 담고 있었다. "만일 그것이 사악한 길을 막고, 혼미한 앞길을 연다면 다시 말해서 우언궤변(寓言詭辯)이라 말들은 하지만 이 또한 세상에 유익할지다"(同前)는 것이다. 쓰보우치 쇼요가 『소설신수』 상권 「소설의 비익」에서 '사람의 품위를 고상하게 하는 것'에서 양약(良藥)과 꿀 엿의 비유를 사용한 것은 바킨의 수사법을 답습한 것인지도 모른다.

그런데 바킨은 나아가서 사실(史實)의 취급에도 자신감을 보이고 있었다는 점에 주목해야 한다. 소설패사는 반드시 정사와 같이 사실에 충실할 필요는 없다. 『난소 사토미 핫켄덴(南総里見八犬伝)』의 제9집 33권에 작가 총 자평의 부록(1839)에서 바킨은 다음과 같이 말한다.

호조 나가우지(北條長氏)와 오모리 사네요리(大森實賴)와의 싸움을 『핫켄덴』에서는 1483년으로 했지만 실제는 그것보다 12년 후인 1495년의 일이다. 하물며 아와(安房)의 사토미(里見) 씨가 야마노우치(山內)·오기타니(扇谷)의 양 관령(管領)과 전쟁을 한 사실도 없다. 그런데 이러한 점들을 들어서 그 연도가 정사에 맞지 않는 것을 비난하는 자가 있다. 그러나 사실을 알고 싶다면 정사를 읽으면 된다. 소설패사가 '사실'과 맞아떨어지는 것을 기뻐하는 자는 오히려 '시골뜨기'처럼 편협하고 어중간한 학자이고, 유식한 군자라면 정사와 다른 것을 인식하면서 소설패사의 뜻있는 바를 이해해야 마땅하다.

바킨은 이 같은 사실을 명나라의 사조제(謝肇淛)의 말을 근거로 주장했다. 실로 강렬한 자부심의 표현이라고 해야 할 것이다. 그렇다면 왜 소설패사에 연호를 기록하는 것인가? 그러한 의문이 들 것을 예상하면서 그는 다음과 같이 말한다. "가공해서 만들어 낸 이야기에 연호를 표시하는 것은 본래의 것과 다른 것처럼 보이지만 본의가 다를 지라도 읽는 사람들에게 어느 해부터 어느 해까지라는 의식을 부여하기 위함이다." 즉 연호(chronology)란 독자가 서사 내용을 분절화하고 사건의 시간적 순서를 붙이는 "의식을 부여"하는 것 다시 말해서 사건의 관련을 의식 속에서 구축하게 하는 기준에 지나지 않는다는 것이다.

이러한 입장을 취하는 한 '역사의 사실'과 '소설의 진실'이라고 하는 대비가 일어날 리는 만무하다. 왜냐하면 바킨은 역사를 단순히 몰가치적이고 객관적인 사실의 집적(集積)으로 보지 않고, 역사 그 자체를 명분과 정사(正邪)를 둘러싼 인간 행동의 궤적(軌跡)으로 보았기 때문이다. 따라서 바킨은 그 명분과 정사를 제멋대로 반전시킨다는 것은 소설패사라고 할지라도 허용될 수 없다고 생각하고 있었다. 바킨의 이 같은 신념은 「『본조수호전(本朝水滸伝)』을 읽고 아울러 비평」(1833년 완고. 사본 형태로 전해짐)에 단적으로 표명되어 있다.

『본조수호전』(1773. 후편은 사본으로서 전해짐)은 다케베 아야타리[10]의 전기소설(傳奇小說, romance)로, 다카노 천황(高野天皇, 孝謙女帝라고도 함)의 총애를 얻은 유게노 도쿄(弓削道鏡)가 제위를 노리는 것에 분개한 에미노 오시카쓰(惠美押勝)가 황태자 미치노온노 왕(道祖王)을 옹립하여 의병 반란을 일으켜 다치바나노 모로에(橘諸兄)와 나라마로(奈良麻呂) 부자, 시오야키 왕(塩燒王)과 후와나이

10) 다케베 아야타리(建部綾足, 1719~1774): 에도 시대 중기의 유학자, 요미혼 작자. 『본조수호전(本朝水滸伝)』이 유명하다.

친왕(不破內親王)들과 연락을 취하고, 엣추[11]의 지방관 오토모노 야카모치(大伴家持)와, 에미시 왕(胡王) 가무이폰덴토피카라, 결국에는 일본으로 망명한 중국의 양귀비(楊貴妃)까지도 여당으로 끌어들여 다카노(高野)-도쿄(道鏡) 정권을 쓰러뜨리려는 장대한 구상을 지닌 서사다. 장면의 대부분을 『전전태평기』에 의거하면서 『고지키』와 『니혼쇼키』, 『속 니혼키(続日本記)』 등으로 살을 붙이고, 더구나 황통(皇統) 존중의 입장에서는 결코 정당화되지 않는 에미노 오시카쓰를 의군의 중심인물로 내세워 그와는 정적이었던 다치바나노 모로에와 연대시키는 등 '사실'을 자유롭게 각색하였다. 더욱이 장면 세부묘사는 『만요슈(万葉集)』와 『겐지 모노가타리』에서 표현을 빌렸다. 예를 들면 다카노 천황이 도쿄에게 끌린 계기를 도쿄의 욕실 발 아래로 고양이가 달려서 빠져 나간 순간, 그 틈으로 도쿄의 나체를 살짝 엿보아 버렸기 때문이라는 대목은 『겐지 모노가타리』의 가시와기(柏木)가 온나산노미야(女三の宮)의 모습을 훔쳐본 장면을 사용하고 있었다. 『겐지 모노가타리』에 나오는 고양이를 소도구로 사용한 이 장면은 뭔가 어긋나는 일이 생기는 불길한 조짐을 보이는 형식으로써, 에도 시대의 의고 서사[12] 작가 사이에 굳어져 간 듯하다. 로쿠쥬엔 이시카와 마사모치(六樹園石川雅望)의 『오미 현 모노가타리(近江県物語)』(1808)에도 같은 방법이 사용되었다.

어쨌든 정사의 '사실' 등을 무시한 이 기상천외한 서사를 바킨은 다케베 아야타리가 『수호전(水滸傳)』을 환골탈태시켜 "타인도 나도 우아한 말로 짓기 어려운 이야기를 좋든 나쁘든 지은" 것을 "문단의 호걸"이라고 칭찬했다. 그런 다음에 20여 군데의 문제점을 들고 있다.

11) 엣추(越中): 지금의 도야마 현 전역.
12) 의고(擬古) 서사: 주로 『겐지 모노가타리(源氏物語)』, 『사고로모 모노가타리(狭衣物語)』 등 헤이안 시대(平安時代) 서사를 모방하여 만든 서사.

그 포인트의 하나는 일의 시비곡직을 벗어나서는 안 된다는 것이었다. 예를 들면 에미노 오시카쓰라는 인물은 "국사에 의"하면 진시황제의 모친인 태후의 정부 노독(嫪毒)의 아류 같은 남자로 그 죄로 따지면 도쿄와 오십보백보인데, 이를 충신으로 바꾸어 버리면 독자가 납득하지 않는다. 오토모노 야카모치가 나라마로에게 병량을 보낸 것은 비록 도쿄를 타도하여 민중을 구제할 셈이었다고 하더라도 "야카모치는 엣추의 지방관으로서 시라야마(白山)[13]의 도둑을 치려하지 않고, 사사로이 식량을 보낸 것은 소위 도둑에게 식량을 준 것이다, (중략) 조정에 대해 해로운 행위를 하면 그 충성과 의리가 있다고 할 수 있는가?" 이렇게 직분을 거역하는 의거(義擧)는 오히려 권징(勸懲)에 도움이 되지 않는다. 바킨은 이와 같이 거듭 비판한다. 이것은 정사일탈을 인정하는 주장과 모순되는 것처럼 보일지도 모른다. 그렇지만 바킨은 정사(正史)의 대의명분과 옳고 그름을 어디까지나 지켜야 되는 것으로 보고, 사실을 바꾸는 것은 대의명분의 범위 내에서만 허용된다는 입장이었다.

이런 입장에서 보면 옛 기록을 읽는 것만으로는 보이지 않는 명분과 옳고 그름을 서사적인 인과의 섭리와 법칙으로 분명히 하는 점에서 권선징악의 의의가 있다. 그렇지 못한 학자나 문인의 현학적인 고증은 정사의 인과응보를 구하는 독자의 기대에 위배된다. "부녀자와 아이에게는 부녀자와 아이의 마음이 있고, 작가에게는 작가의 마음이 있는 것이다. 작가가 학문에 힘을 쏟아 이를 부녀자와 아이에게 펼친다면 둥근 그릇과 모난 그릇을 서로 합치는 것과 같다"(「패설 도라노마키(稗説虎之巻)」, 1843). 이같이 학자인 척하는 작가의 지나친 자부심을 없애서 소설패사를 매력적으로 만드는 조건은, 첫째 허실을

13) 이시카와(石川) 현과 기후(岐阜) 현 경계에 있는 화산.

뒤섞어 인과를 명백히 해야 하며, 둘째 세부 풍속묘사에 의해 독자의 흥미를 끌어내야 한다.

그런데 19세기 중반에 나온 영어권의 수사서 중에서 가장 많이 역사에 관심을 기울인 책은 필자가 보는 한에서는 A. D. 헵번(Hepburn)의 『영어수사편람(英語修辞便覧)』(1875)인데, 시대구분에 관해서 그는 다음과 같이 말하고 있다.

시대를 구분하는 것은 역사를 명확하고 완전하게 이해하는 중요한 수단이다. 시대의 경계선을 에폭(epoch)이라고 부른다. 그것은 일련의 사건이 종결되는 중요사건으로 역사를 긋고, 또한 역사의 새로운 코스를 발견해 내는 방법이다. 그렇기 때문에 이같이 구획된 각 시대는 사건의 특질에 따라 명료한 역사적 개성을 갖추고 사건의 플롯을 완수하는 드라마를 연출하며, 그 자체의 개시(beginning)와 중간(middle)과 종결(end)을 갖는다. 바꾸어 말하면 에폭이란 세기단위(世紀單位)가 아니므로 어떤 종류의 교회사나 세속사에 이용되는 세기단위의 구분으로 서사를 중단하는 어리석음은 피해야 한다.

그가 일부러 이런 전제를 둔 이유는 두 가지로 생각할 수 있다. 하나는 위의 소개에서도 알 수 있듯이 예전에 우세를 자랑한 교회사의 방법으로부터 역사기술을 자립시키는 것이다. 교회사는 성서의 예언에 따라 인류의 운명을 천년 단위로 취하고, 더욱이 그것을 십 분할하여 세기라는 개념을 만들었다. 현재에 와서도 그것은 세기말 의식이나 종말관으로써 남아 있다. 그러나 그처럼 사건의 생성과 종결에 따라 시대구분을 구상하는 입장에서 보면 세기란 단순한 연표상의 눈금에 지나지 않는다. 각각의 시대에 개성을 보고, 사건의 전개라는 플롯에 따라 시대를 구획하려고 하는 의식. 이 서사 의식도 어쩌면 전도자나 순교자의 일화(anecdote) 모음에 지나지 않는 포교사(布教

史)에 대한 비판이었을지도 모른다. 다만 시대의 개시와 중간과 종결이라는 구성 속에 세기말 의식이나 종말관의 잔상이 있는 것은 부정할 수 없을 것이다.

또 하나의 보다 큰 이유는 연대기로부터 역사를 질적으로 구별하는 것이다. 정치, 경제, 문화 등 가지각색의 범주에 속하는 사건을 단지 시간적인 순서로 배열하는 연대기는 역사자료라고 해야 마땅할 것이다. 어떤 사건의 원인과 결과를 명백히 하는 관점에서 그것들을 취사선택하는 바로 그곳에서 역사가 시작된다. 이는 헵번 한 사람에 국한되지 않고 당시 수사학자에게 공통된 생각이었다.

이것을 조금 더 부연하면 연대기적인 시간 의식이란 매년 반복되는 제사·의례나 생활양식과 결부된 계절감을 토대로 한 반복 의식이라고 할 수 있겠다. 그 가운데 어느 해에 어떤 사정으로 변경됐을 때 그 변경이 인접하는 해와의 차이=변화로써 지각된다. 말하자면 시간적 인접성 속에 차이의 연쇄가 환유적인 연대기 스토리를 만드는 것이다. 그것에 대해 헵번이 말하는 역사는 그러한 차이의 끝없는 연쇄 속에서 어느 특정 성격의 사건이 생성하는 '사실'을 발견해서, 인과론적인 플롯을 구성하고 사건의 종결에 따라 시대를 구획하는 서사이다. 그런 의미에서 에폭은 세기 단위의 구분에 못지않은 인위적인 허구임에 틀림없지만, 그의 눈에는 어디까지나 사실의 영역에서 일어난 사건의 막이 내리는 현실적인 단락인 것이었다.

그러면 이 같은 시대구분 방법이 리얼리티를 갖는 것은 어떠한 사회단위에서였을까?

헵번은 당시 대부분의 역사가에게 보이는 단순한 정치적 사건의 흥미에 따라 전쟁과 혁명·음모·정치적 거래 등을 선택하는 글쓰기를 비판한다. 이들은 사회의 표면적인 움직임을 묘사할 뿐 그 토대에 잠재된 중요한 세력을 포착하지 못하기 때문이다. 그에 의하면 위대한 역사가는 민중의 생활을 이해하는 데 도움이 되는 사실을 사소한 것으로 치부해서는 안 되는 것이다. 또한 그는 역사를 세계사(universal) · 개별사(special) · 전기(傳記) 등 셋으로 나누고, 세계사에 대해서는 각국이 각각의 역할을 연기하는 드라마이고, 그 목적은 인류의 진보에 위대한 사건의 관련을 우리들에게 보여주는 것이라고 설명하고 있다. 단 이와 같은 세계사의 방법은 마냥 지루하고 생명이 없는 사실의 집적 아니면 추상적 관념에 대한 논의로 치우쳐 철학 논문이 되어 버릴 위험이 있다. 이렇게 경고한 점에서 보면 그는 세계사의 독자적인 서사 방법(narratologie)을 미처 발견해 내지 못했던 것이다. 즉 세계사는 가설적 구상 단계에 머물러 있었고 지금에 와서도 세계사의 표현 방법은 아직 갖추어지지 않았다. 그렇다면 가장 안정된 역사 이야기 대상은 그것보다 작은 단위의 사회가 되지 않을 수 없는데 그중에서도 중요한 것이 국가였다.

> 어떠한 사회도 그 역사를 가질 수가 있다. 이 개별사 중에서 가장 중요한 것은 국가의 역사다.**[*원주1]**

그는 이같이 역사의 기본단위를 밝힘과 동시에 다음과 같은 기조(François Pierre Guillaume Guizot, 1787~1874)의 의견을 긍정적으로 소개하고 있다.

> "사람들은 역사 속에 자신이 느끼는 욕망이나 자신의 인생과 유사한 것을 발견하려고 기대한다"라고 기조는 말하고 있다. "그들은 제도 습관의 실제 성질이나 숨은 기원을 알고 싶어 한다. 당파 운동에 가담하고, 그 이합집산을 따르면서 집단의 영향과 개개인의 활동에 숨어 있는 비밀을 배우고 싶어 하는 것이다. 과거의 인물이나 사항은 독자 앞에 단순한 흥미와 기분전환으로써 소생하는 것이 아니다. 어떻게

> 권리와 자유와 권력이 획득되어 실행에 옮겨지고 지켜져야만 하는지, 어떻게 의견 · 이익 · 정열 · 환경의 필요 등 활동적인 정치 생활의 모든 제반 요소들을 결부시키는지에 대한 계시로써 소생되어야만 하는 것이다. 이것이 역사가 자유로운 국가를 위해 취할 본연의 모습이다. ……인류 사업의 발자취나 사회의 움직임에 관한 폭넓은 철학적 관점의 필요성은 약해지기는커녕 오히려 한층 더 강해지고 있다. 우리들은 단순한 이야기 이상의 무언가를 추구하여 사실을 숙시(熟視)하는 것을 멈추지 않는다.……"[*원주2]

기조 의견의 마지막 부분에 관해 헵번은, 그러나 역사는 생동감이 넘치는 표현 방식(vivid narration)을 잃어서는 안 된다고 생각하고, 그 생생한 표현 방식과 폭넓은 철학적인 관점과의 통합을 이상으로 삼았다. 철학적 관점이란 기조가 말하듯이 추상적으로는 인류의 사업과 사회 발전을 인식하는 것이다. 더욱 구체적으로 말하자면, 권리와 자유와 권력을 어떻게 획득하여 실천하고 지켜내는가를 제시해서, 역사가 자유를 중시하는 국가의 서사인 이유를 명백히 한다는 것이리라. 앞 장(章)에서 소개한 수사학자 존 하트에게 있어서 역사란 국가 혹은 제국(또는 그 통치)의 사업 기록이고, G. P. 퀴켄보스에게 역사는 공동체와 국가의 사건에 관한 서사였다. 헵번은 그에 비해 역사의 존재 방식을 더욱 폭넓게 파악하고 있었는데 그것은 국가를 자신들의 것이라고 파악하는 하나의 유효한 방법이었던 것이다.

많은 사람들이 아직 국가에 헌신해야만 했던 시대에 그것은 어쩔 수 없는 상황이었다고 해야 할지도 모른다. 허나 설사 그렇다 치더라도 아마 국가라는 틀이 없이 역사는 현대에 이르기까지 인문과학의 주요한 영역이 될 수는 없었을 것이다. 또한 시대라든가 에폭이라는 개념도 국가라는 틀을 제외하면 거의 리얼리티를 지닐 수 없을 것이다. 당장 역사학에 할 수 있는 저항은 얼른 눈에 띄는 명백한 서사성을 배제하는 것이었지만, 시대라는 관념과 뒤에서 이야기할 서사의 기본적 요소는 여전히 남게 되는 것이다. 역사가도 물론 자신의 방법을 증명한다. 그런데 소설은 그 자기언급적인 성격 덕분에 자신의 플롯을 밝히는 또 하나의 플롯을 내재시킬 수 있지만, 역사가가 서술하는 방법은 그와 같은 자기 언급적인 성격을 가질 수는 없는 것이다.

그러면 여기서 왜 역사가 서사여야 했는지를 검토해 둘 필요가 있을 것이다.

(세상에 행해지는) 역사작품(historical composition)에는 두 가지 방법적 결함이 널리 퍼져 있다.

첫째, 역사는 개개의 구체적인 사실을 취급하여, 그것들을 사람의 마음을 움직일 만한 진실에 육박하는 서사로 형상화하는 것을 목적으로 한다. 그것은 시나 전기(傳奇, romance)에 극히 가깝다. 그러므로 만일 단순히 (독자의) 상상력을 자극하고 호기심을 만족시키려는 재기 발랄한 서사를 제공할 셈으로 서술된다면, 그것은 일개의 전기로 바뀌고 만다. 역사가 쓰이는 목적을 실현할 수 없는 것이다.

둘째, 저자가 사실에서 끌어낸 원리만을 부각시키고, 자신의 일을 단지 사변적(思辨的)인 지성을 만족시키는 식으로 일반론적인 고찰의 보관고로 만들어 버린다면 그는 역사를 쓴 것이 아니다. 그의 일은 순수한 역사의 본질적인 특징을 빠뜨린 과학논문에 불과하다.

결점이 없는 역사는 도를 넘는 이 두 가지를 피한다. 그것은 상상력과 이성을 공평하게 취급하여, 생생한 표현법과 넓은 철학적인 관점을 통합한다. 역사는 과학이 아니다. 그것은 개별적인 사실을 전개하여 보여주는 것으로 결코 개념의 시스템이나 일반원리가 아니다. ……역사는 일반적으로 어떻게 존재하는지, 어떻게 존재해야 할 것인지 등을 말하지 않는다. 예전에 일어나고 그리고 두 번 다시 일어나지 않을 사실을 말하는 것이다.**[*원주3]**

이것도 헵번의 수사서에서 인용한 것이다. 그는 역사가 상상력과 이성의 정당한 권리를 지닌 것은 인정하지만 그 어느 쪽으로도 기울어져서는 안 된다고 말한다. 역사는 일회성적인 사건을 취급하여, 그것을 시나 전기로 바꾸거나 사변적인 지식인을 기쁘게 하는 일반적 원리를 추출하여 제시하는 것이 아니기 때문이다.

과연 역사적 사건은 일회성으로만 볼 수 있는 것일까. 오히려 그것은 자연과학적인 인과율에 구애받는 관념에 불과한 것이 아닐까. 자연과학의 법칙은 어떤 사항이 동일한 실험 조건하에서 반복적으로 일어나는지의 여부로서 확정된다. 그런데 우리들은 그러한 의미의 실험 조건을 역사 그 자체에는 성립시킬 수가 없다. 이것을 역사학의 한계로 보는 의식에서 역사의 일회성이라는 관념이 생겨난 듯한데, 만일 전혀 다른 역사에 대한 사고방식을 취한다면 일회성의 문제 같은 것은 일어나지 않을 것이다. 우리는 인식의 시스템에 의거하여 두 사건을 같은 것으로 동일시(identify)할 것인가 아닌가 여부를 결정한다. 역사가 연대기적인 반복·연쇄성을 끊는 사건과 함께 나타난다는 그 자체도 또한 하나의 사건임에 틀림없다고 한다면, 몇 번이라도 그것은 일어날 수 있을 것이다. 그러한 의문이 일어나게 되지만, 어쨌든 헵번이나 그와 동시대 수사학자는 위에서처럼 생각했다.

아마도 그것은 '시대'라는 관념과 무관하지 않을 것이다. 왜냐하면 그들은 일련의 사건을 종결시키는 중요한 사건이 일어난 시점을 시대구분의 기준으로 삼고, 그로부터 과거를 찾고 미래를 전망하는 등 시간의 구조화를 꾀하기 때문이다. 그 시점을 상상적인 현재라고 간주한 것은 말할 필요도 없다. 연대기에는 그러한 의미에서의 현재를 특정짓지는 않기 때문에 사건의 전후관계의 배열은 있어도 과거·현재·미래라는 구조는 내재하지 않게 된다. 헵번은 그러한 굴곡이 없는 연대기를 피하고 어느 시점을 인식상의 현재로서 생생히 추체험

할 수 있는 상상력을 추구하였던 것이다.

그렇다면 그처럼 역사를 이야기할 수 있는 서술자는 어떠한 조건을 갖추어야만 하는가? 다음도 역시 헵번의 말이다.

> 역사가에게 엄격한 공평무사를 요구하는 점에 대해 말하면, 그것은 결코 그가 개인적으로 느낀 모든 것에 억제를 요구하는 것은 아니다. 잘못된 역사의 객관성이라는 것이 있는데, 그것은 저자의 흥미나 감수성을 결여시키게 한다. ……역사가는 확고한 신념을 지녀야만 된다. 우리들은 그가 부정에 대해서는 도덕적인 분노를 느끼고, 고귀하고 선한 것에는 공감을 느끼기를 기대한다. 그는 목격자임과 동시에 판단을 내리는 자이다. (사항의 시비에 따라) 칭찬과 비난을 가르는 것은 그의 정당한 권리인 것이다. 우리들은 그에게 감수성이 결여된 인간이어야 한다는 식의 요구는 하지 않는다. 그 감수성을 진실과 정의가 명하는 바에 따라서 갖출 것을 기대한다.

> 사실 관계를 갈파하고 그 가치를 식별하여 바르게 해석하고, 일시적인 사항에서 영속적인 사항을 판별하고, 우발적인 사건에서 본질적인 사건을 구분하는 기술(技術), 그런 기술로 역사가로서의 개괄적인 능력이나 철학적인 교양 정도가 증명된다. 이러한 고도의 능력이 결여된 채 면밀하고 꼼꼼하게 사실을 제시하는 것은 편년사(編年史)나 연대기를 만들어 낼 뿐으로, 그것은 역사의 소재라 할 수 있다. 거기에는 전해진 사건의 의미나 관련에 대한 정확한 견해가 결여되어 있는데 그것들은 역사가가 발견한다. 역사가는 아직 조악한 상태에 있는 서사에서 그 원저자가 결코 보지 못했던 것을 끌어내는 것이다.

> 편년사적인 방법은 일어난 순서에 따라 사건을 표시해 간다. ……그렇지만 배타적으로 이 방법만을 사용하면 서사의 통일을 깨뜨리고, 관련된 사항을 분리시키며, 이질적인 범주에 속하는 사항을 함께 섞어서 제시하는 꼴이 된다. 그리고 유기적인 전체와 거리가 먼 조잡하고 말초적인 사실 덩어리를 만들어 내는 결과가 되어 버린다.

소재 처리라는 것은 역사가에게는 중요하면서 어려운 측면이다. 이 경우 독점적으로 채용되어야 할 유일한 방법 따위는 없다. 표현 양식은 필자의 관점과 역사 주제에 따라 다양할 수 있다.

다른 모든 문학적인 일과 마찬가지로 역사에서도 통일이라고 하는 것은 불가결하다. 역사의 통일성은 과학이나 웅변술과는 다르다. 그것은 주제에 — 사회, 제도, 그리고 이야기되는 개개인의 인생에 — 속하는 것이다.**[*원주4]**

역사와 연대기의 차이는 후자가 필자의 독자적인 관찰을 허용하지 않는 점에 있다는 것은 쿼켄보스의 의견이었다. 헵번은 거기까지 연대기 작가의 역할을 한정짓지 않고 그를 원저자라고 부르며 그가 만드는 연대기에도 가공되지 않은 서사가 있는 것을 인정하고 있다. 그에 따르면 거기에서 사건의 의미와 관련을 발견해 내는 것이 역사가가 할 일이었다. 그렇다면 그는 역사를 일종의 메타 연대기적인 행위로 파악하고 있었다는 것을 의미한다.

다시 말하면 역사는 편년사적으로 열거된 범주가 다른 사건이나 현상의 이종 혼합적(heterogeneous)인 모둠에 일정한 시점에서 서사의 통일을 부여함으로써, 유기적인 전체를 만들어 내는 것이다. 앞 장에서 나는 당시의 예술과 예술이 아닌 것과의 구별 속에 정신/육체의 이항대립이 잠재되어 있다는 점을 지적했는데, 이 역사/연대기(또는 편년사)에는 동질성(homogeneity)/이질성(heterogeneity), 질서/난잡, 생체적(organic)/기계적(mechanic)이라는 이항대립을 볼 수 있다. 잡다한 연대기적 소재를 음미하고 이질적인 범주의 사건을 제거하여 통합적인 유기체로서의 생명을 불어넣는 것이 역사가의 서술법(narration)인 것이다. 이렇게 서술되는 국가는 당연히 동질성의 통일체로서 그 고유한 생명 과정과 운명을 지닌 의인화된 모습으로 나타날 것이다.

> 역사상의 사건은 단순히 생생하게 묘사되어야 한다는 것에만 그치지 않는다. 그 역사적인 의미가 다시 말해서 국가 또는 개인의 성장과 운명의 의미나 중요성이 명백해져야만 된다.**[*원주5]**

이처럼 연대기나 편년사에 대한 메타 차원에서 비교된 역사가에게는 인간적인 감정 특히 선의 칭찬과 악의 비난이라는 도덕적인 감정이 허용되고 이질적인 것을 배제할 권리가 부여된다. 그것을 수행하는 수단이 시점과 주제이다. 대부분의 역사가는 당파근성에 사로잡히기 쉽기 때문에 가능한 한 현대의 편견이나 정념을 과거에 반입하지 않고, 다른 시대의 사고방식이나 감성 속에 자신을 자리매김해 보아야만 한다. 헵번은 다른 장면에서 이렇게 경고했지만 역사의 방법에 대한 주문이라기보다는 오히려 위와 같은 권리에 동반된 윤리강령이었다고 볼 수 있겠다.

시점은 역사가의 관심에 따라 정해지고 주제는 과거와의 관련에서 형성된다. 그것이 다종다양할 수 있는 것은 그가 위에서 말한 의미대로 인간화된 존재로서 개별화(individualize)된 입장을 짊어지고 있다는 증거이다. 그는 그 입장에 따른 주제(subject)를 가짐으로써 역사라는 서사를 서술하는 주체(subject)가 된다. 그 주제에 따라 주요한 사건(main event)이나 중심인물(central character)이 선택되고, 그렇지 않은 사건이나 인물은 주변화되거나 혹은 원경화된다. 그와 동시에 서사의 플롯에 관계되지 않는 사상(事象)은 혼잡을 초래하는 이물(異物)로서 제거되고 만다. 역사적 필연성이라는 말은 여기에서는 이중의 의미를 갖는다. 하나는 원인이 결과를 필요충분하게 설명할 수 있는 것이고, 또 하나는 역사의 플롯적 서술 법칙에 적합하다고 하는 의미이다.

묘사(description)도 물론 필요하다.

> 묘사는 많든 적든 역사의 저술에 깊이 관련된다. 그 역할은 크다. 역사적 사건이라는 것은 토지나 인물과 밀접하게 관련되기 때문에, 역사가는 사건을 명료하게 묘사하기 위해서는 그 지역의 전모와 특징적인 지방색 및 주도적인 인물(leading actor)의 성격을 독자 앞에 생동감이 넘치는 필치로 묘사하도록 노력해야만 한다.**[*원주6]**

이렇게 보면 19세기 소설가가 시민권을 주장하기 위해서 역사를 모델로 하여 소설의 제 조건을 갖추려고 한 경위는 저절로 분명해진다.

어떤 의미에서 역사가 메타 연대기라고 한다면 그것은 연대기라는 텍스트를 읽는 행위에서 발생한 것이 된다. 이 메타 차원은 아마도 선행하는 전기나 소설에 대한 관심에서 착상이 가능한 것이었다. 왜냐하면 19세기 영어권의 수사학자들은 역사 방법에 관해서 또 하나 귀찮은 문제를 해결해야만 했기 때문이다.

그것은 동시성의 문제다. 현실에는 때때로 몇 개의 사건이 동시적으로 발생한다. 연대기는 그것들을 같은 해의 같은 날짜 난에 올리면 될 문제이다. 그렇지만 언어에 의한 묘사(description) 또는 서술의 경우 여기에 앞뒤 관계를 부여하지 않을 수 없다. 그것을 어떻게 방법화할 것인가. W. D. 콕스가 『일본인 학생을 위한 영작문 및 수사의 원리』에서 다음과 같은 식으로 문제를 다루었다.

> 한 나라의 역사를 이야기하는 데 있어서 우리들은 몇 가지 부문(class)에 속하는 사건이 동시에 진행되는 사실을 유념해 둘 필요가 있다. ……그와 동시에 우리들은 그들 분야(department)의 역사는 각각 그 고유의 역사를 지니고, 더구나 그 이외 분야의 역사와 동시적으로 병존하는 것을 알아야만 한다.

> 주요한 사건을, 예를 들면 종교 · 정치 · 사회 · 상업 · 문학 등으로 분류하면서 서술하고 묘사할 것.[*원주67]

이 두 번째 말은 콕스의 수사서에 인용된 쿠리에 박사(Courier, Paul Louis, 1772～1825)라는 인물의 말인데, 어쨌든 콕스는 사건이 복잡하게 서로 얽히는 한 시대의 양상을 우선 종교와 정치 등의 범주로 나누고, 각각의 역사를 파악한 뒤에 서로 관계 지을 것을 주장했다. 그것은 각각의 범주에서 동시적 흐름의 병행 상태를 상정하고, 그것을 횡단하는 시선의 운동을 요청하는 것임에 틀림없다.

그는 각 범주를 계층적으로는 생각하지 않았다. 즉 하급구조와 상부구조로 나누어 원인과 결과의 관계로 보지는 않았던 것이다. 다시 말해서 어느 범주의 흐름을 주요 사건(leading event)으로 선택하는가는 서술자의 관심에 따라 결정된다. 또한 그에 따라 다른 범주의 흐름은 원경화되거나 때로는 생략된다. 단 생략된 것을 포함해서 각각의 계통은 계열적[14]인 관계에 있다.

그와 같은 콕스의 인식을 필자가 나름대로 부연한다면 이렇게 말할 수 있을 것이다. 어떤 범주의 서술 속에 다른 범주의 사건을 삽입할 때, 아니면 다른 범주의 서술용어를 사용하는 것만으로도 상당히 은유적인 환기력을 발휘하는 경우가 있다. 뿐만 아니라 정치 · 경제 · 사회의 생활양식 등 각 범주의 변화를 측정하는 시간 단위는 크게 다를 것이고, 이 계열적인 사항의 대치 · 삽입에 따라, 어떤 범주의 시간이 압축되거나 연장되거나 한다. 따라서 연대기나 편년사의 균질적이고 단선적인 시간과는 다른 중층적인 시간을 창출할 수 있게 되는 것이다. 독자 측에서 본다면 '역사' 지각의 원초적인 경험은 이러한 조작에서 생겨나는 것이다.

14) 원문에는 "범열론(範列論)"으로 되어 있다.

콕스가 여기까지 의식하고 있었는지는 모른다. 단지 그는 뛰어난 역사의 서술 조건으로 예를 들면 사자왕(Richard Ⅰ, 1157~1199)이나, 실지왕(失地王)이라는 별명을 가진 존 왕(John Lackland, 1167~1216) 같은 역사상의 인물의 별명을 그 인물의 사적(事績)을 나타내는 효과적인 형용어구(epithet)로써 추천하고, 매개항(媒介項)을 생략하고 상이한 범주의 서술을 직접적으로 결부시키는 서술법을 권장하였다. 이러한 점에서 위와 같은 방향을 취했다고 할 수 있겠다. 앞장에서 나는 그의 '여행자적 시점'에 관한 고찰을 소개했다. 콕스뿐만 아니라, 19세기 후반의 수사학자들이 역사와 여행기를 서사의 주요한 장르로 꼽았던 것은 동시적으로 병존하는 것에 대한 횡단적인 시점의 운동이라는 공통점으로 그 둘을 파악하고 있었기 때문이라 볼 수 있다.

어쨌든 역사가가 상이한 범주의 사건을 열거하기만 하는 연표적인 편년사에 대해서, 메타 차원에 서려면 이상과 같은 문제를 극복해야 했다. 설사 그런 방법 의식은 갖지 못했다고 하더라도 그 메타 차원을 포함한 것은 역사를 소재로 하는 전기(romance)였을 것이다. 그러므로 결론적으로 말하면 역사가는 이종 혼합적인 전기를 순화하는 형태로 역사의 서술 방법을 정비하고, 이어서 소설 이론가가 그것을 계승했다고 볼 수 있다. 여기서 헨리 제임스가 말했듯이 소설에 관한 회의적인 의견을 진정시키는 유일하고도 효과적인 방법은 소설과 회화의 유사성(analogy)을 이용해서 회화가 현실인 것처럼 소설도 역사라고 주장하는 것이라는 의견이 생긴 것이다.

이상은 동시적인 사건의 서술 순서 문제이지만 서사에는 사건의 시간적 순서를 바꾸어 말하는 또 하나의 방법이 있다. 이 기회에 그 문제를 당시의 수사학자가 어떻게 취급했는가를 살펴보고 싶다.

헵번은 역사가 토마스 매콜리(Thomas Macaulay)의 다음의 말을 인용하고 있다.

> 내가 지금부터 서술하려는 사건은 여러 시대에 걸친 위대하고 파란만장한 드라마의 1막을 구성한다. 그러므로 만일 그것에 앞선 몇몇 막(드라마 장면)의 플롯을 잘 알 수가 없다면 불완전한 이해밖에 얻을 수 없을 것이다. 그렇기 때문에 나는 우리들 나라의 가장 이른 시대 이후 역사에 대한 약간의 스케치로 이 서사를 시작하기로 하겠다.**[*원주8]**

몇 대나 걸쳐서 연기된 위대한 드라마에 관해 핵심적인 1막을 이야기 하는 것, 그 자체가 이미 플롯을 시도하는 것이지만 매콜리는 그에 앞선 시대의 동향을 플롯이라고 부르고 있다. 이 프리-히스토리(pre-history)는 그가 선택한 역사의 1막을 준비한 소위 원인에 대한 설명인데, 실제는 그가 이야기하려는 시대에 대한 관심에서 출발하여 그로부터 과거로 소급하는 서사적인 시간조작을 하는 결과를 낳았다. 과거란 어떤 시점을 역사적 또는 서사적 현재로서 선택함으로써 파생적으로 구성되는 시간이고, 플롯의 구성 요소임에 틀림없다. 연대기의 서술법(narratologie)은 스토리를 매체로 하고 연대적 순서에 따라 '그리고 나서', '그리고 나서' 하는 식으로 한 방향으로 사건을 소개해 간다. 그에 대해 역사는 왜 이런저런 일이 일어났는가를 이야기하려고, 역사적 현재에서 과거로 거슬러 올라가 또다시 현재로 돌아오는 플롯을 조건으로 하는 것이다.

콕스도 또한 앞의 매콜리의 말을 인용하여 거기에 베인의 의견을 참조하면서 이 같은 말을 하고 있다.

> "서술하려는 사람들이 보다 친숙한 관계에 있는 최근의 모습을 그리는 것에서 시작하여, 이어서 그 상태에 도달하게끔 한 이전 단계에 주목하게

하는 방식은 때로는 최선의 방법이 된다. 이 같은 경우 시간의 순서를 역전시키는 것은 사건의 설명에 (효과적인) 시점이 된다.……"(베인)

이와 같은 처치는 보통, 역사의 *소행적(溯行的) 교수법*으로 알려져 있다. 이것은 기지(既知)의 사실에서 미지(未知)의 사실로 나아가는, 뛰어난 교육원칙 — (적어도 배우는 자에게 있어서는 분명히)단순한 사항에서 복잡한 사항으로 — 과 훌륭하게 일치하는 것처럼 여겨진다.**[*원주9]**

콕스는 베인이 말하는 시간적 순서의 도치 즉 역사의 소행적 서술을 교육의 일반원리에 적합한 방법으로 지지했다. 이 방법과 앞에 소개한 동시적 병존의 횡단적인 방법을 시야에 넣고 맞추어 본다면 콕스의 수사학이 특히 역사의 시간처리에 강한 관심을 보였다는 점을 알 수 있을 것이다. 동시적으로 발생한 사건을 정치・경제・문화 등의 범주로 분절화할 것을 콕스는 주장한다. 그것들의 계열적인 관계를 명료하게 의식하면서 그 사이를 횡단하고 대치(代置)하여, 연대기와 편년사의 계기성(繼起性)을 끊으면서 입체적인 원근법의 역사를 만들어 낸다. 그와 동시에 다른 한편으로는 각 범주의 다른 시간단위를 교차시키거나 일종의 소행적-전진적 방법을 구사하여 역동적인 시간감각을 부여한다. 그것이 쇼요와 일본에 있어서의 동시대인 W. D. 콕스가 시사하는 서사의 방법이었다.

이처럼 현대에도 여전히 사용되고 있는 서사 연구방법의 기본적 시점과 개념은 19세기후반의 수사학자에 의해 준비되었다. 그것은 주로 역사나 여행기의 서사에 관한 연구에서 시작되어, 그대로 소설이론에 전용되어 갔던 것이다.

일본의 메이지 10년대에는 이상과 같이 다네히코나 바킨처럼 정사/서사의 관념과 콕스가 들여온 영어권의 역사/소설의 관념이 병존하고 있었는데 그렇다면 쇼요는 어떠한 입장을 선택했던가. 그는 「소설의 비익」 장에서 다음과 같이 말하고 있다.

> 새커리(영국 소설가)도 말했다. 나는 패설(稗說)을 읽고 얻은바 매우 크다. 그 당시 세계의 상황과 정세와 풍속, 의상의 유행을 알게 되고 쾌락·해악·유희 등이 지금과 다른 까닭을 알게 된다. 이미 서거한 사람도 다시 소생하고 이미 지나간 세상이 또다시 돌아오면서 옛날 영국으로 다시 여행하는 것처럼 느껴진다. 아아, 거대한 정사가 내게 이 같은 이익을 어찌 줄 수 있겠는가 운운하는 것이다.

이것은 윌리엄 새커리(William Makepeace Thackeray)가 『영국적 해학가들』(1853)[*원주10]에서 스틸(Richard Steele, 1672～1729)에 대하여 논한 부분을 소개한 것인데, 단 해당부분은 스몰릿(Tobias George Smollett, 1721～1771)을 언급한 부분이다. 루푸로우(J. Loofbourow)의 『새커리와 소설형식』(1976)에 의하면 19세기 중반의 영국에서는 소설가와 역사가가 진실을 둘러싸고 서로 자신의 우위성을 주장했고, 쇼요가 소개한 새커리의 말은 그때까지 눌리는 경향이었던 소설가로부터의 반격, 즉 도발적인 승리선언이었다고 한다. 좀 더 확실히 하기 위해 새커리의 말을 인용해 보겠다.

> I take up a volume of Dr. Smollett, or a volume of the Spectator, and say the fiction carries a greater amount of truth in solution than the volume which purports to be all true. Out of the fictitious book I get the expression of the life of the time; of the manners, of the movement, the dress, the pleasures, the laughter, the ridicules of society — the old time live again, and I travel in the old country of England. Can the heaviest historian do more for me?

비교하여 읽어 보면 알 수 있듯이 쇼요는 'history'를 '정사'라는 다네히코적 · 바킨적인 용어로 고쳐서 쓰고 있다. 이것은 소설의 존재 이유를 풍속자료라는 점으로 좁혀서 고쳐 쓰고 있었던 것과 관련될 것이다. 『니혼쇼키』는 신화의 부분을 포함하기 때문에 엄밀하게 말하자면 이렇게 단언할 수 없지만 『속 니혼키(続日本紀)』 이하의 이른바 정사는 연표적인 편년사였다. 영어권에서는 역사가가 연대기 작가의 작업에 대하여, 단지 세부의 정확함만을 추구하는 사실의 나열이란 역사의 이미지를 부여하지 못할 뿐더러 오히려 허위 같은 인상을 낳아 버린다고 비판했다. 이어서 소설가가 위의 인용에서 보는 것처럼 같은 논법으로 역사에 대한 소설의 우위를 주장했다. 쇼요는 이른바 소설가의 입장에서 영국적 '정사'를 비판하는 형태로 새커리의 말을 해석한 것이다.

단 영어권의 history를 '정사'라고 부른다고 한다면, 일본적 정사는 다른 호칭을 써야 한다. 「시대소설의 각색(時代小説の脚色)」 장에서 그는 그것을 "편년 같은 것"이라고 불렀다. "실지로 영국에서 행해지는 소위 정사라고 칭하는 것은 우리 동양에서 행해지는 편년 같은 것에 비하면 하늘과 땅 차이보다도 더 떨어져 있다"라고. 물론 그는 역사를 편년사 상에 위치시키는 서양의 이론을 이미 알고 있었던 것이다.

그런데 쇼요는 새커리가 주장한 키워드인 "truth", "true"를 제거해 버렸다. 이들의 말은 『니세무라사키 이나카겐지(偐紫田舎源氏)』에 나오는 '진실(實, まこと)'과 결부지어 해석하고 싶은 부분인데, 그는 그쪽에는 관심을 보이지 않았다. 그 이유는 쇼요 자신의 작품 『당대서생기질』(1885. 6～1886. 1)에서 추측해 볼 수 있다.

『니세무라사키 이나카겐지』의 '진실'은 여자의 말로서 '헛소리'에 대한 '진정한 (것, 말)'을 지칭하여 사실과 진실 어느 쪽 의미로도 사용되고 있었다. 그것을 남자 쪽에서 받아들이면 '도리에 따르는 일'이라는 의미로 바뀌고 만다. (이 이중성은 『겐지 모노가타리』도 다를 바 없다.) 쇼요 자신도 『당대 서생기질』에서 젊은 여자가 닌조본(人情本)적인 실화 소설 속에 '진실'을 찾아내는 독서법과 대학생이 번역 소설에서 '처세의 본보기(example)'를 발견하기 위한 독서법이라는 두 가지의 소설 향수 형태를 설정하고 있었다.

이 이야기의 주인공인 대학생 고마치타 산지(小町田粲爾)와 기생 다노지(田の次)는 원래 의남매로 자랐다. 그런데 산지 아버지가 관청에서 면직된 후 다노지는 산지 아버지의 첩이었던 오쓰네(お常)에게 거두어져 기생이 된다. 수년 후 둘은 재회하고 사랑하는 사이가 되지만 다노지는 산지의 장래를 생각하여 몸을 빼려고 한다. 다노지의 고뇌를 차마 보다 못한 오쓰네는 이런 식으로 위로한다. "지금은 산지 상도 수행중이니 지금 당장은 도저히 무리야. 적어도 3, 4년은 참아. 마음으로 만나고 헤어져 있어. 앞날의 즐거움을 기다리면 되는 거야. 그림신문에서 명성이 높았던 와카시카 요시에(若鹿よし江) 이야기를 보렴."

이 「와카시카 요시에 이야기」는 『도쿄 그림신문(東京絵入新聞)』에 연재된 「아사오 요시에(浅尾よし江) 이야기」(1882. 4. 26~8. 5)라는 '연재물'로, 후에 『아시오 이와키리 진실경(浅尾岩切真実競)』(1883)으로 출판되었다. 미야자키(宮崎)의 이와키리(岩切)라는 젊은 관리와 기생 와카시카가 서로 사랑했는데 일단 헤어지지만 고생을 거듭한 끝에 맺어진다는 실화소설이었다. 오쓰네나 다노지는 이와 같은 대중 연재물로부터 '진실'을 발견해 내는 독자였던 것이다.

그에 대해 산지는 리턴(Edward George Earle Bulwer Lytton) 작, 쓰보우치 쇼요 역의 『리엔지외전(莉延自外伝)』(1885, 후에 『개세사전(慨世史伝)』으로 개명)의 비판적인 독자였다. 친구 구라세(倉瀬)

는 산지와 다노지 사이를 걱정해서 『리엔지외전』을 들어서 "미녀를 사랑하는 것은 인지상정이다"라고 격려한다. 그런데 산지는 일본 지식인이 "서양 사상을 일본 사회로 어리석게(fallaciously) 응용하는" 폐해를 지적한 뒤에 "지금 자네가 리엔지 예를 들었지만 왜 그게 처세의 본보기가 되어야 하는가" 하고 받아쳐 버린다. 번역소설에 대한 비판적인 자세를 주장한 것이다.

서사 속에 독자를 등장시켜 서사를 읽는 행위의 의미화를 꾀하고 방향성을 제시하는 『겐지 모노가타리』 이후의 취향을 쇼요도 계승하고 있다. 그런데 『당대 서생기질』을 전체로 놓고 본다면 여성 독자의 '진실'을 보증하기보다도, 대학생의 생태를 조금 희화적으로 묘사해서 남성 지식인의 반성을 촉구하는 것이었다. 그 점에서 쇼요는 『니세 무라사키 이나카겐지(偐紫田舎源氏)』의 미쓰우지 이상으로 '도리'를 중시하는 방향을 선택했다고 할 수 있다. 이 같은 하나의 서사 내부에서도 여자와 남자의 읽는 방식의 차이와 그 서사 자체의 대독자의식(對讀者意識)의 차이 때문에 쇼요는 새커리의 키워드를 의외로 취급하기 어려웠을 것이다.

그러나 쇼요는 그 나름대로의 방법으로 돌파를 시도하였다. 그 하나는 서사 행위에서의 '맥락통철(脈絡通徹)'의 문제인데, 이는 소설 구성에 관련된 것이라서 다음 장으로 미루기로 하겠다. 또 하나는 역사에 대한 소설의 존재 이유 문제인데, 이 점에 관해서 우선 그는 「시대소설의 각색」 장에서 "소설가와 정사가의 구별은 과연 어디에 있을까?"라는 질문을 스스로에게 던져 본다. 그의 이해에 의하면, 소설가는 "다소 터무니없는 것을 즐기는" 버릇이 있고, 부지불식중에 문장을 꾸며 사실을 왜곡하는 경우가 있다. 그렇지만 그것만으로는 양자의 구별 기준을 삼을 수는 없다. 왜냐하면 매콜리 같은 경우는

"역사를 편찬하고 전기를 쓰는 데에도 때로 허망에 가까운 믿기 어려운 사실까지 써서 표현하는 경우"가 있고, 토머스 칼라일(Thomas Carlyle, 1795. 4～1881)도 역시 "몹시 수식이 많은 문"을 쓰고 있기 때문이다. "이런 것들을 통해서 볼 때 아직 허실(虛實)의 두 자만으로써 사가(史家)와 소설가를 구분하기 어렵다."

그러면 나아가서 역사와 소설의 차이는 어디에 있는가? 쇼요는 다음과 같이 대답한다.

> 소설이 정사와 다른 이유는 생각한 바에 따라 빠진 것을 보충할 수 있는 것과 등장인물과 친한 관계를 자유롭게 가질 수 있는 것에 있다. 빠진 것을 보충하는 것은 정사 중에서 빠진 사실을 작가의 상상력으로 보충하는 것을 말한다. 등장인물과 친한 관계를 가진다는 것은 작가가 소설의 등장인물(정사 중에도 있는 인물이다)의 언행을 진술할 때 주도면밀해서 독자로 하여금 작가와 소설 중의 인물과 언제나 친숙한 느낌을 갖게 하는 것을 말한다. 정사를 쓰는 사람에 대해 말하면 한 사건마다 그 근거에 해당되는 것이 있어야만 한다. 그런데 소설가는 그것과 크게 달라 실제로는 결코 얻기 어려운 사람 마음도 자유롭게 해부하고, 또는 함부로 출입하지 못하는 귀부인의 침실에도 침입해서 귀부인의 거동을 설명할 뿐만 아니라, 혹은 출입구가 안 열리면 맹장지의 안팎을 불문하고 그 상황을 쓰는 것은 소설가의 자유이기에 특별히 그 이유를 구구하게 설명할 필요는 없다. (「시대소설의 각색」)

야노 류케[15]의 『경국미담』(1883. 1)은 고대 그리스에 관한 몇몇 사서를 번역 · 편집한 역사 서사인데, 그 서문에서 류케는 참조한 사서의 기술이 너무 대략적이기 때문에 자기 나름대로의 상상으로

15) 야노 류케(矢野龍渓, 1850~1931): 정치가 · 소설가. 입헌정치가로서의 이상표명인 정치소설 『경국미담(経国美談)』 외 『우키시로 모노가타리(浮城物語)』, 『신사회(新社会)』 등이 있다.

"그 누락을 보충 서술"하고 인정과 골계를 더해서 '소설체'로 했다고 밝히고 있다. 쇼요는 이 방식을 소설의 독자적인 의미로서 적극적으로 주장한 것이다.

단 류케가 말하는 "누락"의 "보충 서술"은 반드시 기록에 나타나지 않는 정사 속 인물의 프라이버시를 가필한 것만을 의미하는 것은 아니다. 오히려 류케는 닌조본적인 연애로 넘어갈 듯한 장면을 극도로 피하고 어쩔 수 없는 경우는 사랑의 분간도 제대로 못하는 무뚝뚝한 남자를 배치해서 익살스럽게 풍자해 버렸다. 그런데 쇼요는 "누락한 사실"을 보충하는 작가의 상상력을 예컨대 나폴레옹이 "궁궐 깊숙한 안쪽에서 시녀 시동들과 커피를 마시고 유쾌히 대화하는 모습"이나, 황후 조세핀이 "가슴에 넘치는 원한을 삼키고 단장의 슬픔을 억누르며 몇 번이고 눈가에 어린 눈물을 소매로 닦는" 모습과 같이 오로지 사적인 영역에 집중시켜 한정지었다. 사적인 영역에 "침입"하여 안팎을 가로막은 "장지문"을 월경할 수 있는 점에서, 소설가의 자유 증명을 발견해 내고, 나아가 "사람 마음의 해부"를 더해서 소설의 독자적인 존재 이유를 널리 알린 것이다. "사람 마음의 해부"란 앞 장에 소개한 그의 말을 빌리면 "안에 감춰진 내부의 사상"을 관찰하고 분석한다는 것이다. 그것이 쇼요가 보는 '진실'이었다.

그러나 그가 주장하는 정사에 대한 소설의 의의는 여기에 멈추지 않는다.

> 시대 서사를 쓸 때 가장 주의해야 하는 주요한 사항은 되도록 정사의 뒷면을 묘사하고 정면을 생략하는 것이다. 정면은 정사에서 기재하는 것이다. 뒷면은 정사가 알지 못하는 것이다. 교쿠테 바킨 옹의 『유미하리즈키(弓張月)』에서 그가 호겐(保元)의 난 때의 상황을 말하면서 이면

을 주로 서술한 것은 외전(外傳)의 주지를 얻은 것과 가까워서 무척 오묘하다고 할 수 있다. (「앞 글」)

그가 여기에 예를 든 바킨의 『친세쓰 유미하리즈키(椿說弓張月)』(1807)는 『호겐 모노가타리(保元物語)』를 다이제스트 하는 형태로 '호겐의 난'[16]을 그린 작품이다. 이때 미나모토노 다메토모(源爲朝)가 벌인 전투 모습을 묘사하는데, 당연한 일이지만 승자인 미나모토노 요시토모(源義朝) 측의 움직임은 거의 언급하지 않는다. 그것을 쇼요는 정사의 '이면' 또는 '그늘'이라고 불렀던 것이다.

이것과는 조금 의미는 다르지만 바킨 자신도 통상의 사서를 상대화하는 의도가 있는 것을 말하고 있다. 『호겐 모노가타리』에서는 다메토모가 이즈(伊豆)의 오시마(大島)에서 자살한 것으로 되어 있지만, 『본조신사고(本朝神社考)』라는 문헌이나 데라시마 료안(寺島良安)의 『와칸산사이즈에(和漢三才図会)』에 의하면 다메토모는 류큐로 건너가 사후에 신으로 추앙되었다. 그는 『유미하리즈키』의 서문에서 이들 문헌의 예를 들며 자신은 "지금 군기의 이설과 전승을 함께 고찰한다. 또한 기발하고 '교묘한 말(狂言綺語)'로써 이를 짓는" 것이라고 밝혔다. 기발하고 교묘한 말이란 사람의 마음을 끌기 위해서 꾸미는 말을 가리키는데, 바킨은 이를 자신의 서사 언어의 의미로 사용했을 것이다. 여기에 자기비하의 뉘앙스는 없다. 더욱이 그는 『유미하리즈키』 후편의 서장(1807)에서는 『원사류편(元史類篇)』·『속홍간록(続弘簡録)』·『중산전신록(中山伝信録)』 등 중국의 문

16) 호겐의 난(保元の乱): 1166년 교토에서 황위 계승과 섭관가(摂関家) 후지와라(藤原) 씨의 가독 상속 문제로 인하여 일어난 내란. 수토쿠 상황(崇德上皇)·후지와라노 다다미치(藤原忠通)는 미나모토노 다메요시(源為義) 등을, 고시라카와 천황(後白河天皇)·후지와라노 요리나가(藤原頼長)는 미나모토노 요시토모(源義朝)·다이라노 기요모리(平清盛) 등의 무사단을 불러들여 전쟁을 벌여, 수토쿠 상황은 패하여 유배지에서 죽었다.

헌도 검토해서 "이 유미하리즈키는 중국의 연의(演義)에 의거해서 오로지 꾸며진 서사이지만, 지금 거론하는 것은 예의 우언(寓言)이 아니다"라고 주장했다. 어떤 의미에서 이것은 아라이 하쿠세키(新井白石)의 『고사통혹문(古史通惑問)』(1716)과 통하는 고증 방법이었다고 할 수 있다. 단 하쿠세키가 문헌자료의 합리적인 분석과 해석으로 확실한 사실을 가려내려고 한 것에 대해, 바킨은 일반적으로 유포하고 있는 역사 서술의 '이설(異說)'이나 민간의 전승을 무시하지 않고, 오히려 후자의 뒷받침(증거)을 추구하여 중국의 문헌까지 두루 살펴나갔다. 이른바 고증도 서술 취향의 일환으로 삼으며 구상된 ('정사'와는 다른) 역사의 가능성인 것이고, 세상의 일반적인 서사 같은 근거도 없는 '우언(寓言, 헛소리)'은 아니라는 것이다. 또한 그에 어울리는 언어가 기발하고 교묘한 말이라는 것이다.

앞서 필자는 에도 시대 독서인의 상식에서는 정사에 싣는 말, 정사를 짓는 언어야말로 '진실'이었다고 지적한 바 있다. 그것에 비해서 소설패사의 언어는 가담항설(街談巷說)에 기인하는 것이기 때문에 거짓이었던 것이다. 바킨도 그 틀에 맞추어 생각하고 있었던 것은 틀림없지만, 그 안에서 소설패사와 그 언어의 복권을 꾀한 것이라도 할 수 있겠다.

쇼요는 그러한 바킨의 시도를 자신의 이론에 맞추어 '정사의 이면을 묘사'하는 점에 소설의 존재 이유를 발견해 낸 것이다.

다음에 쇼요는 거기서 일변하여 '정사 서사' 쪽에 주목하여 작가가 빠지기 쉬운 '병폐'를 세 가지 들고 있다. 그것은 연대(年代)의 차질 · 사실의 착오 · 풍속의 오류 묘사 세 가지이다.

'연대의 차질'에 관해서는 이미 교쿠테 바킨의 명쾌한 견해를 소개해 두었다. 쇼요의 입장은 조금 달라서, 연대의 차질은 피해야 할 결점의 하나로 꼽았지만, 이 결점을 잘 면한 서사로서 바킨의 『난소사토미 핫켄덴』과 『아사히나준토키(朝比奈巡島記)』를 들고 있다. '사실의 착오'라는 점에서 쇼요가 지적한 것은 역사적 사실의 오인 일반이 아니다. 그는 더욱 한정하여 "예를 들면 선량한 사람을 악인처럼 그럴 듯하게 말하고 간악한 사람을 선인처럼 말하는" 식으로 "정사상의 사적(事蹟)이 틀리는" 것을 사실의 착오로 삼았다. 이것은 정사(正史)의 정사(正邪)를 실수해서는 안 된다는 바킨의 의견 그대로였다고 할 수 있다. 사실 쇼요는 이 같은 착오를 개선하는 데 힘이 있었던 선배 서사 작가로서 바킨의 이름을 들고 있다. "바킨 옹 같은 사람은 이 폐습을 바로잡는 일에 상당히 힘을 쏟은 사람이다." 그리고 '풍속의 오류묘사'에 관해 말하자면 이것도 또한 바킨의 「『본조수호전』을 읽고 아울러 비평」을 모방하고 있었다고 볼 수 있다.

바킨의 『본조수호전』 비판은 이미 소개했지만, 그는 『본조수호전』의 풍속에 관해서도 고대의 서사에 초롱불이 나오거나 공모 사기식의 책략이 행해지거나 하는 점을 비판했다. 더욱이 언어에 관해서는 "무릎을 꿇는(跪く)" 것은 "황송하게 앉다(ついいる)"라고 써야 하는데, "웅크리다(つくばう)" 따위의 '지금의 속어'를 사용한 것을 비난한 것이다. 쇼요도 그것을 모방하는 방식으로 풍속의 오류 묘사란 예를 들면 아시카가(足利) 시대의 인물이 담배를 피거나, 샤미센(三味線)을 치거나 하는 "시대착오적인 소도구 · 세간 혹은 의장 장식, 혹은 음식물 등을 묘사해 내"는 것이라고 지적했다. 통설로는 쇼요는 바킨의 서사 방법을 부정한 것으로 알려져 있지만, 실제는 이처럼 바킨을 모방해서 생각하고 있었던 것이다.

이러한 통설이 좀처럼 고쳐지지 않는 것은 근대/전근대라는 이분법이 지금도 여전히 뿌리 깊게 남아 있기 때문인데, 이것은 문학사를 만드는 방식에도 관계할 것이다. 현재 일반적으로 행해지고 있는 문학사는 새롭게 쓰인 작품에만 주목해서 어떤 점이 어떻게 새롭고, 다음 시대의 어떤 경향을 만들었는가를 중심으로 기술되어 있다. 그렇지만 같은 시기에 과거의 어떤 작품이 번각(翻刻), 재판(再版)되고, 얼마만큼 널리 읽혀졌던가에 주의를 기울인 기술은 찾아보기 힘들다. 만일 그 점에 주목한다면 각 시대의 문학 상황은 완전히 달라 보일 것이다. 마찬가지로 오늘날의 통설은 메이지 초 년대, 10년대는 문학적으로 불모의 시대로 기껏해야 공리주의적인 정치소설이 쓰인 정도라 볼 만한 것은 거의 없었던 것처럼 인식된다. 그런데 이 시기는 에도 시대의 한시문집이나 서사 류가 대량으로 번각・재판되어 있었고, 다네히코나 바킨이나 슌스이는 여전히 인기 작가였다. 쇼요는 그러한 상황 속에서 그것들을 근원으로 한 소설관을 기본으로 영어권의 소설이론을 변환하는 장치를 만들려고 시도했다. 그러므로 그 소설이론을 일본 작품에 입각해서 구체적으로 설명하려고 한다면 다네히코나 바킨을 언급할 수밖에 없었던 것이다.

그 사실을 덮어두고 다시 쇼요가 돌출한 점을 확인한다면 그는 양자의 변환 장치를 고안하면서 인간의 진실을 사적인 영역에서 구하는 '근대적'인 문학관을 만들어 냈다. 공공/개인이라는 이분법과 관련지어 말하자면, 그것을 역사/소설, 혹은 공/사라는 형태로 바꾸고, 소설의 특징, 혹은 우위성의 근거를 '나'의 영역에 구하는 전환을 이룬 것이다.

제3장

주인공과 구조

쓰보우치 쇼요는 서사의 주인공을 본존(本尊)[1]이라고도 부른다.

> 주인공이란 무엇인가? 소설 속에 중심이 되는 인물이다. 따라서 이를 본존이라고 할 수도 있다. 만약 주인공이 빠지면 그 소설에 필요한 맥락통철을 이루기가 매우 어렵게 된다. (「주인공의 설치」)

만일 주인공이 빠진다면 어떻게 될까 하는 가정을 세워 언급한 점은 역시 『소설신수』에서만 볼 수 있는 매력이다. 현재 소설론의 필자 중에서 주인공이 없는 소설이 있을 수 있다고 가정하는 사람은 아마도 없을 것이다. 지금에 와서 그만큼 주인공이라는 개념은 자명한 것이고 습관화되어 있지만 쇼요는 그러한 통념을 형성하지 못했던 시대에 이와 같은 고찰을 시작한 것이다.

소설을 고찰하는 시발점에서 보면 그가 말하는 주인공이란 서술의 맥락을 잃지 않기 위한 서사 기능 중의 하나였다. 사건과 사건이란 주인공의 운명과 언동이나 심정을 매개로 관계 지어진다. 이런 것을 빠뜨리면 공중 분해된 삽화로 변해 버릴 것이다. 이처럼 서사 기능

1) 중심인물, 장본인 등의 의미를 지님.

면에서 주인공은 현대로 와서 더욱더 중요성을 더해 왔다고 할 수 있는데, 동시에 쇼요는 어떤 작중인물을 주인공으로 삼기 위한 성격 조건을 밝힐 필요성을 느꼈을 것이다. 그래서 그는 이것을 본존이라고 바꾸어 불렀다. 독자가 저절로 주인공을 경모하고 그의 앞날을 알고 싶어 할 만큼 매력적인 인물을 등장시킬 것. "그러므로 구조를 교묘히 하는 것 이외에 독자의 주의를 끌 만한 탁월하고 비범한 인물을 장치해 두는 것이 필요하다."

본존이란 불교에서 차용한 낯선 문학 용어로 쇼요도 『소설신수』 이외에서는 사용하지 않았다. 그런 의미에서 쇼요는 물론 문학사적으로 보더라도 일회성의 과도기적인 용어였지만, 실은 이 말을 매개로 현대적인 주인공 개념이 만들어진 것이다. 그러므로 주인공이라는 용어 자체가 당시에는 친숙하지도 않고 개념도 분명치 않았던 것을 알 수 있다. '소설에는 반드시 주인공이 존재한다'라고 하는 지금에 와서는 자명한 것으로 여기는 관념이 당시에는 보편적인 것만은 아니었던 것이다.

그런데 주인공이라는 용어를 쓴 전례가 아예 없었던 것은 아니다. 교쿠테 바킨(曲亭 馬琴)의 『협객전(俠客伝)』(1832)을 이어서 제5집(1849)을 집필한 하기와라 히로미치(萩原廣道)가 「부언(附言)」에서 다음과 같이 말하고 있다.

> 이 책은 처음부터 모든 면에서 니타와 구쓰노키(新田・楠木)를 대면시키는 서술 방식으로 이루어진다. 고로쿠(小六)와 고마히메(姑摩姬)를 일부의 주인공으로 하는 '대(對)'[2]를 이룸으로써 이리저리 대응관계를 맺는다. 히데나오(英直) 부부에 고레미쓰(維盈) 부부를 '대(對)'로 하고

2) 대: 서사에서 대칭, 혹은 대립 항을 이루는 의미에서 사용되는 용어로 이를 번역할 때는 한자를 병기하여 독자의 이해를 돕도록 한다.

야쓰쓰구(安次)에 시노부(信夫)를 '대(對)'로 하는 것이 그 예이다.

이 경우 '주인공'은 등장인물을 중심으로 쌍(pair)을 이루는 고로쿠와 고마히메를 가리킨다. 위의 인용문이 말하는 것은 이 중심적인 쌍에 준해서 고로쿠의 양부모 다테노 다이로쿠로 히데나오(館大六郎英直)와 오모야(母屋) 부부, 고마히메의 후견인격인 스미야 고레미쓰(隅屋維盈)와 누이(縫殿) 부부가 대조를 이루고 있다는 정도의 의미다. 이것은 반드시 쇼요가 말하는 맥락을 통하기 위한 기능적 개념을 포함하는 것은 아니다. 이러한 점은 나중에 검토하기로 하고, 지금 주의를 촉구하고 싶은 것은 쇼요가 이 같은 선례를 분명히 알고 있었음에도 불구하고 실제로 『협객전』에서 언급할 때에는 굳이 '본존'이라는 용어를 사용한 점이다.

> 주인공에는 남녀 구별이 있다. 남자를 남본존(男本尊)이라 하고 여자를 여본존(女本尊)이라고 한다. 소설은 사람의 인정을 서술하는 것이기 때문에 저절로 남녀의 상사(相思)를 설명할 수밖에 없다. 이것이 소설에 남녀 본존이 있는 이유다. 지금 예를 들어서 설명하면 바킨의 『협객전』에서 고로쿠 스케노리(小六助則)가 남본존이고 구스노키 고마히메(楠姑摩姬)가 여본존이다. 그리고 『조센 정사(松染情史)』에서 히사마쓰(久松)가 남본존이고 오소메(阿染)가 여본존이다.

당연히 쇼요는 이미 히어로나 히로인의 의미를 알고 있었다. 그리고 히어로나 히로인은 독자에게 우상시될 만한 캐릭터여야 한다고 생각했을 것이다. 당시 일본에서는 'Idol'의 번역어로서 '본존'을 붙였다. 쇼요는 그것을 선택한 것이다. 이것은 "독자의 주의를 끌만한 탁월하고 비범한 본존"이라는 표현으로도 알 수가 있다.

그러나 플롯적인 기능 면에서 보면 고로쿠와 고마히메는 결코 한 쌍의 주역으로서 그 역할을 다하지 못하고 있다. 고로쿠는 닛타 요시사다(新田義貞) 연고의 청년 무사, 고마히메는 구스노키 마사시게(楠正成) 연고의 여장부였던 점에서만큼은 명백히 명문 혈통을 어깨에 짊어진 한 쌍의 우상이라고 할 수 있다. 하지만 두 사람이 좋은 배우자가 될 것이라는 사실만이 예고될 뿐 결국 서로의 존재조차 모르고 다른 운명을 겪게 된다. 이것은 『협객전』이 미완이기 때문에 그런 것처럼 보이지만 반드시 그렇지만은 않다. 쇼요는 바킨의 『친세쓰 유미하리즈키(椿說弓張月)』의 미나모토노 다메토모(源爲朝)를 남본존, 시라누이 히메(白縫姬)를 여본존이라 부르고, 『근세설 미소년록(近世說美少年錄)』의 스에하루 마코토(末晴賢)를 남본존, 고가네(兒金)을 여본존으로 본다. 그런데 『유미하리즈키(椿說弓張月)』에서 시라누이히메가 등장하는 것은 전체 68회 중에서 절반 정도인 31회까지로 다메토모(爲朝)를 류큐(지금의 오키나와)로 떠내려 보낸 폭풍 때, 팔대 용왕에게 자기 몸을 바치기 위해 투신자살을 해 버린다. 본존으로 받들기에 어울리는 여성이지만 전체를 이끌어가는 주역의 조건이 결여되었다고 하지 않을 수 없다. 『미소년록』의 고가네는 스에하루 마코토가 소년시절에 엄마와 잠시 의지한 적이 있는 부호의 손녀인데 등장하는 장면이 불과 얼마 안 되어 플롯상의 역할을 거의 소화하지 못한다.

이것은 바킨 작품을 비롯한 근세의 서사가 반드시 앞에서 말한 맥락통철을 서사의 근본 원리로 삼지 않고 다른 구성 원리를 따르고 있던 증거이기도 하다. 그것을 가장 잘 정비한 것이 바킨의 패사 7법칙(稗史七法則)이라고 할 수 있다. 그런 의미에서는 맥락통철을 주장하는 것 자체가 에도 시대의 서사 작법에 대한 비판과 정정의 시도이고, 그 안목이 새로운 주인공 개념이었다. 쇼요는 에도 시대의 서사 작가가 말하는 주인공을 일단 본존이라고 바꾸어 부르고, 여기에 기능 개념을 부가하는 형태로 주인공 개념의 쇄신을 꾀했던 것이다.

단 그동안의 경위를 보다 구체적으로 이해하기 위해서는 바킨의 패사 7법칙을 검토할 필요가 있는데, 그러기 위해서는 『협객전』의 내용을 어느 정도 알아두어야 한다. 바킨은 서사를 써나가는 과정에서 패사 7법칙 개념을 정립하기에 이르렀지만, 바킨 연구자는 그동안에 개념 혼란이 있었던 것을 지적하고 있다.[*원주1] 과연 그런 식으로 말할 수 있을지를 검토하기 위해서라도 이 서사를 살펴볼 필요가 있다.

『협객전』의 전반 주인공이라고 할 만한 인물은 다테노(館/達) 고로쿠인데, 그의 친아버지 와키야 요시다카(脇屋義隆)는 닛다 요시사다(新田義貞)의 남동생 와키다 요시스케(脇田義助)의 적손(嫡孫)이었다. 남북조의 합체가 되었다고는 하나 오에(應永) 시절 여전히 여러 지방에서는 아시카가(足利) 편과 닛다와 구스노키 계열의 옛 가신 간의 갈등이 끊이지 않았다. 그 때문에 요시다카는 무사시(武藏)에 사는 닛다의 옛 신하를 규합하기 위해 임지인 미치노쿠(陸奧)를 떠난다. 그때 다섯 살 난 적자(嫡子)를 가신 다테노 다이로쿠로 히데나오와 오모야 부부에게 맡기고 갔다. 히데나오와 오모야 사이에는 시노부라는 같은 나이의 딸이 있어서 둘은 쌍둥이 형제로 자란다. 그가 다테노 고로쿠라고 자칭하는 것은 이 때문이다. 히데나오 부부는 고로쿠에게 출생의 비밀을 감추고 키웠지만 주군 요시다카가 사가미(相模)에 숨어있다고 듣고 멀리서나마 고로쿠를 한 번 만나게 할 요량으로 여로에 오른다. 그런데 히데나오는 도중에 병사해 버렸다. 오모야와 고로쿠는 노가미노 후히토 아키노부(野上史著演)라는, 이 또한 남조 계열의 무사 후예로 지금은 향사(鄕士)로서 후지자와(藤澤)에 정착한 인물에게 구원을 받는다. 고로쿠는 자식이 없는 아키노부의 간청에 따라 그의 양자가 되었다. 그런데 아시카가 쪽의 무사 후지시로 야스토모(藤白安同)는 아키노부의 인망을 질투하여 억지로 트집을 잡아 재산을 몰수하고 추방해 버릴 계략을 꾸민다. 이 후지시로는 실은 잠복 중이었던 와키야 요시다카를 습격하여 살해한 공적으로 간토 간레[3]의 권신(權臣)으로 올라선 남자다. 고로쿠는 오모야가 죽은 뒤 그 유서를 펼쳐 자신의 가문을 알게 되고 친아버지의 원수이자 양부에게 재앙을 입힐 후지시로를 치려고 결심한다. 그래서 그는 미치광이로 가장하여 강에 빠져 익사했다고 꾸미기 위해 조리(草履) 한 짝을 강기슭에 남기고 모습을 감춘다.

고로쿠가 미치광이로 가장한 것은 후지시로를 친 후 재난이 양부에게 미치는 것을 피하기 위해서였다. 그것을 모르는 아키노부는 고로쿠가 익사했다고 믿어 버려 강기슭에 남겨진 조리를 유품으로 장사를 지낸다. 한편 복수에 성공한 고로쿠는 다테(館) 성을 다테(達)로 바꾸고 요시노(吉野)로 도망쳤는데, 종자 가지토리 지카키치(揖取庶吉)가 귀향할 때 조리의 다른 한 짝을 맡겨 자신이 무사하다는 것을 아키노부에게 알렸다.

즉 이 경우 조리 한 짝은 아키노부에게는 고로쿠의 죽음을 의미한 것이지만, 지카키치가 전달한 다른 한 짝은 고로쿠의 생(生)을 의미한 것이 된다. 바킨은 이 부분을 『협객전』 제2집 5권에서 이런 식으로 설명하고 있다.

> 고로쿠가 짚신 한 짝으로 살아 있음을 알린 것은, 또 다른 짚신 한 짝을 메고 총령 고개를 넘는 달마대사의 고사에 의한 것이다. 즉 전집(前

3) 간토 간레(関東管領): 무로마치(室町) 막부가 관동(関東)을 다스리기 위해 가마쿠라(鎌倉)에 둔 벼슬.

集)에서 아키노부가 고로쿠의 짚신 한 짝을 묻은 것에 조응한다.

바킨은 이처럼 좌우 한 쌍의 조리에서 그 한쪽이 죽음의 기호로 다른 한쪽이 생의 기호로 기능하는 호응관계를 '조응(照應)'이라고 불렀던 것이다. 그렇다면 하기와라 히로미치가 앞 인용문에서 말했던 '조대(照對)'와 이 '조응'은 어떻게 다른 것인가? 하는 의문이 생기는데 오즈 게소(小津桂窓, 1804~1858)의 질문에 답한 『협객전 2집 평답서(俠客伝二集評答書)』(1833, 天保4)의 다음 말로 판단한다면 바킨은 한 짝의 조리와 같은 소도구가 복선의 기능을 하면서 호응하는 관계를 '조응'이라고 부르고, 그와 같은 매개를 갖지 않은 두 명의 인물의 대응성을 '조대'라고 부른 것 같다.

> 고마히메를 스미야 부부가 맡아 키우는 이야기를 히데나오 부부가 운운하는 것을 조응이라고 하는데, 이는 조응이 아니라 조대이다. 조응과 조대, 반대의 의미를 잘 이해해야 한다. 조응은 앞에 약속이 있는 것 혹은 앞에 복선이 있고 나중에 대조하는 경향을 말한다. 또 조대는 시에 대구가 있는 것처럼 이것과 그것이 대우(對偶)하지만 친하지는 않다. 2개 구가 각각 친소(親疎)가 있는 것을 일컫는다.

이 설명에 따르면 분명히 고로쿠와 고마히메는 '조대'이지 '조응'은 아니었다. "이것과 그것이 대우하지만 친하지" 않은 관계였기 때문이다.

고마히메는 구스노키 마사시게의 증손 마사모토(正元)의 딸이라는 설정이었다. 마사모토는 아시카가 요시미쓰(足利義滿)를 치려다가 실패하여 전사하고, 아가씨의 후견인 역 스미야 쇼이치로 고레미쓰와 누이 부부는 몰래 고마히메를 야코(八九)라는 마을의 여승방에 숨긴다. 고마히메는 재주 또한 남달리 뛰어나서 배우지도 않고 글자를 깨우치더니, 일곱 살 나이에 『신황정통기』[4]를 읽고 남조 충신의 피를 받은 자로서 원수인 아시카가 요시미쓰에게 단칼에 복수하고 싶다는 염원을 품는다. 밤마다 정원에 나와 고다이고, 고무라카미 천황(後村上天皇) 신령에게 기원하던 중, 8월 15일 밤 구로히메(九六媛)라는 선녀가 나타나 선서(仙書)를 하사하고 검협의 비술을 전수해 주었다. 그리고 선서를 익히기를 2년 만에 결국 분신술을 터득한다. 입으로 주문을 외어 자기 몸의 환상(幻像)을 잠자리에 남기고 문틈으로 밖으로 빠져 나가 자유자재로 비행할 수 있기까지 이르렀던 것이다.

아는 바와 같이 고로쿠와 고마히메는 남조의 양대 기둥이라 할 닛다와 구스노키의 혈통을 이어 가신에게 맡겨져 자란다는 경우까지 비슷하다. 이런 대조적인 설정 때문에 오즈 게소는 '조응'이라고 파악한 것이다. 그런데 설정 틀은 분명히 대조적이지만 양쪽이 교섭하지는 않는다. 바킨이 실제로 집필한 것은 제4집까지이고 그것만으로도 원고용지 900매를 넘을 만큼 장대한 분량이지만, 고로쿠와 고마히메는 두 개의 병행하는 서사의 중심인물 이상으로는 관계를 갖지 않았던 것이다. 하물며 게소가 비평을 시도한 제2집까지는 거의 고로쿠 중심의 서사로 고마히메는 그 말미에 겨우 등장한다. 이와 같은 등장 방식을 본 게소는 둘의 관계를 헤아려 '조응'이라고 평하고 자신의 혜안을 뽐냈을 것이다. 그런데 바킨은 고로쿠의 조리 경우와 같은 긴밀한 관계가 결여되기 때문에 오히려 그것은 '조대'라고 본 것이다.

4) 『신황정통기(神皇正統記)』: 6권으로 된 역사서. 기타바타케 오야후사(北畑親房) 저, 1339년 성립. 1343년 개정하여 고무라카미 천황(後村上天皇)에게 바쳤다. 독특한 신국론(神国論)에 입각하여 신대부터 당대에 이르기까지의 천황의 사적(事績), 역사의 추이를 서술하고 남조(南朝)의 정통성을 논한다.

그런 점에서 조응과 조대는 반드시 배타적인 개념이 아니라 오히려 공통 틀에서 관계성의 밀도 차이 혹은 관계성을 명시하는 소도구의 유무로 구별되어야 마땅할 것이다. 그렇게 본다면 바킨의 『협객전 4집 평답서(俠客伝四輯評答書)』(1835, 天保6)의 다음 말은 결코 앞의 경우와 모순되지 않는다.

> 그런데 또 조응은 율시에 대구를 취하는 것같이 이것과 그것과의 취향에 '대(對)'를 취하는 것이다. 예를 들면 본편 제1집에서 고로쿠가 꿈에서 아버지 요시다카의 수급을 훔치는 장면에는 반딧불이 어둔 밤을 비추는 대목이 나온다. 그리고 제3집 고마히메 복수 편에는 금각에서 반딧불놀이를 하는 이야기가 나와 있다. 즉 이것은 조응으로 이것과 그것이 대(對)'를 취하는 것이다. 혹은 이것을 정대(正對)라고 한다. 반딧불로 반딧불을 대하는 것은 그 때문이다.

고로쿠와 고마히메와의 대응성은 전체적으로는 '조대'이지만, 고로쿠의 조리를 통해서 조응에 상응하는 기능을 여기서는 반딧불이 담당하고 있다. 즉 한편으로는 반딧불이 어두운 밤을 비추어 고로쿠의 행동을 돕고, 다른 한편으로는 반딧불놀이 때문에 고마히메의 행동이 적의 편에 알려진다. 이와 같은 상반되는 기능이 부여되기 때문에 '조응'일 수 있는 것이다.

이런 취향적인 소도구를 빠뜨리는 것이 다음의 경우이다.

고로쿠가 후지시로 야스토모를 치러갈 때 하타고야노 메시로(客店目四郞)라는 부랑배가 수행하고 싶다고 탄원하였다. 이 남자는 원래 여인숙의 후계자로 품행이 좋지 않고 노름과 여색에 빠져서 정신을 못 차리고 있었는데, 노가미 아키노부의 은총을 받고는 회개하여 고로쿠의 복수에 가담한 것이다. 고로쿠의 후지시로 습격은 성공했지만, 메시로는 큰 상처를 입고 숨을 거두기 직전에 젊은 시절 하녀에게 낳은 아들과 우연히 만날 수가 있었다. 이 아들 지카키치가 고로쿠의 요시노행을 수행하고 짚신을 아키노부에게 전달하게 된다. 한편 고마히메의 경우 고레미쓰와 누이의 사이에 마타이치(復市)라는 자식이 있었지만 고마히메를 맡을 즈음에 야마토의 이와쿠라(石倉)라는 농가에 양자로 보내 버렸다. 고마히메는 혼자서 게다가 선술(仙術)을 사용하지 않고 아시카가 요시모치를 치려고 하지만 잇큐 소준(一休宗純)에게 계략을 간파당하여 체포당하고 만다. 고레미쓰는 아가씨가 실종한 것을 "학문에 울화병을 일으켜 광란하셨는가"라며 찾아다니던 중에 고마히메가 호송되는 것을 알고 이름을 대고 면회 허가를 청한다. 그런데 그 가마는 미끼였고, 고레미쓰는 경호하는 자에게 요시모치를 습격한 일당으로 의심을 받아 목숨이 위태로워진다. 이런 위기에서 구한 것이 양가(養家)에 있기 거북해져서 아시가루[5]가 된 친아들 마타이치였다. 그러나 부자의 재회도 잠깐 고레미쓰는 목숨을 건질 수 없다는 것을 깨닫고 망혼이 되어 고마히메를 지키려고 자해해 버린다. 그 부분에서 바킨은 다음과 같이 설명하고 있다.

> 이것을 메시로와 비교하면 그 종언은 아주 비슷하나 취향은 다르다. 그리고 그 충신(忠信)은 매우 훌륭하다. 이것을 다테 히데나오와 비교하면 지혜로는 고레미쓰가 히데나오에게 못 미친다. 무용(武勇)만큼은 히데나오를 능가한다. 우주 공간에서 조응이 없는 곳은 없다. (제3집 3권)

고레미쓰는 이미 마지막 숨을 거두기 직전이었다. 그럼에도 불구하

5) 아시가루(軽卒): 무가에서 평상시는 잡역에 종사하다가 전시에는 병졸이 되는 최하급의 무사.

고 서술자는 보지도 알지도 못하는 인물과 비교하는 장황한 설교를 시작하여 그동안 고레미쓰는 숨도 거두지 못하고 기다려야만 했을 것이다. 이것이 바킨의 문제라면 문제인데 그는 이러한 것에 신경을 쓸 겨를이 없었다. 그에게 '조대'는 소위 우주 그 자체의 기본 구조로 그 안에 '조응'이 포함된다. 이것을 좀 더 일반화해서 말하자면, 이 세상의 사건이나 인간은 그 자체가 단독으로 존재하는 것은 아니다. 반드시 동질적이고 유사한 사건이나 인간과의 대응관계 속에서 친화하거나 반발 또는 갈등하거나 한다. 이러한 관계와 작용에 의해서 각각의 사건이나 인간은 존재의 의미를 얻는 것이고, 이것을 고레미쓰가 숨을 거두기 전에 가르쳐 주는 것이야말로 작가의 친절이었던 것이다.

그런데 바킨은 그로부터 얼마 지나지 않아 『난소 사토미 핫켄덴』 제9집 「중질부언(中帙附言)」(1835)의 패사 7법칙에서 조응과 조대를 구별하여 설명하고 있다.

바킨의 7법칙이란 주객(主客)・복선(伏線)・친염(襯染)・조응(照應)・반대(反對)・성필(省筆)・은미(隱微)라는 일곱 종류의 서술법을 가리킨다. 이것은 나쓰메 소세키(夏目漱石)의 『문학론』이 나오기 전까지 가장 체계적인 소설 구성론이었지만 그 근저에 깔린 세계관은 극히 이질적이다. 뒤에서 이 시스템이 어떠한 관념으로 부정되었는지를 살펴볼 예정인데, 그때를 위해서 조금 장황해지기는 하지만 여기서 검토를 해 두기로 한다.

단, 설명의 순서는 바킨과는 다르게 지금까지의 맥락과 관련하여 우선 조응과 반대를 살펴보고, 다음에 복선과 친염, 그리고 주객, 성필, 은미를 검토하기로 한다.

> 그리고 조응은 조대라고도 한다. 예를 들면 율시에 대구가 있는 것처럼 그것과 이것을 서로 비추어 취향으로 '대(對)'를 이루는 것을 말한다. 그렇다면 조대는 중복과 비슷하지만 반드시 같지는 않다. 중복은 작가가 잘못해서 앞의 취향과 비슷한 것을 나중에 다시 나오게 하는 것을 말한다. 한편 조대는 일부러 앞의 취향으로 한 쌍을 만들어서 그것과 이것을 비교하는 것이다. 예를 들어 본전 제90회에 후나무시(船虫)・아바나이(媼内)가 소뿔로 살육당하는 장면은 제74회에서 호크에쓰(北越)의 스무 마을 연합으로 개최되는 투우 장면과 조대이다. 또 84회에서 이누카이 지하치[6]가 센주가와(千住河)에서 벌인 연락선(繋船)의 격투 장면은 제31회에서 이누즈카 시노[7]가 호류카쿠(芳流閣) 위에서 맞붙어 싸우는 장면과 반대이다. 이 반대는 조대와 비슷하지만 똑같지는 않다. 조대는 '소에는 소'라는 의미와 같다. 그 표현 대상은 똑같지만 그 사건은 같지 않다. 그런데 반대는 그 사람은 같아도 사건이 동일하지 않은 경우이다. 시노의 격투는 누각 위에서 벌어지고 누각 아래에는 연락선이 있다. 센주가와의 격투는 배 안에서 벌어지고 누각에서는 일어나지 않는다. 그리고 또 앞에는 지하치가 시노를 잡으려고 하고 그 뒤에 시노와 도세쓰(道節)가 지하치를 잡으려고 한다. 이처럼 상태와 광경이 매우 다르다. 그러므로 이것을 반대라고 한다. 사건은 이리저리 대립하면서 자연스럽게 '대(對)'를 이루는 것이다.

"조응은 조대라고도 한다"고 동일하게 말할 거라면 『협객전 2집 평답서』에서 열심히 그 차이를 설명한 것은 무엇인가 하는 의문을 피할 수 없다. 『협객전 4집 평답서』에서는 "이 조응으로 이것과 저것이 '대(對)'를 이루는 것이다. 또 이를 정대(正對)라고 한다"고도 말하고 있다. 이 '정대'가 발음에 가깝기 때문에 여기에서는 '조대'로 바꿔 놓았을지도 모른다. 바킨은 종종 발음이 가까운 두 개의 사물의

6) 이누카이 지하치(犬飼現八): 『사토미 핫켄덴』에 등장하는 8명의 사무라이 중 하나.

7) 이누즈카 시노(犬塚信乃): 『사토미 핫켄덴』에 등장하는 8명의 사무라이 중 하나.

기묘한 의미의 관련성을 발견하여 그것을 서사의 플롯을 구성하는 논리(logic)로 사용하기 때문이다.

이것은 바킨 연구자들이 지적하는 논리적 혼란의 원인이 되기도 하지만 지금 여기서 우리가 주목할 점은 '조응' 개념의 변화이다. 고로쿠의 짚신의 경우 한 켤레(한 쌍)의 한쪽이 죽음의 기호로 사용됨과 동시에 다른 한쪽이 삶의 기호로서 돌아온다는 일종의 복선적인 기능을 갖고 있었다. 그런데 『핫켄덴』에서의 소는 그렇지 않다. 독부후나무시를 뿔로 받아 죽인 소와 호쿠에쓰의 투우하는 소와는 "소는 소"라고 말할 수 있지만 동일한 소가 아닐뿐더러, 한쪽의 사건이 다른 한쪽 사건의 복선이 될 만한 플롯상의 관련은 없었다. 이누카이 겐하치가 이누즈카 시노를 체포하러 가는 것과 이누즈카 시노와 이누야마 도세쓰(犬山道節)가 이누카이 겐하치를 잡으려 하는 것 사이에도 고로쿠의 짚신 같이 직접적으로 복선과 관련이 있는 소도구는 개입하지 않는다. 그리고 바킨은 서로 잘 대조되는 두 개의 소 장면을 '조대'라고 부르고 '조응'과 동일한 법칙으로 삼았다. 그리고 이누카이 겐하치라는 동일인물이 어떤 때는 이누즈카 시노를 체포하러 가고 어떤 때는 이누즈카 시노에게 붙잡히는 경우를 '반대'라고 부르며 별도의 범주로 삼았다. 견해를 바꾸면 『핫켄덴』에서는 '조응'에서 복선이라는 통시적인 기능을 분리 혹은 상대적으로 그 비중을 줄인다고 할 수 있다. 그 대신 "이것과 그것을 서로 비추어 취향에 대(對)를 이루는" 조응과, "사건은 이리저리 대립하면서 자연스럽게 대(對)를 이루는" 반대, 즉 양쪽 다 공시적 혹은 계열상 대조적인 사항과 성질의 차이를 강조하게 되는 것이다.**[*원주2]**

단 여기서는 '대(對)'라기보다 포괄적인 틀 속의 분절화였던 것을 주의해 둘 필요가 있다. 더구나 '대(對)'라는 틀 자체는 '조응'이나 '반대'로 모두 해결되는 것은 아니다. 예를 들면 고로쿠는 후지시로를 치려고 미치광이로 가장하고, 한편 고마히메는 아시카가 요시모치를 치려는 행동이 하도 과격하여 보호자 눈에 "광란하셨는가"라고 비춰졌다. 여기에는 분명히 '대(對)' 의식에 의한 설정을 볼 수 있다. 그렇지만 이를 조응과 반대 그 어느 쪽으로도 보기 어렵다. "그 사물이 같은 것"이라고도 하기 어렵고 "그 인물이 같은 것"이라고도 말하기 어렵기 때문이다.『협객전』처럼 두 개가 병행하는 줄거리를 갖는 텍스트에서는 '대(對)'적인 설정에 의지하지 않을 수 없다. 그만큼 '중복'을 범할 위험이 많기 때문에『협객전 4집 평답서』에서는 일부러 '중복'을 법칙의 하나로 꼽은 뒤에 바람직하지 않은 방법으로 배척하고 있다.『핫켄덴』의 일곱 법칙에서는 처음부터 '중복'을 제외해 버리고 그 분량만큼 '대(對)'적인 방식의 정비를 꾀했던 것이다.

한편 '복선'과 '친염'[8]이란 플롯상의 통시적인 개념이라고 볼 수 있다.

> 그런데 복선과 친염은 비슷한 것처럼 보이면서도 같지는 않다. 소위 복선은 뒤에서 꼭 나타날 취향을 수회 이전에 살짝 드러내는 것이다. 한편 '친염'은 이야기의 토대를 위하여 사전에 설명을 해 두는 것이다. 이것은 뒤에서 대단원의 취지의 묘를 살리기 위하여 수회 전부터 그 일의 기본 내력을 사전 준비해 두는 것이다. 김서(金瑞)가『수호전(水滸傳)』의 평주에서 선염(縇染)이라고 말한 바 있는데, 즉 친염과 같은 뜻이다. 공히 예정 서술이라고 해야 할 것이다.

뇨센 구로히메(女仙九六姬)는 "遭一必敗會六有歡 垣衣黏石盈虧復安"이라는 수수께끼 같은 네 자 한 쌍으로 된 두 구(句)를 고마히

8) 친염(襯染): 소설 등에서 나중에 서술하는 중요한 부분을 위하여 그 내력이나 기인하는 바를 미리 써 두는 것.

메에게 남기고 사라진다. 후에 고마히메는 "조일필패(遭一必敗)"는 잇큐 소준에게 계략을 간파당한 것, "원의점석(垣衣黏石)"은 가키키누(垣衣, 고로쿠가 오누이로 자란 시노부의 다른 이름)가 이와쿠라 후쿠이치(石倉復一)와 맺어질 예고 즉 복선이었던 것을 깨닫는다.[9] 그렇지만 '회육유환(會六有歡)'은 아직 분명치 않다. 그러나 그것이 고로쿠와 맺어질 예고라는 것은 독자의 눈에는 금세 명백해졌을 것이다.[10] 그 점을 바킨은 "살짝 드러내는 것"이라고 말한 것이고, 확실히 그 네 자 한 쌍의 말은 뒤의 전개와 상호 호응하고 있지만, '조응'이나 '반대'처럼 '대(對)'의 사물에 의한 호응과는 다른 것이다.

다른 한편 '친염(襯染)'에 관해 바킨은『협객전』제4집의 말미에서 "작가가 말하길 고마히메와 고로쿠의 해후에 관한 예정 내용은 보는 자가 기뻐할 만한 본전(本傳) 제일의 볼거리일 것이다. (중략) 아직 거기까지 가지 않고 잠시 붓을 멈추는 것이 유감이다. 게다가 이 4집에 실린 대부분은 5집을 위한 준비 서술이다. 나중에 다음 집이 발행되면 상세한 것을 알 수 있다"고 언급하고 있다. 즉 제4집까지 장황하게 말해 온 것은 고마히메와 고로쿠가 만나는 대단원을 위한 사전 준비밖에는 안 되는 것이다. 얼마나 장대한 서사를 구상하고 있었는지를 알 수 있지만 어쨌든 이것은 '친염'의 일례였다고 할 수 있을 것이다. '친염'이란 뒤의 대단원을 위해서 "기본 내력을 사전 준비해 두는" 것이기 때문이다. 그리고 이것과 복선과의 관계도 또한 결코 서로 배제되는 양자택일적인 것이 아니라 모두 인과인연(因果因緣)이라는 포괄적인 관념 속에서 분절화된 서술 방식이다.

바킨은 서사란 이같이 복선과 '친염'이라는 인과인연의 종적 계열

9) 가키키누(원의=垣衣)가 시노부의 이름이고, 그 맺어지는 상대 이름인 이와쿠라 후쿠이치의 이름에 석(石) 자가 들어 있음을 말한다.
10) 고로쿠의 이름에 육(六)자가 있음에 주의할 것.

과, 조응과 반대라는 횡적인 계열로 구성되는 직물(texture)인 것이다. '대(對)'적 사고법을 바킨은 아마도 중국 문헌에서 배웠겠지만 이 같은 텍스트의 구성법은 그의 아이디어였다고 할 수 있을 것이다.

> 그리고 성필(省筆)은 늘어지는 이야기를 뒤에서 더 늘려서 말하지 않도록 반드시 해야 할 이야기를 대화에서 들려주는 식으로 문장을 생략하거나 혹은 지문을 사용하지 않고 등장인물의 입을 통해서 알게 해준다. 작가가 붓을 생략하기 때문에 독자도 지루하지 않다. 또 은미(隱微)는 작가의 문외(文外)에 심의(深意)가 있어 백년 뒤에 깨달음을 얻도록 하는 것이다. (중략) 은미는 깨닫기 어렵지만 7법칙조차 모르고 쓰는 사람도 있다. 부족하지만 본전에는 그 법칙에 배우는 바가 많다.

우선 '은미'에 관해서 보면 이제까지의 바킨 연구자 사이에서는 작품의 주제라고 하는 해석이 일반적인데, 그렇다면 "작가의 문외에 심의"라고 하지 않고 '작가의 주의(主意)'라고 해야 하지 않았을까. 따라서 여기서는 서사 전체를 통해 암시되는 우주의 진의(眞意) 혹은 역사 그 자체의 반복주제(反復主題, write motive)의 의미였다고 여겨진다.

우선『협객전』이라는 미완의 서사에서 그 주제를 알아보자. 그것은 고로쿠와 고마히메와의 혼인이라는 대단원에 의한 반(反) 아시카가(足利) 또는 반 북조(北朝) 세력의 결집이라는 소위 소실된 역사의 가능성을 재구축한다고 볼 수 있다.

아시카가가 추대하는 북조 편만이 세력을 뻗는 결과가 된 것은 닛타 요시사다와 구스노키 마사시게와의 공조 체제가 충분하지 않았기 때문이기도 하지만, 고다이고 천황 자신에게도 책임이 없었던 것은 아니다. "처음에는 고다이고 천황께서도 대단히 현명하시어, 덕을 닦고 정치를 즐거이 여기셨다. 만민의 마음을 얻으시고 (중략)

호조 다카도키를 멸망시키실 때까지는 성덕의 임금이셨다. 유배 후 환궁한 뒤에는 교만해지셔서 추나곤[11] 후지후사(藤房)의 충언을 거절하고 간언을 우선하셨다. 다키우지(高氏)와 나오요시(直義)를 총애하여 공에 과분한 상을 내려 호랑이에게 날개를 달아준 격이 되었다." "게다가 성함인 '다카하루(尊治)의 한 글자를 다카우지에게 하사하여 다카우지(尊氏)로 칭하게 하셔서 크게 은혜를 베푸셨다." 명분을 중시하는 바킨 입장에서 보면 고다이고 천황이 실명인 '다카하루(尊治)'의 한 자를 다카우지(高氏)에게 수여하여 다카우지(尊氏)라고 칭하게 한 처사는 마땅치 않았다. 왜냐하면 이름의 한 자를 준다는 것은 자신의 양자로 대우하는 것을 의미하기 때문이고, 결국 그 때문에 다카우지를 치는 것을 주저하는 실수를 범해 버렸다. 그 잘못을 바로잡아 아시카가 일문의 횡포를 누르고 남북 양 혈통의 교체라는 질서의 회복을 위해서는 닛타와 구스노키가 긴밀하게 맺어지는 것 이외에는 도리가 없다. 이러한 형태로 바킨은 역사의 소실된 가능성을 서사화하려고 한 것이다. 이처럼 비록 천황이라 할지라도 명분론에 근거해서 그 행위의 시비선악(是非善惡)을 명언하는 점에 바킨은 소설패사의 의의를 두고 있었던 것이다. 바킨의『협객전』역시 중앙권력에 대한 총반란 서사이지만, 그럼에도 불구하고 그가 다케베 아야타리(建部綾足)의『본조수호전』을 용인할 수 없었던 것은 아야타리가 명분론에 근거한 선악의 기준을 잃고 있었기 때문이었음에 틀림없다.

이것이 서사 내용에 입각해서 읽을 수 있는『협객전』의 주제라고 한다면 이 작품에서 고로쿠의 꿈에 나타난 구로히메의 다음 말은 은미(隱微)를 암시하는 것이라고 할 수 있겠다.

11) 추나곤(中納言): 천황을 보좌하던 관직명.

앞으로의 의혹을 풀기 위해서 윤회의 도리를 나타내자. 처음부터 고다이고 천황의 전생에 대해서 말씀드리면 바로 덴무 천황(天武天皇)의 환생이시다. 또 북조(北朝)의 고묘 천황(光明帝)은 당시 덴무 천황과 왕위를 다투다 멸망한 오토모 천황(大友天皇)의 환생이다. 전세의 인과 때문인지 처음 고다이고 천황은 호조 다카도키의 도움으로 즉위하신 고곤 천황(光厳帝)을 밀어내서 건무(建武)의 중흥을 꾀했지만 머지않아 다카우지의 포학 때문에 세상이 혼란했다. 다카우지는 고곤 천황의 남동생인 고묘 천황(光明帝)를 내세워 무력을 도읍지에 행사하기에 이르러 마침내 고다이고 천황께서는 요시노(吉野)로 잠행하셔서 남북조로 갈라졌다.

에도 시대 서사 작가 예를 들면 쓰가 데쇼(都賀庭鐘)는 『고금기담 영초지(古今奇談 英草紙)』(1749)에서 닛타 요시사다가 사실은 미나모토노 요시쓰네(源義経)의 환생이라는 견해를 제시한다. 조금 더 자세히 소개하면 겐지(源氏) 일파와 헤이케(平家) 일파의 패권 투쟁 시 단노우라(壇の浦) 해전[12]에서 파도에 침몰된 어린 안토쿠 천황(安徳天皇)은 쓰가 데쇼가 보는 바에 의하면, 아노 긴카도(阿野公廉)의 딸 가도코(廉子)로 환생하여 황제의 총애를 받아 남조의 황후가 되었다. 그에 대해 안토쿠 천황의 조모 니이노아마[13]는 안토쿠 천황을 껴안고 바다 속으로 투신한 죄로 사이온지 사네카누(西園寺實兼)의 딸로 환생하여 전례에 따라 입궐하였지만 가도코에게 황제의 총애를 빼앗겨 쓸쓸히 궁궐 깊숙이 묻혀 지내야만 했다. 미나모토노 요시쓰네는 다이라 씨를 쳐서 황제의 마음을 편안하게 한 공적으로 닛타

12) 단노우라(壇の浦) 해전: 헤이안 시대 후기 1185년 3월에 현재의 야마구치 현(山口県) 시모노세키 시(下関市)에서 벌어진 rps지 일파와 헤이케 가문의 최후의 결전.

13) 니이노아마(二位の尼): 헤이케(平家) 측 우두머리 다이라노 기요모리(平清盛)의 처.

요시사다로 환생하여 아시카가 다카우지와 함께 가마쿠라의 호조씨(北條氏)를 멸망시키고 천하를 이분하는 세력을 얻었지만 끝마무리를 잘 하지 못했다. 이것은 전생 즉 요시쓰네 시대에 불의를 행한 행적이 있어 공덕을 손상시켰기 때문이다. 다른 한편 미나모토노 노리요리(源範頼)는 헤이케 추격의 총지휘자로서의 공적으로 구스노키 마사시게(楠正成)로 환생하여, 한때는 닛타・아시카가와 3대 세력을 형성했으나 결국은 자신의 작전이 채택되지 않자 스스로 전사를 선택했다. 이는 전생에 동생 요시쓰네를 질투하여 요시쓰네의 군 전략을 방해하는 행동이 있었기 때문이다. 그러면 겐지 측 무장 중에서 '무문이도(武文二道)의 군자, 공은 있고 죄는 없다'고 할 수 있는 인물이라고 하면 그것은 하다케야마 시게타다(畠山重忠)를 들 수 있는데 그가 아시카가 다카우지로 환생하여 천하를 통일하게 되었다. 이처럼 데쇼는『헤이케 모노가타리』의 인물군과『태평기(太平記)』의 인물군과를 대조하여 전자의 공죄(功罪)가 후자에 의해 보답된다고 하는 견해를 보였다. 에도 시대의 서사 작가는 이러한 견해의 취향을 즐겨 사용했다. 거기에 그들 나름대로의 역사상의 인물에 대한 평가를 나타냈을 것이다.

바킨도 앞의 인용에서 마찬가지 취향을 사용한 것이지만, 지금 주목하고 싶은 것은 '진신의 난'[14]과 '겐무의 중흥'[15]을 대조시킨 이 견해가 플롯 면에는 기능하지 않는 점이다. 고로쿠와 고마히메의

14) 진신의 난(壬申の乱): 672년 임신년, 덴치 천황(天智天皇)의 아들 오토모 왕자(大友皇子)와 덴치 천황의 동생 오아마 왕자(大海人皇子) 사이에 일어난 황위 계승 다툼. 오토모 왕자는 자살하고 오아마 왕자가 이듬해 즉위해서 덴무 천황(天武天皇)이 되어 이후 다이카(大化)의 혁신이 강력하게 추진되었다.

15) 겐무의 중흥(建武中興): 고다이고 천황(後醍醐天皇)이 1333년 6월 가마쿠라 막부(鎌倉幕府)를 토벌하고 천황이 직접 통치하는 복고적 정권을 수립한 것을 말한다. 무사 계급의 불만을 해소시키지 못하고 결국 2년 여 뒤 아시카가 다카우지(足利尊氏)가 반란을 일으킴으로써 남북조의 내란이 시작된다.

행동 모티브는 여전히 구로히메의 계시와는 관계가 없었고, 그 이외의 인물은 그런 일이 있는 것조차 꿈에도 모르고 행동하고 있었다. 오에(應永, 1394. 7. 5~1428. 4 27) 시대라는 역사의 한 시기로 설정된 서사 내부의 인간이 '진신의 난'이라는 또 하나의 역사적 사건과 윤회관계를 발견하는 시점은 나오지 않았다. 이것은 어디까지나 외부로부터의 해석에 불과했던 것이다.

단 '진신의 난'과 '겐무의 중흥'이란 역사적으로는 통시적인 관계에 있으면서 다른 한편 윤회전생의 관념을 매개로 『협객전 2집 평답서』에서 말하는 '조대(照對)'를 이루고 있다. '조응'이나 '반대'에서 '대(對)'가 되는 두 사상(事象)은 서로 한편이 다른 한편의 변주(variation) 관계에 놓여 있는데 이 경우는 수백 년을 사이에 둔 두 정치사건이 서로 다른 한쪽의 변주로 서로 호응하는 것이다. 상식적으로는 '진신의 난'이라는 원전 이야기가 있어서 '겐무의 중흥'이라는 이문(異文, variant)을 파생시킨 것처럼 볼 수 있지만, 실은 후자로부터 전자의 의미가 발견된 것이었다. 두 사건을 포개어 놓고 거기서 보인 구도를 따라서 고다이고 천황과 덴무 천황을 동일화(identify)시켜 보면 "그 사람은 동일하지만, 그 사실은 동일하지 않다"고까지 말할 수 있을 것이다. "전생에 덴무 천황이 요시노 궁에서 몰래 빠져 나와 오토모(大友)를 쳐서 멸하셨다. 윤회에 따라서 이승에서는 고다이고 천황으로 환생하셔서 바로 그 오토모의 후신인 고묘 천황으로 인하여 이 세상에서 웅지를 펴지 못하고 요시노 궁에 피는 안개 속에 울분을 달래지 못하고 마침내 붕어하셨다."

이처럼 은미(隱微)는 어떤 시대 설정 속에서 연이어 일어나는 구체적인 사건의 인과 관계를 초월한 다른 시대, 별개의 세계와의 합치라고 해야 할 인과율인 것이다. 작중인물에게는 실로 초월적인 운명이 아닐 수 없고, 그러므로 이것을 알리는 것은 초자연적인 신령이 아니면 안 되었다.[*원주3] 『친세쓰 유미하리즈키』에서 그에 해당하는 존재는 아마테라스 스메오온카미(天照皇太神)라고 추측되는 이인(異人)이었다. 『핫켄덴』에서는 예언자가 "이렇게 말하면 천기를 누설할 우려가 있다"고 짐짓 빼면서도 필요한 사항만큼은 정확하게 발설해 나갔다. 후세히메(伏姫)가 죽은 후는 그녀의 영혼이 예언자를 대신해서 데우스・엑스・매키너(deus・ex・machina) 역까지도 한다. 그리고 『협객전』에서는 구로히메가 소위 일본 왕조의 숙명을 윤회적으로 재생산한다는 형태로 작가의 견해를 대변하고 있었던 것이다.

그에 비해 '성필(省筆)'은 아주 단순한 기법으로 보인다. 단 『4집 평답서』에서 제시한 '중복'을 없애고 대신 '성필'을 넣은 것은 그만큼 바킨이 서술의 경제성(economy)을 자각했다는 증거일 것이다. 그는 『협객전』에서 자주 귀동냥의 방법을 사용하고 있다. 그런데 '지문(地文)'에서 한 번 말한 것을 또 한 번 작중인물에게 반복시킴으로써 독자를 지루하게 한 것이다. 그에 대한 반성이 『핫켄덴』의 패사 7법칙에서 '중복'을 비판하게끔 했을지도 모른다. 아무튼 이 '성필'의 법칙화는 어떻게 중복을 막는가 하는 문제의식을 모티브로 삼고 있었던 것이다.

이제 남는 것은 '주객(主客)'이다.

> 주객은 요전에 나온 노가쿠(能樂)에서 말하는 시테(シテ)・와키(ワキ)[16]와 같다. 그 책의 일부의 주객이 있고 또는 매 회마다 주객이 있다. 객도 또 주가 되지 않을 수 없다. 예컨대 장기의 기마와 같다. 적의 말을 잡을 때에는 그 말을 가지고 저쪽을 공격하고, 내 말을 잃으면 내 말로 괴로움을 당한다.[17] 변화무쌍한 것이 끝없다. 이것이

16) 시테(シテ)・와키(ワキ): 시테는 노(能)에서 주인공 역, 와키는 시테의 상대 역.
17) 일본 장기는 우리 장기와 달리 상대편의 말을 잡아 이용할 수 있다.

주객의 대략이다.

이 경우의 '일부'는 자초지종이라는 표현과 같은 의미이고, '전편(全篇)'이라는 정도의 의미다. 그의 설명에 의하면 그가 말하는 '주(主)'는 현재의 주인공과는 꽤 다른 관념이었다는 것을 알 수 있을 것이다. 이 견해에 따르면 『협객전』의 '주'는 고로쿠와 고마히메이고, 그 '객(客)'은 후지시로 야스토모와 아시카가 일족의 무장들인 셈이다.

그런데 위와 같은 '주객(主客)'은 제 30회부터 31회에 걸쳐서는 전혀 등장하지 않는다. 대신 중심적으로 서술된 것은 니지로(荷二郎)와 나가후사(長總)로 "매 회마다 주객이 있다"고 일컬어진 배경일 터인데 그들은 고로쿠나 고마히메의 '객'이라고도 할 수 없을 만큼의 단역인 소악당들에 불과하다. 유후바리 니지로(木綿張荷二郎)는 원래 고로쿠의 처제 시노부(信夫)를 유괴 공갈하고 엔슈(遠州)로 흘러들어 왔다가 다른 악행이 드러나서 감옥에 잡혀 있었다. 나가후사는 후지시로 야스토모의 아내이면서 젊은 무사 쓰마카사 사요지로(衿笠小夜二郎)와 불의를 범했다. 야스토모가 죽은 후 사요지로와 교토로 도망치려고 했지만 니지로의 악행에 말려들어 역시 감옥에 갇혔다. 이 두 사람은 공모하여 간수 즈쿠로쿠(木兎六)를 죽이고 탈옥 후 곧 히자마쓰(膝松)와 오조메(鈍梅) 부부도 죽여 버린다. 바킨은 『협객전 4집 평답서』에서 "예를 들면 본집 제31회의 니지로, 나가후사는 주이고 즈쿠로쿠 및 히자마쓰, 오조메는 객이다"라고 말했다. 그런데 그 3명의 '객'은 제31회가 시작되자마자 홀연 모습이 사라져 버린 것이다. 그런 의미에서 이들 '객'은 '주'의 상대역이라고조차도 할 수 없는 단역 중의 단역에 지나지 않았다.

이렇게 보면 "일부의 주객"이라고 부를 수 있는 인물은 분명히 메인 스토리를 짊어진 주인공이라고 할 수 있지만, 더욱 미시적으로

"매 회마다의 주객"이라는 경우는 그 장면의 초점 인물을 가리킨다. 즈쿠로쿠나 오조메 등의 활약은 매우 미미할지라도 적어도 살인이라는 극적인 장면의 중요한 구성 요소이기 때문에 '객'으로 취급된 것이다.

니지로는 나중에 이카즈치 라이구로(五十槌雷九郎)라는 치하야(千劍破) 마을의 향사(鄕士)를 가장한 도적의 부하가 된다. 라이구로는 고마히메에게 위해를 끼치려고 아시카가 측과 한패가 되나 니지로도 그 음모에 가담하게 되어 버린다. 그 프로세스를 통해 메인 스토리에 끼어들게 되는데, 『협객전』을 제5집부터 이어서 쓴 하기와라 히로미치(萩原廣道)는 바킨이 니지로를 등장시킨 이유를 납득하기 힘들었던 듯하다. 그래서 히로미치는 니지로가 갑자기 죄를 뉘우쳐 가키키누의 복수를 돕는다는 스토리를 만들었다. 그 점에 관해서 히로미치는 「부언」에서 이렇게 설명하고 있다.

> 생각하건대 전(前) 작가의 생각과는 다른지도 모르겠지만. 후집의 우매한 견해는 하타고야노 메시로를 조대라고 판단한다. (중략) 모든 이 책은 처음부터 닛타(新田)와 구스노키(楠木)를 상대로 한 서술법으로 되어있다. 고로쿠와 고마히메를 일부의 주인공으로서 대하는 데에 있어서 서로에게 조대이다. (중략) 지금 또 이에 비견하여 메시로에게 니지로를 대립시킨다.

이처럼 그는 가능한 한 바킨의 소설 작법에 입각한 읽기를 지향하여 그것에 근거한 발견으로써 니지로를 메시로의 '조대'라고 이해했다. 메시로는 노가미 아키노부의 은의에 감동하여 고로쿠의 조력자가 되었지만, 그것과 같은 회심이 니지로에게도 찾아온다고 해석한 것이다. 바꾸어 말하면 니지로와 같은 단역일지라도 아니 오히려 단역이기 때문에 이 같은 '조대' 역할을 하는 것 이외에 등장 이유가 없었을 터라고 히로미치는 판단했을 것이다. '조대'가 『협객전 2집 평답서』에서의 의미로 사용되고 있는 것은 말할 필요도 없다.

결국 가장 쉬워 보이던 '주객'이 가장 까다로운 개념이었다는 것을 알 수 있는데 히로미치의 계승 방식은 하나의 힌트를 부여해 준다. "일부의 주객"은 당연히 전편의 메인 스토리의 요점이지만, 그러나 '조응'이나 '반대'라는 취향의 작용에서 벗어날 수는 없어서 때로는 주객의 입장이 바뀔 수도 있다. 하물며 '매 회마다의 주객'이 조연인 경우 중요치 않은 서브 스토리라고 보이는 삽화 속에 등장하여 같은 입장의 조연과 '조응'이나 '반대' 역할을 수행함으로써 메인 스토리에 관계할 수 있는 것이다. 바킨의 "예컨대 장기의 기마와 같다"는 비유를 빌리자면 히로미치가 해석했듯이, 예를 들면 니지로는 "적의 말을 잡을 때에는 그 말을 가지고 저쪽을 공격하"는 것처럼 극적인 회심이나 변모를 겪으면서 "일부의 주객" 드라마에 참가할 수 있는 것이다. "또 매 회마다 주객이 있다. 객도 또 주가 되지 않을 수 없다"고 하는 전환은 그러한 인간이 등장하는 의미를 획득하는 장치였다고 해야 할 것이다.

이상과 같이 바킨의 패사 7법칙은 극히 조직적이어서 메이지 시대까지도 규범성을 지니고 있었다. 야노 류케의 『경국미담』 전편(1883)은 각 회마다 당시의 대표적인 문인 세 사람, 구리모토 조운[18], 나루시마 류호쿠[19], 후지타 메카쿠[20]에 대해 비평(1884년의 후편에서는

18) 구리모토 조운(栗本鋤雲, 1822~1897): 신문기자. 저서로는 호안 유고(匏菴遺稿)가 있다.

19) 나루시마 류호쿠(成島柳北, 1837~1884): 신문기자·한시인. 1877년 『화월신지(花月新誌)』를 창간, 한문희작체로 문명개화를 풍자하였다. 저서로는 『류쿄 신지(柳橋新誌)』 등이 있다.

20) 후지타 메카쿠(藤田鳴鶴, 1852~1892): 신문기자. 국회개설·자유민권의 논진을 편 것으로 명성이 높다.

나루시마 류호쿠 대신 요다 갓카이[21]가 등장함)을 하는 흥미로운 구성을 보이는데, 메카쿠의 평은 명백히 바킨의 7법칙에 의거한다. 모리 오가이(森鷗外)의 『무희(舞姫)』(1890)를 둘러싸고 이시바시 닌게쓰(石橋忍月)와 오가이가 논쟁을 벌였을 때도 그 관념은 살아 있었던 것이다. 그와 같은 소설 창작론을 19세기 후반의 영어권에서의 소설론과 총체적으로 비교할 때는 그 이념이 다르기 때문에 신중하게 다루어야 할 것이다. 그러므로 우선 시스템의 정합성이나 이론 수준만을 비교한다면, 제1장에서 언급한 월터 베잔트와 다음 장에서 다룰 조지 루이스의 소설 창작론보다도 고도의 이론 수준을 지녔다 해도 과언이 아니다.

그런데 쓰보우치 쇼요는 이 소설 창작론을 거의 아무 쓸모도 없는 것으로 치부하였던 것이다. 바킨의 이론을 멀리한 쇼요 이론의 포인트는 본 장의 처음에 소개했듯이 맥락통철(脈絡通徹)이라는 원칙과 그 기능 개념으로서 파악되는 주인공이라는 관념이었다. 그러나 그뿐만이 아니라 바킨처럼 법칙을 세우는 것 자체에 대한 의문이 작용하고 있었던 것 같다.

> 필요 이상으로 법칙에만 구애받아서 마치 목수가 측량 도구를 사용하는 것처럼 억지로 의미를 굽혀 붓을 교정해서 각색의 구색을 맞추려 하면 세상의 인정과 풍속을 제대로 그려 낼 수가 없다. 만약 다행히 상황을 구석구석까지 나타낼 수 있다고 해도 전편에 생동의 멋이 없고 굉장히 재미가 없게 된다. (「소설법칙 총론」)

이는 월터 베잔트를 비판한 헨리 제임스의 의견과 아주 비슷했다고

21) 요다 갓카이(依田学海, 1833~1909): 한학자 · 극작가. 가부키(歌舞伎)와 연극 개량 운동의 지휘자로 활약하였다.

할 수 있겠다. 바킨도 인정이나 풍속을 소설패사의 중요한 조건이라고 생각하고 있었다. 쇼요는 그것을 "그려 낸다"라는 방법의 관점에서 법칙의 경직성에 의문을 제출한 것으로 이 점에서도 인생의 재현을 주장한 헨리 제임스의 입장에 극히 가까웠다고 할 수 있다.

그가 이와 같은 입장에서 특히 심하게 비판한 것은 조응과 반대, 그리고 은미에 있어서였다. 조응과 반대란 그에 의하면 "기교를 지나치게 추구하는 것" 즉 제멋대로 기교로 새어 나갈 위험이 있고 "그렇게 지루하게 신기함을 추구한다면 그 본존의 인생세태를 왜곡시키는" 결과로 되기 쉽다. 또 은미에 대해서 말하면 "표면의 의미 이외에 은미의 심의를 구의하는 것은 (우의소설이 아닌 다음에야) 작가가 제멋대로의 즐거움을 추구하는 이른바 도락이라는 것"에 불과한 것이다. 그에 반해서 복선과 친염에 관해서는 막무가내로 부정적이지만은 않았다. 왜냐하면 이 두 개의 법칙은 맥락통철(脈絡通徹)을 "해부하는" 것으로, 따라서 "맥락통철이라는 대원칙의 부분"으로 간주해야 마땅하기 때문이다. 단 이것을 역으로 말하자면 맥락통철만 잃지 않도록 유의하면 되는데 일부러 복선이니 친염이니 해서 "말할 필요 없는 원칙"인 것이다.

바킨에게 이것은 매우 입장이 난처한 비판이 아닐 수 없다. 그런데 쇼요는 한 걸음 나아가서 일침을 가한다. 그는 7법칙을 원리적인 사고가 결여된 세칙의 열거라고 보았다.

> 대체적으로 옛날의 동양 학자들은 그 박식함이 뛰어났지만 사물의 도리를 총괄해서 명명하는 방법을 몰랐기 때문에 이 부분의 성질을 하나하나 따와서는 각각 그 이름을 붙였다. (「각색의 법칙」)

그가 "옛날의 동양 학자"라고 한 것은 바킨만이 아니라 그 배후에

『수호전』의 평주(評注)를 시도한 중국의 김서(金瑞)의 존재를 염두에 두었기 때문이다. 쇼요가 배운 19세기의 서양적 사고법은 우선 제1원칙(principle)을 확정하고 거기서부터 부분 법칙을 명백히 하는 수순에 충실했다. 이러한 시점에서 일본이나 중국의 사고법을 바라보면 조직화의 기본원리를 지니지 못한 채 여러 법칙들이 불규칙하게 나열된 것으로 밖에 보이지 않는다. 쇼요는 이와 같은 서양적 사고법을 바탕에 두고 유럽의 문명개화(civilization)와 동양의 반개(half-civilized)라는 도식을 적용해서 위와 같은 단안을 내린 것이다. 그런 의미에서 이 소설 7법칙에 대한 비판은 쇼요가 노골적으로 당시의 문명개화 이데올로기에 동일화(identify)를 시도하는 부분으로 읽을 수 있다. 이와 같은 입장에서는 조응이라든가 반대라든가 하는 소설 법칙은 "문장을 주안점으로 삼는 중국 작가의 규율이지 우리 소설가가 지켜야 할 법도는 아니"라는 것이 된다.

그렇지만 쇼요 역시 「각색의 법칙」이라는 장을 설정한 이상 그 자신의 법칙을 제시하지 않을 수 없다. 이 경우 그는 교묘하게도 바킨처럼 적극적인 실천 항목을 들지 않고 피해야만 될 금지 항목을 제시하는 방식을 취하였다. 그가 소설가의 "꺼려야 할 병"으로 든 부정적인 법칙은 다음 11항목이었다. "(제1)황당무계(荒唐無稽)", "(제2)취향일철(趣向一轍)", "(제3)중복(重複)", "(제4)비야외설(鄙野猥褻)", "(제5)호증편파(好憎偏頗)", "(제6)특별보호(特別保護)", "(제7)모순당착(矛盾撞着)", "(제8)학식과시(學識誇示)", "(제9)영연장체(永延長滯)", "(제10)시취결핍(詩趣缺乏)", "(제11)인물이 자주 긴 이력을 이야기하는 것"

그렇다면 쇼요는 어떤 원리에 입각해서 이 열한 가지 항목을 들은 것인가? 이렇게 묻는 것은 결국 그가 바킨에게 잡은 트집을 고스란히 되돌려주는 결과를 낳는다. 이 열한 가지 항목의 실질적인 내용은 바킨의 법칙이나 작품을 비판적 토대로 삼아 일부는 바킨의 의견을 답습하고 또 일부는 바킨의 병폐를 지적하는 내용에 불과했기 때문이다. 취향일철이나 중복을 피해야 한다고 하는 것은 이미 바킨이 말한 내용이다. 황당무계나 호증편파나 특별보호는 작중인물에 대한 서술자의 도의적 판단이나 호오(好惡)의 감정이 너무 노골적이거나, 주인공을 위해 편의적인 플롯을 짜는 것을 지칭하는 것으로 쇼요가 바킨 작품에서 찾아낸 결점이었다. 해설조의 현학적인 강담은 서사가 가지각색의 정보 기능과 교육 기능을 지녀야 했던 시대의 불가결한 요소이고 즐거움이기도 했었지만, 쇼요는 들어주기 힘든 바킨의 '학식 과시'로 읽었다. 그리고 열한 번째의 "인물이 자주 긴 이력을 이야기하는 것"에 이르러서 바킨이 '성필'에서 든 '귀동냥'의 방법에 의존하면서 단지 이것이 유효한 것은 장편소설이라도 기껏해야 1, 2회이고, 그 이상 반복하면 독자를 싫증나게 한다고 지적했음에 불과하다.

다만 이상 11항목의 배후에 굳이 쇼요의 원리를 추구한다면 그것은 맥락통철에 대한 '취향의 잡박(雜駁)'의 요구였다고 할 수 있을 것이다. 「주인공의 설치」 장에서 그는 말한다.

> 특히 소설의 각색뿐만이 아니라 대체로 미묘한 기술이 있어서 각색의 통일과 취향의 잡박 등을 필요로 한다.

에도 시대의 서사 작가는 취향을 중시하고 필자도 지금까지 이 말을 아무렇지도 않게 사용하였다. 지금 새삼스럽게 설명한다면 그들이 자주 사용한 취향은 예를 들면 『헤이케 모노가타리』나 『태평기』나 『주신구라(忠臣蔵)』 등에서처럼 세인들이 주지하는 서사 세계를 기본적인 틀로 삼아서 그것을 의외의 각도에서 새롭게 발견하는 서사를 만드는 것으로, 그로 인하여 세상 사람들이 잘 아는 서사 세계에 새로운 생명을 부여하려고 하는 것이다. 세인들이 주지하는 이러한 서사를 '세계'라고 부른다. 앞에서 소개한 쓰가 데쇼의 『하나부사소시(英草紙)』는 『헤이케 모노가타리』와 『태평기』라는 두 개의 '세계'를 인과응보의 논리로 포개어 제시하는 취향이었던 것이다. 앞 장에서 나는 『전전태평기』나 『오미 현 모노가타리(近江県物語)』가 고양이를 소도구로 사용하여 고양이가 발아래에서 달려 나오는 순간 발 안쪽의 정경을 살짝 엿보는 취향을 사용하고 있다고 지적했다. 이는 『겐지 모노가타리』라는 '세계'를 환기시켜 주는 취향이었다고 할 수 있겠다. 에도 시대 서사의 생산 양식을 '세계와 취향'이라고 부르는 것은 이 때문이다. 이러한 생산 양식에서 본다면 복잡한 취향을 잘 배합하는 것은 오히려 작가의 의무였다. 바킨도 또한 그것을 중시한 작가이고, 이제까지 소개한 『협객전』에서 한 가지 예를 들자면 오조메와 히자마쓰라는 서민 부부를 등장시키고 있다. 이것은 지카마쓰 한지(近松半二)의 『신판 우타자이몬(新版歌祭文)』(1780)을 시초로 해서 에도 시대 서민에게 친숙한 오조메와 히자마쓰 서사의 우의(寓意)였다. 바킨은 그러한 세세한 점까지 독자에 대한 서비스를 배려하였던 것이다. 에도 시대 말의 기뵤시(黃表紙)에 이르러서는 복수의 '세계'를 배경으로 취향에 지나치게 빠졌기 때문에 '각색의 통일'이 제멋대로였고, 그 결과 볼 줄 아는 사람밖에는 알 수 없는 수수께끼처럼 되어 버렸다.

쇼요는 그와 같은 주변 사정을 충분히 알고 있었으면서도 굳이 '취향의 잡박'을 '미묘한 기술'의 조건으로 내건 것은 위와는 다른 관념을 축으로 발상을 하였기 때문이다. 그것은 영어권에 있어서의 통일(unity)과 다양성(variety)이라는 관념이다.

제1장에서 소개한 애덤스 힐은 『수사(修辭)의 원리와 응용』(1878)에서 다음과 같이 말하고 있다.

> 지적 훈련을 결핍한 심성(undisciplined mind)의 산물과, 지적으로 세련된 정신(cultivated mind)의 산물과의 차이를 결정하는 주된 원인은 후자가 주도적 사상(leading thought)을 지니는 데에 반하여, 전자는 그것을 갖고 있지 못하는 점에 있다. 주도적인 사상, 즉 중심적인 관념(central idea)을 축으로 제반 사실이 각각의 상대적인 가치나 타당성에 따라 조직되는 것이다. 이 주도적인 사상으로 말미암아 만일 그것이 결여된다면 단순히 무의미(meaningless)한 다양성(variety)에 머물 수밖에 없는 사물에 통일을 부여하는 것이다.**[*원주4]**

이 '주도적 사상'이라는 관념이 애덤스 힐의 또 하나의 중요한 개념인 관점(point of view)의 일관성이라는 주장과 더불어 주인공(central character)의 개념을 만들고 있었다. 애덤스 힐이 말하는 주인공이란 작가의 주도적인 사상을 짊어지는 서사 세계의 시점 인물인데, 에도 시대 서사의 주인공과 얼마나 차이가 나는지 잘 알 수 있을 것이다. 쇼요가 애덤스 힐의 노선에 따른 주인공 개념을 지지했던 것은 말할 필요도 없다. 더구나 위의 인용에서 주목해야 할 점은 이 주도적인 사상의 유무가 지적으로 세련된 정신과 지적 훈련을 결핍한 심성을 구별하는 기준이었다는 점이다. 이는 유럽의 개화와 동양의 반개화라는 이항대립의 도식 속에서 일본을 개화로 진전시키려고 했던 시대의 이데올로기에 아주 적합한 것이었다. 위 인용문에서 보는 한 애덤스 힐은 다양성(variety)에 부정적이었던 것처럼 보일지도 모른다. 그러나 그것은 어디까지나 중심적인 관념이 결여된 무의미한 난잡함(variety)과 관련한 비판을 전개한 것으로, 그는 다른 부분에서 "의장(意匠)의 통일과 다양한 방법과의 결합이라는 원리(The principle of Unity in design conjoined with Variety in methods)"를 설명하고 있었다. 쇼요의 '각색의 통일과 취향의 잡박'에 극히 가까운 생각을 전개하고 있었던 것이다.

이와 같은 의미에서 '취향의 잡박'은 쇼요가 에도 시대 소설 작법과 영어권의 관념의 접점을 발견하는 중심적인 개념이었다.

이와 관련하여 이 시기 쇼요는『당대 서생기질』(1885. 6~1886. 1)과『여동생과 경대』(1886. 1~9)에서 일본의 문명개화에 동조하는 지적인 청년과 지성이 결핍된 젊은 여자와의 간극으로 빚어지는 비극을 그리고 있다. 이와 호응이라도 하듯이 후타바테이 시메이는『부운(浮雲)』(1887. 6, 1888. 2, 1888. 7~8)에서 지적인 세련미를 자부하는 젊은이가 지성이 결핍된 인간들에게 괴롭힘을 당하는 모습을 그려 냈다. 이것을 힐과 같은 관념의 영향이라고 단정하는 것은 위험하지만, 적어도 그 관점에 따라 서사의 기본 구도가 보이는 방향으로 흐름이 진행되고 있었던 것이다.

그러나 아직 필자는 쇼요 자신의 소설 작법 혹은 작가와 서사의 관계 문제에는 언급하고 있지 않다.

제4장

작가의 위치

앞 장에서 나는 애덤스 힐의 '의장(意匠)의 통일과 다양한 방법과의 결합'이라는 논제를 소개했다. 이것을 본 줄거리(main story)와 부수적인 에피소드와의 관계라는 구성론의 시점에서 재해석해 본다면 어떻게 될까. 그것은 아마도 다음에 인용하는 조지 루이스의 소설 창작론 『문학으로 성공하는 법』(1865, 慶應1)의 견해처럼 될 것이다.

조지 루이스는 조지 엘리엇의 정부(partner)로 알려진 철학 비평가로 문학잡지의 편집자로도 활약하여, 칼라일에게는 '저널리스트의 황태자'로 불렸다고 한다. 『문학으로 성공하는 법』은 편집자 겸 비평가로서 그의 주장을 편 것이었다. 그는 여기서 소설(novel)을 연극(drama)과 비교하면서 그 특징을 밝히려 했다. 연극에는 삼일치의 법칙이라는 까다로운 조건이 있을 뿐만 아니라 관객이 싫증내지 않도록 하기 위해서라도 스토리를 정체시키는 사건이나 에피소드는 허용되지 않는다. 그것에 대해서 그는 다음과 같이 말하고 있다.

> 소설가는 드라마처럼 '시간'의 제약을 받지 않으며 대중의 참을성 없는 심리와 경합해야 할 필요도 없다. 그러므로 그는 극작가가 극의 진행을 서두르는 부분에서도 여유를 부릴 수 있다. 극작가가 드라마의

> 전개를 정체시키면 장면의 효과를 크게 훼손시킬 장면에서도 소설가에게는 여담(digression)이 허용되어 그것 때문에 새로운 탄력을 얻게 된다. 능숙하게 여분을 활용하는 법을 터득한 소설가는 드라마에서라면 치명적인 결점이 될 묘사나 대화나 에피소드조차도 솜씨 좋게 이용한다. 소설에서는 플롯과 그다지 중요한 관련을 맺지 않는 인물을 등장시키거나 퇴장시키거나 할 수 있다. 그 인물들을 등장시킨 장(章)의 목적에 도움이 된다면 그들의 등장은 그 자체로 의미가 있는 것이다. 예술(fine art)의 관점에서 보면 스토리의 통합적 요소와 무관한 인물에게는 등장할 기회를 주지 말아야 하며, 작중인물이나 사건(의 성격)을 조명하지 못하는 에피소드를 집어넣어서는 안 된다. 그러나 이것은 예술가와 섬세한 취미를 가진 자들만이 의도하고 이해할 수 있는 비평적인 요소이다. 대중 독자는 즐거울 수 있으면 그것만으로도 충분히 만족한다. 또 실제로 대중 독자들은 자신들의 취미가 어떻게 비평적인가 하는 점에는 개의치 않으며, 규칙에 충실한 작품을 지루해하고 그보다는 룰을 어기는 쪽을 더 기뻐하는 법이다.**[*원주1]**

쓰보우치 쇼요가 『소설신수』의 「소설의 변천」을 쓸 때 『브리태니커 백과사전』 제8판(1853～1860)의 "로맨스(ROMANCE)" 항목을 참조한 것은 선행 연구들이 밝힌 바 있다. 그 전기(傳奇, romance) 항목에서도 "플롯의 진행에 따라 앞 장면에서 다음 장면이 생겨나도록 짜여 있지 않은 연극(play)은 실패한 연극이다"라는 취지의 말이 언급되어 있다. 제2장에서 소개한 매콜리 또한 자신의 역사 서술 방식을 연극에 견주어 "역사의 1막을 알기 위해서는 그에 앞서 플롯을 알아야만 한다"고 말했다. 이것이 당시의 공통적인 견해였을 것이다. 『브리태니커』의 필자는 이처럼 연극의 기본 조건을 지적한 뒤에 계속해서 "전기나 소설의 경우는 실제 인생과 마찬가지여서 극적인 결말과 직접적으로는 결부되지 않더라도, 정확한 세부 묘사로 등장인물의 특징적 성격을 끌어내거나 본 줄거리에 진실성을 부여하는 경우라면 에피소드를 가져오는 것은 허용된다. 그뿐만이 아니라 연극에서는 우연한 돌발사건으로 결말을 짓는 방식을 적당주의로 취급하여 인정하지 않지만 전기나 소설에서는 가능하다"라는 취지를 말한다.

만약 이것이 당시의 공통적인 의견이라면 조지 루이스는 이것을 대중 독자 차원의 서사론으로 파악하고, 이와는 별개로 '예술의 문제(as a matter of fine art)'를 설정하고 있었다고 할 수 있다. "스토리의 통합적 요소와 무관한 인물에게는 등장할 기회를 주지 말아야 하며, 작중인물이나 사건(의 성격)을 조명하지 못하는 에피소드를 집어넣어서는 안 된다"라는 제약은 예술을 지향하는 소설가와 정독자(精讀者) 사이의 문제로서 이를 둘러싸고서 '비평'이 성립하는 것이다. 이와 같은 의미에서 『문학으로 성공하는 법』은 가장 일찍 소설 구성에 관한 '예술'의 조건을 논한 것이라고 할 수 있으나, 위에 인용한 문맥에서 보듯이 아직은 다분히 드라마를 모델로 하고 있다. 이런 점에서는 제1장에서도 소개한 월터 베잔트의 소설=예술론과는 성격이 다르다.

그런데 이 같은 소설 창작론이 영어권에서 나타난 것은 바킨의 7법칙보다 30년 정도나 뒤쳐진 것이었다. 조지 루이스에 의하면 작중인물은 스토리 전체의 통합과정에 어떤 역할을 하기 위해 등장되지만 그 중에는 어떤 장(章)의 목적에 적합한 역할을 연기하고 사라지는 인물도 있을 수 있다. 이른바 바킨이 말하는 '한 회마다의 주객'이다. 이것은 또한 어떠한 에피소드가 작중인물이나 사건의 특징을 선명히 비추어 내면서 결국 본 줄거리에 통합되는 것이 바람직하지만, 그렇지 않고 비록 일종의 탈선이 되더라도 지장이 없다는 것이다. 바킨은 쇼요가 학식을 쓸데없이 과시한다고 비판하는 것처럼 종종 해설조로 여담을 말하고는 '그건 그렇다 치고' 하며 본제로 돌아갔다. 조지 루이스 식으로 말하자면 이러한 탈선이 작가에게 탄력을 부여하는 것이다.

단 방금 전에 필자는 조지 루이스의 소설 창작론이라는 표현을 썼지만 실제로 위에서 인용한 것은 문체론의 한 구절이었다. 아직 소설 구성을 독립시켜 논하는 발상이 생기지 않았던 것이다. 이것은 그가 토대로서 참조했던 허버트 스펜서의 『문체의 철학』(1858, 安政 5)도 마찬가지이다. 스펜서는 언어를 적분(積分)하여 문체를 파악하고, 문체를 적분하여 구성에 이르게 하는 방식으로 일관된 원리를 이끌어 내려 했다. 반면 조지 루이스는 언어의 문제는 생략하고 상상력(vision) 문제를 비롯하여 성실(sincerity)의 중요성을 설명한 뒤 마지막으로 문체를 논하면서 구성 문제를 언급하였다.

좀 더 확실히 말하자면 조지 루이스가 문체의 법칙이라고 불렀던 것은 경제성(economy), 간이(simplicity), 순서(sequence), 고조(climax), 그리고 변화(variety)의 다섯 항목이었다. 그의 설명에 따르면 이것은 문체의 2대 요소인 지력(intelligence)과 감성(sensiblity)을 세분화한 것으로 경제성과 간이는 전자의 필요에 응하고, 고조와 변화는 후자의, 특히 정서적(emotional) 요구에 대응한다. 그 둘을 매개하는 것이 순서(sequence)이다.

바킨과 루이스를 비교한다면 이 5법칙과 바킨의 7법칙을 비교하는 쪽이 보다 흥미로운 결과를 끌어낼지 모른다. 그러나 단순히 순서를 복선과 친염(襯染)에, 변화를 조응이나 반대로 대조해 보는 것만으로는 다소의 유사성을 인정하는 것 이상의 결과는 얻을 수 없을 것이다.

그래서 여기서는 루이스가 바킨의 조응이나 반대와 매우 유사한 일종의 대조법(antithesis)적인 발상을 취하여 경제성이나 간이의 대립 개념도 채택하고 있는 점에 주목하고자 한다.

그가 말하는 경제성이란 독자의 주의력(mind energy)이 표현 형식이나 어휘 이해에 소비되는 것을 최소한으로 막아서 가능한 한 독자의 정신(mind)이 직접적으로 작가의 사상(sort)에 접할 수 있도록 고안하는 것, 즉 '최소의 말로 최대의 효과를 거두는 것(using the fewest words to secure the fullest effect)'이었다. 그러나 그 반면에 독자의 관심을 단지 앞만 향해서 몰고 가는 표현은 삼가야 한다. 때로는 독자의 관심을 작가의 중요한 사상 앞에서 한동안 멈춰 세우게 해야 한다. 그러기 위해서는 더 많은 주의력을 환기하는 장황함(redundancy)도 필요하다. 이것이 조지 루이스가 말하는 대조법이다. 얼핏 이것은 경제성의 원리에 반하는 듯하지만 정신력을 높이는 방식으로서 루이스는 오히려 그 원리에 적합하다고 생각했을 것이다. 한편 간이에 관해서는 앞의 인용에서 알 수 있듯이 통일(unity)의 대조인 탈선의 효용이 인정되었다.

이에 비해 고조와 변화는 그 속에 대조법을 포함하고 있지 않다. 왜냐하면 이 둘은 서로 대조법적인 관계에 있기 때문이다. 고조는 대체로 점강법적 순서로 달성되지만, 이 원리에 충실한 나머지 단조로움에 빠져 버리면 오히려 역효과가 나기 쉽다. 이를 구제하는 것이 변화이며 그것은 생생한 정신 운동에 의해 초래되는 것이다. 이것을 설명하려고 그는 '교묘한 무관심(a happy negligence)'이 필요하다든지, '사고의 미묘한 놀이(the subtle play of thought)'를 살린 문체를 유지한다든지 하는 함축적인 표현을 하고 있다. 이것은 다소 난해하고 반어적인 뉘앙스의 발상이지만 장황함이나 탈선의 필요성을 설명한 점과 병행하여 생각하면, 경제성이나 간이 · 고조 등을 금과옥조로 삼는 정신의 경직을 피하는 '지적인 놀이'나 '여유'를 가리키는 것일 것이다. 규칙을 세우면서도 규칙에 속박되지 않는 자유로운 정신이 조지 루이스가 말하는 성실이었다.

그러면 남는 것은 순서인데 여기에는 대조법이 없다. 단지 그것을 더욱 분해하여 귀납법적 진행(inductive progress)과 연역법적 진행(deductive progress)으로 나눈 점에서 위와는 다른 형태의 대조법적 발상이 인정된다. 전자는 사상의 성장을 촉진하고, 후자는 사상의 적응을 꾀할 때에 사용된다. 조지 루이스는 하나의 서사에서 둘을 적절하게 혼재시킴으로써 어느 시점을 현재 시간으로 상정하여 "과거를 돌아보고 미래에 투기(投企)한다(reflected back and projected forward)"라고 하는 역동적인 진행을 가능하게 한다. 그런 의미에서 이것은 실로 시간 운동이 스토리의 진행에 영향을 미친 것이었다.

이같이 조지 루이스의 이론을 네 가지의 대구(對句, antithesis) 또는 8법칙으로 새로 정리해 보면 바킨과의 유사점이나 차이점이 다소 명확해진다. 바킨의 조응이나 반대는 독자를 향한 수수께끼식의 놀이 요소가 포함되어 있었는데, 그것을 루이스 식으로 해석하면 장황함이나 탈선이 된다. 앞에서 필자는 바킨의 7법칙을 소개하면서 그가 말하는 '조응'이나 '반대'를 공시적이라고 불렀다. 이것은 서사 구조 기능을 말한 경우이고, 착상의 실태는 아마 『협객전 4집 평답서』의 「재백(再白)」에 나오는 것과 같은 것이었다.

> 그리고 반대 조응을 앞세우고 나서 취향을 세우는 일은 없습니다. 취향을 세울 때에 저절로 대조가 생기는데 이것이 자연스러운 흐름입니다. 죄송스러운 말씀이지만 스스로 글을 써서 다 써진 글을 보지 못하신 까닭에 이것들의 의미를 알지 못하시는 겁니다. 복선과 친염도 마찬가지여서 여러 가지 취향을 세우고 거기에서 미리 순서를 정하여 복선과 친염이 생기는 것입니다. 당신이 평한 흐름을 보건대 조응 반대를 먼저 생각하고 나중에 취향을 정하는 것으로 생각하신다면 이 뜻을 구별하여 말하겠습니다. 예를 들면 『협객전』 금각사(金閣寺)의 복수전처럼 먼저 그 취향을 생각하여 그리고 난 뒤, 여기에서는

반딧불잡기놀이를 집어넣어 전집(前輯)에서 고로쿠가 꿈에 반딧불로 어두운 밤을 비추는 조응으로 해야지 생각하여 글을 썼던 것입니다.

바킨의 설명에 따르면 그는 고마히메가 금각사에 원수를 갚으러 잠입한 부분을 쓰고, 반딧불을 날릴 취향을 착안해 냄과 동시에 꿈속에서 고로쿠가 친아버지의 효수(梟首)를 빼앗으려 했던 장면의 '조응'이 만들어진 것이지 그 반대는 아니라는 것이다. 얼핏 보기에 이것은 통시적인 플롯의 설명처럼 보일지도 모른다. 앞의 취향을 재해석하여 새로운 전개를 계획하는 점에서는 조지 루이스가 말하는 순서의 법칙에 가깝기 때문이다. 그러나 이것은 어디까지나 작가가 쓰는 과정에서 생기는 착상의 순서이지 특정 작중인물의 행동과 관련이 있는 것은 아니다. 게다가 서사 내부의 시간 진행에 입각해서 보면 병행하는 두 사건의 흐름에서 고로쿠의 꿈과 고마히메의 복수는 거의 동시적인 사건이었다. 오히려 이 경우의 취향은 쓰는 과정에서의 착상의 순서를 '조응'이라는 공시적인 관계로 전환시키는 방법이며, 일부러 반딧불을 날려 보는 장황함을 즐기면서도 탈선으로 흘러가지 않도록 일정한 배치구조(布置結構)로 수렴하는 화술이었다고 보아야 할 것이다.

그러나 관점을 달리하면 바로 이 점에서 바킨의 법칙과 루이스의 법칙을 구별하는 중요한 상이점을 찾을 수 있다. 앞서 들었던 루이스의 8법칙은 필자가 재정리해 본 것으로 루이스 자신은 결코 장황함이나 탈선을 '법칙'으로는 들지 않았다. 그것들은 변화 속에 포함되기 때문이라는 것도 이유가 되겠지만, 어차피 경제성이나 간이의 대조 개념 이상의 의미를 지니는 것은 아니므로 독립적인 법칙으로 볼 이유가 없었기 때문이다. 경제성이나 간이만을 따르는 서사는 존재할 수 있지만 이들을 전제로 하지 않는 장황함이나 탈선만으로 서사를 만들 수는 없을 것이다. 결국 그것들은 그 전제에 봉사하고 이를 보충하는 것으로만 의미를 지닐 수 있다.

한편 허버트 스펜서는 그 『문체의 철학』에서 고조를 실현하는 순서에 대해서 예컨대 태양을 바라본 후에 등불에 눈을 돌려도 그 밝기를 지각할 수 없으나, 그 반대라면 양쪽 모두를 느낄 수 있다고 설명했다. 그는 계속해서 대조법에 관하여 이런 식으로 기술하고 있다.

> 대조법(antithesis)에서도 우리는 마찬가지로 일반적인 진실을 발견해낸다. 몇 가지 두드러진 특징 중에서 상반되는 두 개의 사상적 대비는 인상적인 효과를 낳는다. 이것은 호소하는 정신 기능에 일시적인 휴식을 줌으로써 수행되는 것이다. 일련의 평범한 특징을 지닌 이미지 다음에 아주 약간의 경의나 찬의(贊意), 심미의 관념에 호소했다손 치더라도 정신은 전혀 하잘 것 없거나 혹은 무가치하거나 불쾌한 이미지를 그것에 표상해 버린다. 그 경우 경의라든가 찬의, 심미라는 정신 기능은 할 일이 없기 때문에 모든 정력(full power)을 회복하기 시작한다. 그리고 그 후 바로 그렇게 하지 않았을 경우에 비해 훨씬 크게 칭찬할 만하거나 아름다운 이미지를 이해하게 된다. 그 반대로 전혀 무의미한 것에 기인하는 한심하다는 관념을 만들어 내려고 한다면, 그것은 무엇인가 뛰어나게 인상적인 것 다음에 놓임으로써(특히 더욱 강렬한 인상의 출현을 암시하는 표현형식이라면) 훨씬 강하게 그 정도를 더하게 될 것이다.**[*원주2]**

대조법의 방법과 효과를 설명하는 대목임에도 이를 위한 대조법의 사용법은 빈말로라도 능숙하다고는 말할 수 없다. 필자가 아는 한 이것을 쓰루타 규사쿠(鶴田久作)가 『수사론 일명 스펜서 문체론』(1895, 明治28)에서 번역을 시도하였는데, 문장의 의미를 잘 파악하기 어려웠는지 "일련의 평범한 특징을 지닌 이미지 다음에……"로 시작되는 문장에서, "정신은 전혀 하잘 것 없거나 혹은 무가치하거나 불쾌한 이미지를 그것에 표상해 버린다" 부분을 삭제해 버렸다. 아마도 스펜서가 여기서 말하려고 했던 것은 경의나 미적 감각의 대상을 극히 평범하고 소극적인 이미지로 제시한다면 사람들은 아무런 인상을 받지 못하고 오히려 평범함과 단조로움에 따분함을 느껴 불쾌해지고 말 것이라는 의미이다. 단지 그러한 체험을 거친 후에야 비로소 경의나 미적 감각은 따분함 · 불쾌감을 느끼지 않았던 경우보다도 한층 강한 인상을 받는 것이다. 그 반대로 무언가 뛰어나게 인상적인 것 다음에 평범하고 따분한 것을 가져오면 보다 한층 그 평범함과 따분함이 두드러지게 된다. 그는 이 후자의 경우를 안티클라이맥스라고 부르고 수사법의 하나로 꼽았던 것이다.

이렇게 정리해 보면 루이스가 이런 발상을 구사하면서 앞서 소개한 법칙을 만들었던 관계만큼은 잘 알 수 있을 것이다. 『조지 루이스의 문학비평』(1964)[*원주3]을 편집한 앨리스 카민스키(Alis R. Kaminsky)에 따르면 루이스는 헤겔적인 '세계관'이나 종합(synthesis)이라는 관념에는 비판적이었다고 한다. 그렇다면 요컨대 그의 대조법(antithesis)은 이른바 변증법의 안티테제도 아니려니와 등가적 · 대칭적인 개념을 지닌 이항대립 형식도 아니었다. 긍정적인 주관념(main idea)에 대해 부정적인 부관념(sub idea)을 제시하여 전자의 의미나 인상을 강하게 하는 관계였던 것이다.

그러나 스펜서의 독서론에서 유추해 보면 그것은 심적으로 중립적(neutral)인 상태에 달하는 중요한 방법이었다. 단조로운 주관념(main idea)과의 응접으로 소모된 집중력(mental energy)은 물론 잠깐의 휴식으로도 회복하지만 실은 적당한 정도의 대조법으로도 활성화된다. 다시 말해서 이 둘의 적절한 배치로 말미암아 읽는 과정에서 독자의 심적인 에너지는 소비와 보충을 반복함으로써 오히려 소모를 거의

자각하지 못할 정도로 균형을 유지한 지속력을 얻을 수 있는 것이다. 스펜서의 이 지적은 심적 에너지의 중립화(neutralization)에 대한 의견이었다. 그러나 지속이라는 관념과 더불어 텍스트 내용에 중립적인 심적 태도를 시사하는 착상이라는 것은 쉽게 추측할 수 있다. 이것은 결코 외부에서 반입된 이른바 냉정하고 객관적 태도와는 별개의 것이다. 오히려 한편으로는 지적 혹은 정서적으로 빠져 들어가면서 그러나 동시에 일정한 거리를 유지한 안목을 갖는 것이다. 그는 이런 식의 읽기 방법을 내부로부터 만들어 내는 텍스트 장치로써 대조법을 파악하고 있었던 것이다. 나중에 언급하듯이 쇼요는 스펜서의『문체의 철학』을 읽은 상태였다. 만약 그가 이 발상까지도 소화하고 있었다고 한다면 모토오리 노리나가의『겐지 모노가타리 다마노오구시(玉の小櫛)』안에 내재적 비평의 가능성을 읽어낸 이유를 잘 납득할 수 있다.

단지 여기서 간과해서는 안 될 것은 스펜서의 착상이 서사를 사건의 연쇄로써 파악하는 당시의 관념적 틀과 불가분의 관계에 놓여 있다는 점이다. 당시의 서사에 대한 정의는 제1장에서도 언급했지만 여기서는 그것과의 중복을 피해서 사이먼 컬의『작문과 수사의 기본(作文と修辞の基本)』(1871, 明治4)과 데이비드 힐의『수사의 과학』(1877, 明治10)을 소개하겠다.

> 묘사는 부분과 부분의 결합 또는 사물과 사물의 관계에 대한 그림(picture)을 제시하고 시간에 관해서는 말하지 않는다. 그러나 서술은 시간의 순서에 따라 또는 시간의 언급과 함께 일련의 사건을 제시한다. (사이먼 컬)**[*원주4]**

> 서술은 연속되는 전체의 부분 부분을 (독자의) 정신에 제시한다. 그 주제는 시간에 따라 잇달아 일어나는 일련의 사건이다. 언어는

그것 자체가 기호의 연속이기 때문에 시간과 관계를 가지며 특히 서술에 적합하다. (데이비드 힐)[*원주5]

두 사람 다 아주 자명한 사실인 것처럼 무언가를 서술한다는 것은 사건을 시간적인 연속성 아래 언급하고, 때로는 시간 그 자체에도 바로 언급하는 것이라고 말하고 있다. 스토리는 일련의 사건들의 별명이고, 주인공은 그 주요한 흐름(main current)을 짊어지는 중심인물(central character) 또는 사건의 주도적 인물(leading actor)이라는 것 역시 너무나 자명한 사실이었다. 루이스는 이러한 시대관념 안에서 바킨처럼 '주객'의 법칙을 새삼 생각할 필요를 느끼지 못하고 있었던 것이다. 일찍이 월터 스콧이 서사의 전개를 몇 개의 지류를 통합하면서 흘러가는 대하에 비유한 이후 이 비유는 영어권 소설가들에게 편애를 받아왔다. 위에 소개한 정의는 그것을 추상화한 것이라고 말할 수 있겠다. 주관념과 부관념이라는 대조법의 개념은 스콧의 대하와 지류라는 비유의 논리적인 환언이었다. 만약 서사를 공간적·범열론적으로 파악하는 것이 가능하다면 지연(retarding)·장황함(redundancy)·탈선(digression) 등의 법칙은 애초에 개념으로서도 의미를 잃었겠지만, 그런 일은 일어나지 않았다.

여기서 본 장의 서두에서 이름을 제시한 애덤스 힐로 돌아가 보자. 그의 『수사의 원리와 응용』(1878, 明治11)에 나오는 "의장(意匠)의 통일과 다양한 방법과의 결합"이라는 견해가 쇼요의 '각색의 통일과 취향의 잡박'과 일종의 유사성을 지닌다는 점은 앞에서도 지적한 바와 같다. 이 시점에서 애덤스 힐의 서사관은 앞에 인용한 사이먼 컬이나 데이비드 힐과 거의 다름이 없지만, 1891년(明治24)의 개정판에서는 미묘한 변화가 생겨난다.

> 만약 소설의 유일한 목적이 스토리를 말하는 것이라고 한다면 앤터니 트롤로프가 말하는 것처럼 소설에 에피소드가 있으면 안 된다는 의견은 타당할 것이다. 그러나 위대한 소설에서 스토리는 부분에 지나지 않는다. 『헨리 에즈먼드(Henry Esmond)』와 『3인의 병사(三人の兵士)』를 비교해 보자. 『3인의 병사』에서 뒤마는 결코 이야기의 줄거리를 잃지 않는다. 『헨리 에즈먼드』의 새커리(Thackeray)는 종종 줄거리를 잃어버린다. 그러나 그는 인생의 관찰을 위해 그렇게 한 것이다. (때로 주요한 사건이나 중심인물과 밀접한 관계를 갖지는 않지만 어떤 부류의 독자들은 서사 그 자체보다도 흥미로워한다.) 뒤마는 새커리 자신이 제일 먼저 인정하는 것처럼 보다 뛰어난 이야기꾼이다. 그러나 새커리는 많은 사람의 판단에 의하면 보다 위대한 소설가인 것이다.**[*원주6]**

개정판에 덧붙여진 이 의견은 이어서 제인 오스틴과 조지 엘리엇을 비교하고 있다. 힐은 전자가 막힘이 없는 서술자인 반면, 후자는 자주 서사를 중단하고 성격 분석이나 신조나 주의의 설명에 지면을 할애하고 있음에도 불구하고, 오히려 독자에게 엘리엇이 높은 평가를 받고 있다고 지적한다. 이 비교가 위에서 인용한 이야기꾼과 소설가를 구별하는 의식의 응용이었던 것은 말할 필요도 없다. 19세기 중반 스토리가 소설론의 중심적 테마였던 이유는 첫째, 서사시(epic)와 서사(narrative)라는 이항대립으로 논하는 습관이 있었고, 둘째는 로렌스 스턴(Lawrence Sterne)의 『트리스트램 섄디(Tristram Shandy)의 생애와 의견』 같은 탈선적 화술을 어떻게 평가할 것인가 하는 문제가 있었기 때문이었다. 그런데 19세기 후반에 이르러서 성격의 해부 및 세상(世相)의 관찰이 중요시됨과 동시에 이야기 서술(story telling)과 노벨(novel)이라는 이항대립으로 소설의 조건이 새롭게 문제시되었다.

덧붙이자면 애덤스 힐이 언급한 앤터니 트롤로프의 소설론이란 1883년에 출판된 『자전』을 가리킨다. 이 『자전』이 집필된 것은 1876년이지만 동시대 작가에 대한 기탄없는 비평과 배려를 담아 필자의 지시로 사후에 출판되었다. 그 안에는 젊은 소설가 지망생에 대한 충고와 조언이 곳곳에 들어 있고, 소설 창작론으로서의 실질을 잘 갖추었기 때문에 당시 소설론의 대표적인 예로서 연구서 등에도 종종 인용된다.

> 소설에 에피소드가 있어서는 안 된다. 모든 문장, 모든 단어는 전 페이지를 통해서 스토리를 서술하는 데에 도움이 되어야 한다. 에피소드는 불쾌감을 주는 형태로 독자의 주의를 흔들어 놓는다. ……당신이 쓰는 소설이 길어야만 한다고 해도 하나의 통일성을 갖도록 해야 한다. 이 에피소드의 배제(라는 마음가짐)는 가장 사소한 세부까지 영향을 미치고 있어야 한다. 사용되는 모든 문, 모든 단어는 스토리를 말하는 데에 도움이 되어야 한다.**[*원주7]**

애덤스 힐이 언급한 것은 이러한 구절인데 이것은 책 3권 분량의 장편을 쓸 경우의 주의사항이었다. 당시의 출판 관행으로서 이와 같은 장편이 요구되었던 모양이다. 그런 긴 원고를 어떻게 채우면 좋을까 하는 젊은 작가 지망생들의 의문에 대한 충고였는데 이 점에서는 바킨이 처한 상황과 비슷한 점도 있다. 아무래도 젊은 작가들은 서사를 장편으로 만들기 위해 줄거리와는 관계없는 에피소드를 엮어 넣거나 탈선적인 장황한 수다로 페이지를 메우려 했던 것 같다. 트롤로프는 그것을 금지했던 탓에 장황함이나 탈선을 인정하지 않는 완고한 이야기 서술자(story teller)의 대표처럼 보이게 된 것이다.

이렇게 스토리를 중시하는 사고방식이 하나의 정식(定式)으로 숙성되던 마침 그 시기에, 다분히 이에 대한 반작용으로 힐과 같은 수사학자들 중에서는 소설에서 스토리의 의미 그리고 에피소드의 새로운 자리매김이 시작되고 있었다. 쇼요는 바로 그 동시대인으로서 『소설신수』에 착수한 것으로 본래 이것은 '픽션의 예술(art)'론의 세계적 동향이라는 시야에서 위치 지워져야 할 작업인 것이다.

이제야 겨우 우리는 쇼요의 소설 창작법과 '작가'의 관념을 검토할 수 있는 곳까지 당도했는데, 우선 지금까지 언급된 것과의 관련을 본다면 태양과 등불의 비유를 사용한 다음 부분은 허버트 스펜서의 이론의 복사판이었다고 할 수 있겠다.

> 무릇 인간의 감각은 시력 또는 근력과 같아 그 사용할 수 있는 정도에 한계가 있으므로 지나치게 오래 노동하여 이를 쉬게 하지 않으면 결국 쇠약해져서 일시적으로 그 기능을 다하지 못하게 된다. 이는 한동안 화사한 햇빛을 바라본 후에 촛불을 보더라도 그것을 제대로 볼 수 없는 것과 같다. 그리고 향기 강한 향수라도 한동안 이것을 코끝에 대고 그 그윽함에 익숙해지면 이윽고 그 향기를 느끼지 못하는 물과 같이 될 것이다. 감각도 또한 이와 같아서 한동안 통절하고 애절한 이야기만 듣는다면 나중에는 비애를 느끼는 마음도 차차로 엷어질 뿐만 아니라 나중에는 꺼리는 마음도 일어나지 않음이라. (「각색의 법칙」)

그는 이런 '원리'적 사고를 체득한 자부심을 가지고 "옛날의 동양학자"를 비판하고 "우리 유치하고 뒤떨어진 자들의 향후 편리를 제공하기 위해 이 기회에 세칙도 해설한다"고 상당히 자부에 찬 어조로 그 각색론을 개진해 나갔다. 원리(principle)라는 관념은 그만큼 그에게는 신선했을 것이다. 그러나 이 '세칙'이라는 것이 그다지 대단한 내용도 아니고, 요컨대 소설에는 '코미디(comedy)' 즉 쾌활 소설과 '트래지디(tragedy)' 즉 비애 소설 등이 있는데, 독자를 지루하지 않게 하기 위해서는 이 둘의 특색을 갖춘 '트래지코미디' 즉 애환(哀歡) 소설이 바람직하다는 수준이었다. 그 이유는 비애소설에도 적절하게 쾌활 소설의 요소를 섞음으로써 한층 비애의 감각을 강하게 할 수 있기 때문이다. 그 반대의 경우도 마찬가지지만 단지 쾌활 소설의 요소를 받아들이기 때문에 야비외설(野卑猥褻)로 흐르는 것은 문명개화된 세상에 어울리지 않는다. 이것이 그 요지였다. 당시 영어권의 수사론에서는 코미디와 트래지디란 일반적으로는 drama 혹은 poetry의 하위 장르로 취급되고 있었는데, 그것을 소설론에 적용한 점에서 우리는 쇼요의 신선한 아이디어를 볼 수 있다.

물론 트래지코미디라는 개념은 그 자신의 착상이라고는 말할 수 없다. 제1장에서도 다룬 도쿄 대학 예비교의 영어교사 W. D. 콕스는 『일본인 학생을 위한 영작문 및 수사의 원리』(1882)에서, 영국의 연극에서는 한 작품 안에서 트래지디와 코미디의 혼재를 인정하고 있다고 설명한다. 계속해서 그는 "단 일본의 『주신구라』만큼 전편에 걸쳐서는 아니지만"이라고 언급하는 점으로 보아, 아무래도 그의 눈에 『주신구라』는 전편이 트래지코미디로 비치고 있었던 것 같다. 그것을 쇼요가 읽었는지는 분명하지 않으나 "근자에 영국의 모 학자는 『유미하리즈키』 또는 『핫켄덴』 같은 소설을 트래지코미디라 불렀다. (중략) 생각건대 타당한 명목이다"라고 말하는 점을 보아 적어도 비슷한 의견을 들은 적은 있었을 것이다. 그는 어디까지나 연극 장르가 아니라 소설의 문제로 받아들이고 있었던 점이 눈에 띈다.

어쨌든 이것이 쇼요가 이해하는 허버트 스펜서의 이론이었다. 스펜서의 이론은 독자의 심적 에너지의 소비와 회복에 관한 것이었지만, 쇼요는 오히려 맥락통철이라는 조건 속에서 얼마나 독자의 흥미를 지속하는가 하는 관심으로 파악하고 있었다. 어떤 면에서 이 차이는 경제성이라는 근대적 이념을 파악하는 방식의 차이라고 말할 수 있다. 스펜서의 논의에서는 독서・시・지적 생산력(mental power)의 소비 과정이 동시에 재생산 과정이기도 하여, 이 양쪽 과정을 지속・증대시키는 데에 목적을 두고 있었다. 쇼요의 목적은 지적・감성적인 향수의 대상이 감각(sense)의 둔화로 말미암아 무의미(nonsense)한 것으로 변질됨으로써 가치가 저하되는 것을 회피하는 데에 있었던 것이다.

그러나 중요한 것은 그가 이 같은 한계를 지니면서도 다음과 같은 주장을 전개해 갔다는 점이다. 그것은 독자의 감각둔화를 막고 흥미를 계속 유지하기 위한 '취향의 잡박'이다. 쇼요가 말하는 '취향'은 바킨의 7법칙처럼 복잡한 것이 아니라 '표면의 의미'로 나타난다는 점이 특징적이다.

> 예컨대 소설의 문외(文外)에 심의(深意)가 없더라도 진실한 감정 상태를 묘사하여 읽는 사람으로 하여금 느끼게 하는 미묘한 효력을 갖추고 있다면 그 서사는 소설인 것이다. 은미(隱微)의 사이에 우의(寓意)가 없어도 그다지 궁색하지 않다고 할 수 있다. 따라서 표면에 드러난 의미 이외에 은미의 심의를 우의한다는 것은 (우의소설이지 않은 이상은) 작가만의 즐거움에 빠지는 이른바 도락(道樂)이라는 것이다. (「각색의 법칙」)

바킨의 7법칙은 앞 장에서 검토했듯이 소설 창작법임과 동시에 서사 장치나 숨겨진 의미를 해독하는 코드이기도 했다. 그것을 모르는 독자(바킨이 말하는 부녀자와 아동)라도 충분히 즐길 수는 있지만 알고 있는 독자(바킨이 말하는 '능숙한 독자')라면 더더욱 취향의 즐거움을 알 수 있다. 그 점에서 이 7법칙은 조지 루이스가 예술 레벨의 문제를 음미하면서 읽는 정독자와 대중독자를 나눈 것처럼 리더십(readership, 독자의 층과 질)을 이중화하는 장치이기도 했다.

그러나 쇼요는 그런 기능의 7법칙을 "이런 번거로운 기이함을 바라고 꾀하지 않는다면 그 중심이 되는 인정세태를 그르치는 일은 없을 것이다"라고 비판한 후에 위의 인용과 같이 주장했던 것이다. 여기서 말하는 '미묘한 효력'을 감각 둔화로 손상되지 않게 하는 것이 각색의 법칙이었고, 그리고 스펜서에게 시사를 얻은 중립화 방법은 '진실한 감정 상태를 묘사하는' 묘사론으로 전환시켜 나갔던 것이다.

견해를 달리하면 이것은 쇼요가 독자를 계몽 대상으로 파악하고 있었다는 것을 의미한다. 바킨의 '은미'는 어떤 면에서는 이데올로기 생산 장치이고, 스펜서나 루이스의 대조법은 단조로운 본 줄거리(main story)의 흐름을 방해하는 장치로 독자의 지력을 활성화하는 방법이었다. 쇼요의 이론은 그 어느 것과 비교해도 깊은 뜻이나 심층의 부정에 의한 '표면'의 회복이라는 모티브를 유지하며, 이 '표면'을 방관적으로 '인정세태'를 묘사하는 화면(canvas)으로 삼으려 하였다. 이렇게 함으로써 이데올로기나 공리주의에 오염되지 않는 '미술'을 실현하고 독자를 훈육할 수 있다고 생각했던 것이다.

그만큼 그는 이론적으로도 방법적으로도 한층 성가신 문제를 떠맡지 않을 수 없었다. 시대소설이 정사(正史)와 다른 독자적 의미는 정사 속 인물의 사적인 영역까지 묘사할 수 있는 점에 있다. 인간에게는 "밖으로 드러나는 외부의 행위와 안에 숨어 있는 내부의 사상"이 있는데, "밖으로 보이는 행위"에 관해서는 역사나 전기가 "대체로 이것을 묘사할" 수 있다. 그에 비해 소설가의 임무는 "남녀노소 선악정사(善惡正邪)의 마음속의 내막을 빠뜨리는 일 없이 그려 내어 주도면밀하게 인정을 확연히 드러내보이게 하는 것"에 있다(「소설의 주안」). 이것도 또한 숨겨진 바를 겉으로 나타내는 점에서는 앞의 '표면'주의와 공통적이다. 뿐만 아니라 당시 영어권의 소설론과 비교하더라도 이만큼 소설의 존재 이유로서 사적 영역이나 '내면'을 강조한 이론은 찾아볼 수 없다. 그렇다면 사적 영역이나 '내면'을 묘사하면서도 더불어 '미술'을 실현하기 위해서는 어떤 인식과 방법이 필요할 것인가. 이 점에 대해 쇼요가 명료하게 말하지는 않았으나 우리는 그의 언어론이나 문체론에서 그 대답을 발견할 수 있을 것이다.

이에 대한 검토는 새로운 장에서 구체적으로 다루겠지만 지금 여기서 한 가지 확인해 둔다면, 이상과 같은 진실된 감정 상태를 비추는 '표면'주의와 대(對) 독자의식은 이후의 여러 문학 유파의 성쇠를 초월한 기본적인 관념이 되었다. 그것은 쇼와(昭和) 시대에 이르기까지 텍스트의 심층을 포착하는 방법이 출현하지 않았던 것으로도 증명할 수 있을 것이다. '문외에 심의'가 문제시되는 경우에도 작가의 생활사나 '내면'으로 환원해 버리는 방법이 주류였고 더구나 그런 방법으로 묘사되는 작가상은 항상 독자보다 우위에 놓여졌던 것이다.

그러나 여기가 중요한 점인데, 작가와 작중인물의 관계에 대해 쇼요는 이후의 문학(연구)자와 다르게 오히려 이것을 상대화시키는 견해를 갖고 있었다.

> 소설 속의 인물을 만들어 내는 데에 있어서 가장 주의를 요해야 하는 것은 작가의 성질을 숨기고 이것을 인물의 거동에 보이지 않도록 하는 것이다. 자기의 성질을 재료로 가공의 인물을 만들려고 하면 자연히 같은 성질의 인물만 몇 사람이고 나오는 까닭에 그 서사의 취향조차 결국에는 거짓말처럼 생각되기 때문에 읽는 사람도 또한 흥을 잃어버려 그 몽환계(夢幻界)에서 노는 듯해서 가경(佳境)을 깨달을 수 없을 것임에 틀림없다. (「주인공의 설치」)

다이쇼 시대부터 유포되기 시작한 통념에 따르면 주인공은 작가의 육체를 나눠 받은 분신이고, 작가의 '내면'이 가탁된 작중인물만이 리얼리티를 지닐 수 있다는 것이다. 이와 같은 통념에서 보면 쇼요의 발언은 아직 근대문학이 무엇인지를 이해하지 못하는 사람의 발언이라고밖에 볼 수 없다.

앤터니 트롤로프는 그 『자전』 속에서, "작가는 서사를 서술하기 위해서 만드는 것이 아니라 서술해야 할 서사를 갖고 있기 때문에 만드는 것이다. 상상 속의 작중인물과 함께 살고 함께 느끼며 함께 울고 웃을 정도로 친숙하지 않으면 그 표현이 독자에게 살아 있는 인간으로서의 존재감이나 친근감을 부여할 수 없다"는 의미를 언급하고 있다.[*원주8] 소설은 이 세상에 있을 법하지도 않으면서도 현실에서 일어난 기이한 사건을 말하는 것이 아니다. 이 세상이 아닌 상상의 세계를 현실감 있는 세부로 메워가며 실제의 사건과 같은 인상을 주는 것이다. 그런 관념이 일반화된 시대에 트롤로프의 의견은 작가와 작중인물의 관계에 대한 표준적인 사고방식을 보여주었다고 말할 수 있겠다. 이론으로만 따진다면 이 의견과 쇼요의 의견은 반드시 모순 대립하고 있지 않다. 그렇지만 당시의 수사론에서는 작가가 작품의 배후에 숨어야 한다는 원칙은 오히려 연극의 특질을 규정하는 것으로(이런 점에서도 쇼요는 연극의 창작법을 소설에 적용시키는 발상을 하고 있었던 것이 된다), 소설의 경우는 작가가 등장인물을 통해서 작가의 고유한 인생의 비전을 표현하는 것이라고 여겼던 것이다. 즉 당시 유럽의 수사학과 쇼요의 논의는 이론적으로 모순되지는 않지만 그 지향하는 바는 역방향이었던 것이다.

이처럼 쇼요의 생각은 당시 영어권의 공통 이해나 오늘날의 통념과는 다른 위상을 보였지만, 그렇다고 해서 에도 시대의 관념을 온전히 받아들이고 있었던 것도 아니다. 앞 장에서 언급한 "소설의 각색 중에서 꺼려야 할 병"의 호증편파와 특별보호의 항목 안에서 그는 다음과 같이 말하고 있다.

> 호증(好憎)이라는 것은 작가가 자신이 만든 인물에 대한 좋고 싫음이다. (중략) 예컨대 등장인물 즉 선량한 인물은 자신도 모르는 사이에 사랑스럽게 느껴져 줄거리상 나쁜 행동을 하게 되어야 함에도 불구하고 굳이 어울리지 않는데도 각색을 해서 좋은 행동을 하게 하며, 혹은 악역인 인물에게 굳이 온갖 악행을 하도록 꾀하는 것은 때때로 소설가가 하는 짓이다. (호증편파)

> 작가가 주인공을 편애하는 도가 점점 더 심해졌을 때는 오로지 주인공의 몸을 비호하여 위험한 경우에 처했을 때에는 반드시 이를 구해준다. (중략) 특별히 지나치게 이를 보호하여 그 인물의 재난을 피하게 해주는 것이 당연한 것처럼 독자가 여기게 하는 것은 너무나 졸렬하다. (특별보호)

여기서도 가부키를 염두에 두고 논하고 있으나 어쨌든 이것이 쇼요의 중립화(neutralization) 방법이었다. 영어권의 소설론에서는 작가의 동정심(sympathy)과 관련하여 공평함(detachment)과의 균형이 문제로 대두되고 있었고 쇼요도 그 논의를 보았을 것이다. 이 문제의식을 갖고 다시 읽어 보면 확실히 에도 시대의 서사는 위와 같은 '병'에 걸려 있었다.

필자가 보는 바로는 『핫켄덴』의 사토미 일족에 대한 예언자나 이누에 신베(犬江親兵衛)를 신동으로 비호하는 후세히메(伏姬)의 영혼, 『협객전』의 구로히메 등은 작가의 작품세계에 대한 전지전능성 혹은 자기 초월화의 상징이며 그와 동시에 세계관 아니 우주관의 표명이었다. 현대인의 눈으로 보면 이것은 고래의 서사 작법처럼 보일 테지만 실제는 중고 시대의 서사에는 없고, 중세의 신령담에 그 싹이 있었다. 바킨은 그 신령담을 '은미'의 방법으로 구사한 것이다. 그는 일본의 서사 작가 중에서는 드물게 우주의 구조에 필적하는 구상을 세우고 전 등장인물의 운명을 한 손에 쥐려고 하는 야심

찬 서사 작가였다. 이 같은 야심은 자신이 사는 세계의 구상이 통째로 보인다고 확신할 수 있는 시대가 아니면 생겨날 수 없다. 그는 그 확신을 바탕으로 서사 세계를 자신이 사는 사회의 비평적인 메타포로 삼으려고 했던 것이고, 그것은 지극히 새로운 소설 창작 방법이었던 것이다. 그런데 쇼요는 거기에 특정한 작중인물에 대한 작가의 편애를 발견하고는 이를 부정했다. 그것은 초월성의 부정에 의한 작가의 현세화이고 초월적 시점으로 기획된 '은미'의 부정이기도 했다.

작가의 현세화로 인한 공평함(detachment)의 실현, 현세화된 작가는 소위 살아 있는 작가와 다르지만 그것에 가까운 형태로 이미지화되었다. 쇼요는 작가가 주인공에 대한 호증편파나 특별보호를 그만두어야 하며 "세상의 여느 다른 문장들처럼 작가 자신의 감정과 사상을 그저 있는 그대로 나타낼 수 있는 것만으로 만족해 할 것이 아니라, 애써 작가의 감정과 사상을 밖으로 드러내지 않도록 덮고 감추어, 다른 인간의 정분을 천변만화하게 보이도록 그려 냄으로써 살아 있는 것처럼 묘사해 내"어, 등장인물의 성격을 다양하게 그려야 한다. 역설을 즐기고 있는 듯하지만, 작가의 감정이나 사상을 덮고 감추는 것이야말로 앞에서 지적한 '표면'주의가 실현할 수 있으며, 이 점에서 쇼요의 이론은 작가의 자기표현을 중시하는 '근대적인 문학관'과 근본적으로 다른 것이다. 이와 관련하여 그는 바이테이 긴가(梅亭金鵞)의 『시치헨진(七偏人)』(1857, 安政4)을 예로 들어 중요한 지적을 하고 있다.

> 일곱 명의 괴짜 중 난봉꾼인 와지로 한 사람을 제외한 다른 사람은 모두 동질의 인간으로 거의 동일인처럼 보인다. (중략) 과연 전편(全篇)의 언어 행위는 대개 동일하기 때문에 일곱 명의 인물의 언행으로 보이지 않고 그대로 작가의 독백처럼 여겨진다. (「주인공의 설치」)

그렇게 본다면 취향일철이나 중복 등도 또한 '작가의 독백'이라 불러야 할 것이고 표현의 병폐가 될 것이다. 그런 의미에서 그가 비판적으로 말하는 '작가' 개념은 작중인물의 분배 묘사의 결여, 즉 작가의 독백이라고 보아야 할 표현 그 자체도 포함되어 있었던 것이 된다. 작중인물의 '정'을 묘사해 냄으로써 그 독백성을 극복하고 '작가 자신의 감정과 사상'을 덮고 감출 수 있는 것이다.

이 독백관은 현대 문학이론의 다성성(polyphony)/독백성(monologue)이라는 이항대립 속에서의 독백(monologue)관과 동일시할 수는 없다. 단지 당시의 언문일치론이 작가의 감정이나 사상의 직접적인 전달을 이상으로 삼아, 모놀로그적 표현관 쪽으로 나아가던 상황 속에서 '작가의 독백'을 경계한 쇼요의 표현관은 상당히 독특한 위치를 차지한다. 현대 문학이론을 시야에 넣은 재평가가 필요할 것이다.

관점을 바꾸어 보면 쇼요 이후의 일본의 문학(연구)자는 언문일치론적인 독백적 표현관과 본 줄거리의 중심인물이라는 개념을 포갠 형태로 그들의 주인공 개념을 만들어 냈다. 이 개념은 다이쇼 시대에 이르러 일반화되고, 이후 우리들은 자신의 인생을 맥락통철의 형태로 재구성하면서 스스로 주인공이라고 하는 발상에 익숙해져 그 발상으로 자기 동일성(identity)을 만들어 내는 심성을 키워 왔다. 현대의 과민증적인 '자신'에 대한 집착은 그 하나의 귀결임에 틀림이 없다. 그 결과 현대의 독자에게는 에도 시대의 서사 구성을 지탱하던 세계관이나 인간관이 보이지 않게 되었다. 즉 자신들과는 다른 아이덴티티관을 품고서 타자와의 관계를 맺는 인간 세상에 대한 상상력을 잃어버린 것이다. 쇼요의 주인공 개념은 일면으로는 그런 방향을 준비하고 있으나, 그 표현관은 그것과는 다른 방향으로도 존재할 수 있다는 가능성을 보이고 있다. 거기에 쇼요의 『소설신수』가 가진 단면적이지 않은 독자적 위치가 있다고 말할 수 있을 것이다.

단 이상은 어디까지나 이론적 차원의 특징으로, 보다 구체적으로 이해하기 위해서 당시 그가 실제로는 어떠한 서술법을 사용하였는지 알아보자. 다음은 『당대 서생기질』의 서두이다. 현대 독자의 눈에 이것은 에도 시대 희작의 단순한 답습으로밖에 보이지 않을지도 모른다.

> 가지각색으로 변화하는 덧없는 세상이구나. 막부가 번성했던 시절에는 무사들만이 활보하던 에도가 어느덧 도쿄로 이름이 바뀐 이래 매년 세상이 열려 가는구나. 개화하는 세상 덕분에 신분의 높고 낮음에 차별도 없이 재능 있는 사람은 등용되어 검은 칠한 마차를 탈 수 있을 만큼 높은 지위에 오르고, 어제까지 풀을 팔던 집의 자식도 출세해서 수염을 기르게 되자 아무아무 '영감님'이라고 귀족 같은 이름을 대면서 수도의 대로를 인력거로 달린다. 그런가 싶으면 그 인력거를 끄는 사람이 있다. 영고성쇠 가지가질세. 정해져 있지 않은 세상도 지혜만 있으면 어떻게든 생계는 이어진다. 오르막이 있으면 내리막도 있다. 불경기에 우는 상인도 있다.

마쿠라코토바[1])와 가케코토바[2]), 엔고[3])를 풍부하게 사용하여 태평성대를 축복하는 소위 축언(祝言) 형식은 닌조본 등에도 자주 사용되었다. 쇼요도 그 형식을 근거로 하여 장군이 통치하던 도쿠가와 막부 시대가 천황이 직접 집권하는 왕정복고 세상으로 바뀐 것을 '새로

1) 마쿠라코토바(枕詞): 주로 와카(和歌)에서 볼 수 있는 수사(修辞)로, 특정어 앞에서 어조를 조절하거나 어떤 종류의 정서를 첨가하나 노래의 의미에는 직접적인 관계가 없다.
2) 가케코토바(掛け詞): 와카를 비롯한 일본문학 특유의 수사법 중의 하나. 같은 음을 가지고 있는 말에 두 가지 이상의 의미를 담아서 표현하는 방법으로 고래부터 사용되어져 왔다. 가케코토바가 되는 말은 대부분의 경우 히라가나로 쓴다.
3) 엔고(縁語): 노래의 주지(主旨)로, 어떤 말을 중심으로 그것과 의미상 관계가 깊은 말을 사용하여 그 연상효과에 의해 표현을 풍부하게 만드는 기교.

바뀐 해(신년)'로 치켜세워 축복했다. 단 에도 시대의 축언에는 암묵의 약속이 한 가지 있는데, 그것은 이 안정된 태평천하가 작년과 다름없이 내년에도 변함이 없을 것임을 축복한다는 약속이었다. 태평천하를 보증해주는 것이 '나라님'인 이상 그것이 바뀔 리가 없고 또한 바뀔 것을 바라서도 안 될 터이기 때문이다. 그러나 쇼요는 그것을 일변시켜, 정치체제가 바뀌고 '열려 가는' 문명개화의 세상이 된 것 자체를 축복하고 있다. 역사가 가장 명료하게 사람들에게 의식되는 것은 정치체제의 변혁이 행해지는 때라고 한다면 실로 쇼요는 그 '역사'가 출현한 시대(epoch)를 축복한 것이다. 거기에 미묘하지만 중요한 전환이 보인다.

이 새로운 '역사'적 시대는 "신분의 높고 낮음에 차별도 없는" 평등주의를 표면상 앞세워, 어제까지는 보잘것없이 풀 장수를 하던 집의 아들도 재능만 있으면 인력거를 타는 신분이 될 수 있는 시대다. 이것이야말로 문명개화의 '덕분'이며 은혜라고 해야 할 것이다. 그러나 쇼요는 그런 긍정적인 면과 함께 재능이 없어 차부로 전락하거나 불경기에 우는 상인도 있다는 문명개화의 '덕분(그늘)'인 부정적인 면도 언급하고 있다. "개화하는 세상 덕분"의 '덕분'에서는 그런 이중의 의미[4]를 읽을 수 있다. 그는 이 서사에서 신시대를 타고 신분상승의 계기를 잡은 인물의 경력을 말할 때에는 메이지 유신의 해를 메이지 원년이라고 썼다. 그런데 어쩔 수 없이 몰락을 하게 된 인물의 경력을 말할 때에는 같은 해를 게이오(慶應) 4년이라고 쓰고 있다. 말하자면 '덕분'과 '그늘'의 차이를 원호로 나타낸 것이다.

이처럼 바뀌는 '역사'적 시대를 '세계'로 삼고, 문명개화를 지금

4) 덕분의 원문은 '카게(余沢, かげ)'로 현대어에서는 보통 가게(陰)로 표기된다. 이 '카게'라는 말은 덕분이라는 뜻과 그늘이라는 두 가지 의미가 담겨 있기 때문에 이에 쇼요가 이중적인 의미를 부여했다는 필자의 분석.

세상의 주 서사로 하여 여러 가지 운명을 취향으로 담아낸다. 이것이 쇼요의 '세계와 취향'이다. 앞 장에서 소개했듯이 에도 시대의 서사 작가는 세인이 알고 있는 서사를 '세계'로 하여 여러 가지 취향을 담았는데, 쇼요는 에도 시대 이후의 축언 형식을 환골탈태함과 동시에 그 '세계'를 배경으로 밀쳐 내어 버렸다. 그 대신 일신(御一新, 메이지 유신)이라는 사람들에게 공통적인 현실 경험을 소설의 '세계'로 선택한 것이다. 메이지 이후의 소설이 역사적 현실을 '세계'로 하는 경향은 이렇게 시작된 것이라고 말할 수 있을 것이다.

『당대 서생기질』은 그런 의미에서 '근대소설'의 개시를 알리는 것이라 할 수 있는데 쇼요는 앞의 서두 표현에 이어서 2인 1쌍의 '주인공'을 등장시킨다. 한 사람은 다음과 같은 모습의 젊은 기생, 다노지(田の次)이다.

> 그 모습은 어떠한가 하면 마른 체격에 키도 작지 않고 얼굴빛은 눈에 띄게 희며 콧날이 서 있다. 눈은 좀 날카롭지만 웃으면 애교가 있다. (중략) 그래서 어쩐지 우수에 찬 얼굴로 보이기는 하지만, 웃는 얼굴에 애교가 있으니까 오히려 쌍방을 서로 비추어 정취를 만드는 변화의 묘(妙)가 있다. 이것들은 이른바 통일(unity)과 변화(variety)를 합쳐 얻어진 정취 있는 미모라는 것이 당치도 않은 서생풍의 망평(妄評)으로 세상에서는 통하지 않는 잠꼬대 같기는 하지만.

에도 시대까지의 서사는 등장인물의 몸차림을 섬세하게 묘사했지만 그 얼굴 생김새는 그리지 않았다. 이렇게 얼굴의 특징을 관찰하여 그 성격을 엿보게 하는 묘사 방식은 쇼요만의 신발견이었던 것이다. 그는 스펜서적 혹은 루이스적인 대조법을 사용하여 꼼꼼하게 이 젊은 여성의 강한 눈매와 애교 있는 웃는 얼굴, 우수와 애교를 대조시키면서 그 매력을 설명하고 있다. 그는 이러한 방식으로 여성의 새로운 아름다움의 발견을 제창한 것이다. 그런 와중에도 쇼요는 그것을 "이른바 통일(unity)과 변화(variety)를 합쳐 얻어진 정취 있는 미모"라고 잘라 말하는 페던티시즘(pedantism)에는 주저를 느낀 듯 "당치도 않은 서생풍의 망평"이라고 부끄러워하고 있다. 너무나도 노골적인 애덤스 힐 스타일의 수사론를 직수입하는 데에 뒤가 켕겼을 것이다. 그러나 미(美)의 새로운 표현법의 하나로서 거기에 자신의 진정성을 드러낸 것은 말할 필요도 없다.

이 다노지는 어릴 적에 보신(戊辰) 전쟁[5]의 우에노 전투에 휘말려 부모와 생이별하고, 어쩔 줄 몰라 울고 있는 것을 고마치다(小町田)라는 인물이 데려가 그 집의 양녀로 삼았다. 고마치다에게는 산지(燦爾)라는 남자 아이가 있어서 산지와 그녀를 남매로 키운다. 그러나 고마치다는 신정부에서 일하며 그에 상응하는 신분을 얻었으나 정변으로 관직을 잃고, 어쩔 수 없이 다노지를 자신의 첩이었던 오쓰네(お常)에게 맡기게 되었다. 그녀는 오쓰네 밑에서 게이샤가 되었는데, 당시 평판이 높았던 가부키 배우 사와무라 다노스케(澤村田之助)의 팬이었던 까닭에서 '다노지'라는 별명이 붙어 결국 그것이 그의 예명이 되었던 것이다.

다노지는 우연히 예전에 남매로 함께 자랐던 산지와 재회한다.

> 나이는 대략 스물 하나 둘, 마른 체격에 중간키. (중략) 그 복장은 어떤가 하면 이 날은 일요일이고 게다가 벚꽃구경 때였으므로 아껴둔 화사한 의상을 입었을 것으로 보인다. 통소매의 평상복은 실 보푸라기로 거칠게 짠 비단의 엷은 솜옷. 분명히 아버지로부터 물려받은 옷.

5) 보신(戊辰) 전쟁: 1868년(慶応4) 무신(戊辰)년에 시작되어 유신정부군과 구 막부군 측과의 사이에 6개월여에 걸쳐 싸운 내전.

> (중략) 겉옷은 꼰 명주실로 짠 옛날 것. 어머니의 겉옷을 줄여서 고친 것인가. 그 증거로는 옷자락 쪽만 매우 낡은 흔적이 있다. 그 차림새를 보고 생각하건데 그다지 좋은 집의 아들은 아니지만 그렇다고 해서 시골출신으로는 보이지 않는다. 부내(府內)의 하급 관리의 아들인가. 어쨌든 모친이 없는 사람은 하카마의 옷자락으로 추측할 수 있다. 작가의 방관자적인 독단이다.

이것이 산지가 등장할 때의 모습이다. 여기에서도 쇼요는 얼굴의 극명한 묘사를 시도하였지만, 그 부분은 생략하고 몸차림의 관찰 부분만을 소개했다. 현대 소설가라면 다노지의 눈에 비친 형태로 몸차림을 그릴 테지만 당시의 묘사 기술은 아직 거기까지 세련되지 않아서 쇼요는 몸차림을 관찰하여 이 청년의 가정 상황을 추측한다는 묘사법을 취하고 있다. 이 방법으로 '열려 가는 세상'의 '그늘'에 놓이게 되고 만 가족의 빈궁한 삶의 모습을 묘사한 것이다. 환언하면 몸차림만을 묘사하여 그 생활 모습을 "행간의 심의"로서 독자에게 암시하는 것이 아니라, 몸차림의 배후에 있는 것까지도 '표면'화한 것이다.

이런 관찰과 추측을 하는 것은 '작가'이지만 말할 것도 없이 이것은 서술자로서의 '작가'와 쇼요 자신과는 구별되어야 한다. 물론 이 '작가'는 어느 부분에서 쇼요 자신과 겹친다. 그러나 쇼요 자신은 서사 세계에 대해 전지전능하고 초월적인 입장에 있을 것이고, 일부러 몸차림에서 생활 모습을 추측하여 그것을 '방관자적인 독단'이라고 양해를 구할 필요는 없다. 그런 의미에서 어디까지나 이 '작가'는 어쩌다 꽃놀이 모임이 있었던 일요일 저녁에 한 사람의 청년을 발견하고 흥미를 지닌 서술자일 뿐이다. 이렇게 전지전능성을 폐지하고 단순한 방관자로 자격을 한정한 '작가'를 텍스트 내에 출현시키는 것이 쇼요가 시도한 작가의 현세화였다. '역사'화된 현실을 '세계'로 삼는 소설이 작가의 이 같은 현세화를 필요로 한 것이다.

제5장

언어의 담론

쓰보우치 쇼요가『소설신수』에서 사용한 '언어' 또는 '말' 은 언어 활동의 총칭으로 해석할 수 있는 경우도 없지 않다. 그러나 그는 주로 그것을 '문'과 이항대립화한 경우의 '빠롤(parole)'의 의미로 사용했다.

더구나 빠롤의 의미로 사용한 '언어'는 소위 일상의 회화체와 소설 속 인물의 대사를 포함하고 있었다. 이것 자체는 당시의 언문일치론자도 같은 방식으로 다루고 있었고, 쇼요도 그에 준하고 있었을 뿐이라고 볼 수 있겠다. 그러나 그 문체론에서 '아속절충체'[1]의 분석 등을 보면 그는 텍스트 내의 대사와 일상의 구어를 차원이 다른 것으로 다루고 있다. 현재의 텍스트 분석 이론에서 본다면 당연히 달라야 한다. 텍스트 내에 재현된 작중인물의 대사는 일상의 회화와 달리 다른 작중인물의 대사와 서로 대상화하는 관계에 있을 뿐만 아니라 지문(바킨이 말하는 지문)[2]과도 서로 대상화(對象化)하여 이른바 메타 언어적인 기능을 띠기 때문이다. 다만 쇼요는 그런 차원의 차이를 염두에 두면서 대사를 쓰는 방식을 논하기는 했지만, 이론

1) 아속절충체: 우아한 말과 속된 말을 적절하게 절충시킨 문체.
2) 지노고토바(地の言葉).

적으로 일상적 회화와 대사의 관계를 밝히려고 시도하지는 않았다.

여기에 그의 '언어' 관이 보통 방식으로는 풀리지 않는 어려움이 있다.

뿐만 아니라 앞의 아속절충체에 관련된 점을 들자면 쇼요는 아언[3]과 속언[4]을 때로는 같은 회화체로 취급하고 때로는 아언을 문장체, 속언을 회화체로 구별했다. 이것은 그가 교쿠테 바킨에게 이어받은 사고방식이고, 더욱이 모토오리 노리나가에서부터 오규 소라이까지 거슬러 올라갈 수 있다.

노리나가나 바킨에 의하면 고대 일본에서는 본래 회화체와 문장체의 구별 따위는 없었다. 그들은 헤이안(平安) 시대의 여성 작가들은 궁정의 일상적 회화를 그대로 기술했던 것으로 생각했던 것이다. 그런 의미에서는 말과 글이 순조롭게 일치하고 있었으나, 궁정 회화는 본래 우아한 점이 있어 소위 문장체의 규범으로서 당대까지 전해져 왔다. 이것이 그들이 말하는 아언이다. 한편 일상 회화 그 자체는 시대와 함께 변천하여 현대의 속언에까지 이르고 있다. 이 관점에 따라 아언과 속언의 관계를 파악해 본다면 고정/변용, 또는 규범/속화라는 관계가 될 것이다. 쇼요는 그런 인식의 흐름에 속해 있고, 또한 아언과 속언을 절충한 작중인물의 대사를 착상함으로써 종래 생각되었던 '말'과 '글'의 어느 쪽 관념과도 잘 들어맞지 않는 기묘한 위상의 '언어'를 다루어야 했던 것이다.

필자는 그러나 이것을 논리적 혼란으로서가 아니라 당시 언어의 혼질적인 상황이 적극적으로 반영된 것으로 파악한다.

단 이 경우의 '혼질적'이란 국어학자가 언어활동을 세 가지 과정의 혼재로 파악하는 것 같은 의미는 아니다. 일찍이 국어학자는 인간의

3) 우아한 말.
4) 속된 말.

커뮤니케이션을 물리적 과정(음성이나 문자), 생리적 과정(시청각에 의한 지각), 심리적 과정(전달이나 이해)의 혼재라고 보았지만, 여기서 말하는 '혼질적'은 그것과는 다르다. 또한 최근의 국민국가론이나 문화 연구(cultural studies)에서 자주 사용되는 잡종성(hybridity)의 의미도 아니다. 오히려 필자가 그렇게 부르는 이유는 쇼요가 파악하는 아언과 속언의 관계가 시사하는 것처럼 당시의 텍스트 내의 언어는 문장체와 회화체의 차별과 동일성을 동시에 짊어지는 것이었기 때문이다. 일반적으로도 이것이 언어의 실정일 것이다. 또한 이 견해로 본다면 『소설신수』는 동시대의 언문일치론에서 보이는 언어의 제 개념에 가장 포괄적으로 대응하고 있었던 것만은 아니다. 『소설신수』는 바킨이나 노리나가 등의 선인의 관념과도 미하일 바흐친이 말하는 대화적인 관계에 서 있었다. 말하자면 공시적임과 동시에 통시적인 대화성을 포함하고 있었던 것으로, 이것이 혼질적이라고 부르는 또 하나의 이유임에 틀림없다.

이상의 문제의식을 토대로 삼아 다음으로 먼저 쇼요의 언어관을 지탱하는 한편 구속하던 발상의 틀을 확인해 두고 싶다.

그 틀의 하나는 현대의 서사 향수는 묵독에 있다는 인식이었다.

> 생각하건대 한자 시문에서 운문을 사용하는 것도 시를 소리 높여 읊을 때에는 매우 긴요한 것인데 현세처럼 묵독하여 단지 전체의 신운을 눈으로만 즐거워하는 세상에서는 그렇게까지 긴요한 것이라고는 생각되지 않는다. (「소설총론」)

잘 알려진 바와 같이 마에다 아이(前田愛)**[*원주1]**는 묵독을 근대적인 소설 향수의 중요한 지표(merkmal)로 삼았다. 이것은 그러한 인식의 가장 빠른 일례라고 말할 수 있다.

그런데 여기서는 이것이 '유운시(운율 있는 시)'와 대비로 이루어진 표명이었던 것에 주의해야 한다. 쇼요는 존 밀턴(John Milton, 1608~1674)의 '무운 장편시'를 예로 들어 시가 시다운 까닭은 형식적인 운의 유무가 아니라 '신운(神韻)'에 있다고 논했다. 제1장에서 다루었던 기쿠치 다이로쿠가 번역한 『수사 및 화문』에 "근세 산문의 (중략) 그 시와 다른 점은 엄밀한 운율을 버리고 친숙한 언어로 일임함으로써 자유롭게 유출변화하게 하는 것에 있다"는 한 구절이 있다. 그의 목적은 이 부분을 근거로 삼아 '무운 장편시'와 소설의 유사성을 지적하고 소설을 미술의 일원으로 추가하는 것이었다. 따라서 이와 같은 문맥에서 '묵독'은 '유운시'의 낭독성과 대립하는 개념이었던 것이다.

그가 『수사 및 화문』의 이론을 납득하기 쉬웠던 이유는 원래 일본 시가는 '유운시'라고 부를 수 있는 것이 아니었고 다른 한편 요미혼이나 닌조본의 문체가 7·5조를 기조로 하는 일종의 율문이었기 때문이었을 것이다. 그가 전통적인 문체를 논하며 자주 '음조(音調)'에 구애받은 것도 이 때문이라고 여겨진다.

이 점 또한 마에다 아이에 의하면 일반적으로 에도 시대의 서사 향수는 누군가 한 사람이 주위의 몇 사람인가에게 음독하여 들려주는 형태였다고 한다. 그 시기의 닌조본이나 우키요에 유를 보면, 일인음독 장면은 도처에 나온다. 복수의 사람들에 의한 음독향수는 반드시 일반적이지는 않았다. 그는 음독/묵독=근세/근대라는 착상을 고집한 나머지 반증적인 데이터가 갖는 의미를 고찰할 여유가 없었을 것이다. 단지 에도 시대의 문자 학습은 처음에는 대나무 꼬챙이 같은 가는 막대 끝으로 한 자 한 자 짚어가며 소리를 내어 읽었고 익숙해진 후에도 음독하는 습관은 남았다. 닌조본의 몇 장면으로 판단하자면 일인음독의 경우에도 자연히 목소리의 음색을 궁리하면서 읽었던 것 같다. 그리고 실은 그런 독서습관을 근거로 하면서 읽는 방법의 문제를 새로이 제기한 것이 쓰보우치 쇼요였다. 마에다 아이가 말하는 음독/묵독이라는 이분법은 쇼요에 의해 만들어진 것이다.

이 점을 증명하기 위해서는 『소설신수』 이외의 논문도 살펴보아야 하지만, 그는 『소설신수』와 전후해서 발표한 「문장신론(文章新論)」(『중앙학술잡지(中央学術雑誌)』 28, 32호, 1886. 5~7)에서 "문장의 의미에 따라 억양과 완급을 조절하는" 독서법을 제창하고 있다. 그의 반성에 의하면 그 자신도 바로 최근까지 바킨처럼 7·5조의 산문을 좋다고 생각해 왔다. 그러나 이것은 형식의 노예라고 할 수 있으며 오히려 문장에 담긴 감정을 포착하여 그 감정을 보다 잘 표출할 수 있도록 억양, 완급을 조절한 음독 방법을 고안해야 한다. 그런 의미에서 그가 말하는 억양·완급은 읽는 이의 이해를 바탕으로 하는 문장해석의 표현이기도 했다. 그것은 음독과 묵독 어느 쪽과도 통한다. 설령 묵독이라도 억양·완급을 포함한 음조를 내적으로 지향하여 자신을 향해 환기할 것을 유념해야 한다. "묵독하여…… 신운을 눈으로만 즐거워한다"라는 말은 이것을 가리키는 말일 것이다.

그 때문에 음독해서 들려주는 상대의 존재 유무는 쇼요에게도 무시할 수 없는 문제였으나 그보다 중요한 것은 읽는 과정에서 음조를 내재시킬 수 있는지의 여부 문제였다. 또는 자신의 의식 안에 청자를 현존시킬 수 있는지의 여부 문제였다. 청자를 외부에 갖는 것과, 내적으로 음조를 환기하여 자신의 의식에 현존시키는 것, 어느 경우도 음조에 대한 지향을 수반하지 않는 음독 방식은 서사의 음독 방식이라고는 말할 수 없다. 음조를 환기해 주지 않는 문장은 뛰어난 문장이라고는 말할 수 없는 것이다.

> 요컨대 독서법이란 그 문장의 의미에 따라서 문장의 고저강약, 완급을 고르는 법이다. 서양서의 문장 및 일본의 속언문(俗言文)(산바, 잇쿠, 슌스이 등의 저술)은 모두 이 방법을 응용한 것이리라. 그런데 한문(훈독하는 한)은 다르다. 오늘날의 번역문 및 번역문으로 불리는 옛날의 문과 같은 것은 모두 이 범위에 들어가기 어려운 것이다. 그 이유는 (다소의 문장의 고저강약과 완급은 행해졌을지라도) 결코 속언문처럼 충분히 그 사상을 표출할 만큼 자유자재로 문장의 고저강약을 주는 것은 불가능하기 때문이다. (「문장신론」)

그는 이처럼, 속언을 단순한 어휘 차원이 아니라 완급, 억양을 포함한 (발화)문 차원에서 파악하고 있었던 것으로, 이 점을 한 번 짚어보면 『소설신수』의 '속언'과 '내부'가 밀접하고 불가분한 관계였던 이유도 잘 알 수 있을 것이다.

> 그렇기 때문에 인간이라고 하는 동물에게는 바깥으로 표출되는 외부 행위와 내적으로 감춰진 내부 사상이 양면적인 현상도 있을 터이다. (「소설의 주안」)

> 언어는 영혼이다. 문은 형식이다. 속언에서는 칠정(七情)이 전부 화장(化粧)을 하지 않고 나타나지만, 문에는 칠정도 모두 분칠을 한 채 나타나 다소 진실을 잃어버리는 바가 있다. (「문체론」)

이 의견에 따르면 속언이야말로 '내부의 사상'을 표출하는 데에 적합한 언어이고, 그러므로 글을 읽는 자는 그 완급과 억양을 재현하도록 노력해서 잃어버린 내'실'을 회복해야만 한다. 이러한 의미에서 외부/내부, 문/언의 이항대립이 당시 쇼요의 또 하나의 발상 틀이었다.

'칠정'은 희노애오애구욕(喜怒愛惡哀懼欲)이라는 일곱 가지 감정・정념으로 송학(宋學)의 성리학에서 말하는 것과 일치한다. 단지 그 파악 방식은 오히려 송학을 비판한 오규 소라이의 『변명(弁名)』(1717, 享保2)의 이론에 가깝다. 그것은 에도 시대의 인성론에서, 정을 인간의 '실' 로 보는 정=실론이나, 문을 자연 그대로의 정에 덧붙여진 문화양식 즉 '기교' 로 보는 발상은 소라이에게서 유래한 것이기 때문이다.

소라이에 의하면 사람에게는 저마다의 성(性)에서 발하는 욕(欲)이 있고, 이것이 충족되어 희락애(喜樂愛)의 3정이 되고, 그것이 방해받을 때 노오애구(怒惡哀懼)의 4정이 생긴다. 그는 이처럼 주자학의 칠정에서 '욕'을 떼어 내어 이 새로운 칠정의 근원적인 위치에 '욕'을 두었다. 그리고 '욕'의 발현을 사려(思慮)하는 마음이 작용하여 '그 성을 잘 숨긴다'고 보았던 것이다. "따라서 마음은 늘 교식(矯飾)하는 바가 있다. 그리고 정은 교식하는 바가 없다."[*원주2] 교식(矯飾)이라는 것은 교정하여 수식한다는 의미로 '마음'이 그 작용을 담당한다. 그러나 '정'은 '마음'의 작용을 받지 않으며 '그 내실을 숨기지 않' 고 드러낸다. 노리나가도 그것과 비슷한 말을 했다. "사람의 정이 사물을 느끼는 것은 선악사정(善惡邪正)이 다양하게 있는 중에서 도리에 어긋나는 것은 느끼지 않으려 할지라도 정은 (자기) 스스로도 마음대로 할 수 없어서 스스로가 견디기 어려운 점이 있다고 느끼는 법이다."(『겐지 모노가타리 다마노오구시』) 이러한 의미에서 '정'은 사람 저마다의 성의 '내실' 이고 그렇기 때문에 '실정(實情)'이라고도 부를 수 있는 것이다.

쇼요의 이론에서 언/문은 이러한 정/마음의 변주였다고 볼 수 있다. "속언에는 칠정 모두" 나타나는데 "문에는…… 다소 그 내실을 잃"어 버리는 부분이 있는 것이다. 이 점에서 다시 파악해 보면, 그가 말하는 '내부'에는 이미 '마음'이 즉자적(卽自的)인 성・정에 대한 대자적

(對自的) 사려(conscious)의 작용으로 포함되게 된다. 이것이 속언/아언, 대사/지문이라는 이항관계로 변주되었다고 볼 수 있다.

이렇게만 보아도 당시 언문일치론에 대한 쇼요의 입장을 알 수 있을 것이다. 언문일치론자들은 유통성이 높은 표준적 문체를 만들어 내기 위해 문의 근거를 일상적인 회화체에서 찾았고, 따라서 그들의 관심은 회화체의 문자 기호로 가나문자를 선택할지 로마자를 선택할 것인지에 집중하였다. 쇼요도 마찬가지로 문을 속언 쪽으로 다가가게 하려 했는데, 그 이유는 속언이야말로 가장 인간의 '실정'에 접해 있기 때문이었다. 따라서 그 과제는 어떻게 해서 '실정'을 아는 문의 시스템(소설)을 만들어 낼 것인지에 있었던 것이다.

이 점을 하나 확인하고 그 다음 주의할 것은 「작가의 위치」 장에서 확인했듯이 쇼요가 "외면에 보이지 않는 속마음"을 긍정적으로 나타내기 위해 오히려 작가의 감정이나 사상에는 부정적이었다는 점이다. 이 변증법적인 발상은 소라이나 노리나가에게서는 볼 수 없었고 쇼요 이후의 근대 문학(연구)자에게서도 나타나지 않았다.

> 그렇기 때문에 소설은 보이지 않는 것을 보이게 하고 (중략) 끝없는 인간의 욕정을 끝이 있는 작은 책자 안에 망라하여 이것을 가지고 즐기는 독자로 하여금 자연스럽게 반성하게 하는 것이다. 조물주는 천지만상을 만들고 공평하기 그지없다. (「소설의 주안」)

한편으로 쇼요는 이 조물주의 무사(無私)를 이상으로 삼고 다른 면에서 보면 그 이념의 전환점에 서 있었다고 할 수 있을 것이다.

소라이는 위에서처럼 칠정을 인간의 '내실'·'실정'으로 인식한 다음에 이것을 틀에 맞춰 정돈한 제도로서의 문화, 즉 선왕의 '도(道)'의 의의를 역설했다. 그에 대해 노리나가는 이 인간의 '내실'·'실정'을

이른바 조물주의 무사에 의해서 그대로 용인하려고 했다. 그것이 '모노노아와레(もののあわれ)' 주장이다. 그리고 이와 같은 인성론의 관점에서 쇼요 이후의 문학적 담론을 보면 인간의 성·정을 억제하는 자기 규제의 노력을 일종의 심적 작위로 기피하는 발상이 점점 강해지기 시작한다. 역으로 말하자면, 자신의 성·정을 있는 그대로 자연성으로 긍정하려는 경향이 지배적이 되어 사소설이나 심경소설을 낳고, '전후'에는 더욱 확산되어 임상심리학적 용어를 빌린 반억압론의 담론으로 유포하고 있다. 쇼요도 그런 인성론의 흐름에서 완전히 자유로웠던 것은 아니나, 적어도 이 시점에서는 표현을 위한 변증법적 부정주의(Negativism)를 착상하고 있었던 것이다.

이 부정주의는 통상적인 의미에서의 도덕적 비난과 같은 가치판단을 포함하지 않는다. 또 그 반대로 개인의 '내부'를 타자의 침해로부터 지켜야 할 '진실'로서 성역화해 버리는 것도 아니었다. 물론 쇼요는 소설을 권선징악의 이데올로기로부터 해방시키기 위해 노리나가의 '모노노아와레'론을 원용한다. 단 노리나가는 '모노노아와레'를 『겐지 모노가타리』 전작품의 테마로서만이 아니라 작가의 표현 동기 그 자체로 파악하여 『겐지 모노가타리』의 갖가지 세부에서 '작가의 속마음'을 읽어 내려 하였다. 그에 비해 쇼요는 작가의 '실정'과 작품 세계의 직접적 관계를 어떻게 극복할지에 소설의 가치 기준을 두려고 했던 것이다.

> 노련한 요술쟁이가 멀리 떨어져서 무정한 그릇을 달리게 하거나 혹은 춤을 추게 하거나 하는 것처럼 하면 어쩌면 그 정수에 다가갈 수 있다. 결국 소설 작가와 그 인물과의 관계를 독자에게 알리게 되면 이상하기 짝이 없다. (「주인공의 설치」)

그러나 이것은 그가 『소설신수』에서 작가의 조건을 논하고 『당대서생기질』에 세 작가임을 칭하는 서술자를 내재화시킨 것과 결코 모순되지 않는다. 『서생기질』의 작가 즉 서술자는 쇼요 개인과 분리된 텍스트 내의 한 기능으로 『소설신수』에서 추구된 것도 살아 있는 작가의 주체적 조건이 아니라 바로 그 작가의 기능적 조건이었음에 틀림없기 때문이다. 이런 종류의 작가상은 일찍이 일본의 서사에는 없었고, 쇼요와 동시대의 문학적 담론 공간에도 아직 그 위치를 얻지 못한 상태였다. 쇼요는 『소설신수』 전체를 통하여 그러한 존재하지 않는 '작가'를 요청하였던 것이다.

쇼요의 '언어'관을 지탱하고 또한 구속하던 틀은 대체로 이상과 같았다. 여기서 앞의 인용문으로 돌아가 또 하나 주의해야 할 것은 쇼요가 "칠정이 전부 화장을 하지 않고 나타난다"라고 말한 '속언'은 반드시 수사를 동반하지 않은 평서문만이 아니라 종종 비유 표현의 형태를 취한다고 하는 것이다. 예를 들면 우리는 울화가 치밀어서 '빌어먹을'하고 욕설을 퍼붓는다든지 한다. 쇼요의 설명에 의하면, 우리의 마음이 안정되어 있을 경우에는 '그쪽은 도리를 모르는 녀석이다'하고 주의를 촉구하고, 때로는 화가 나서 '변변치 않은 녀석'이라고 말한다. 일부러 그것을 넘어 '짐승 같은 놈'이라고 말하는 것은 상대를 부끄러움도 모르는 짐승에 빗댄 '의언(擬言)'이었다. 이것을 '화언(華言)'이라고도 한다.

> 대단히 화가 났을 때, 혹은 매우 슬플 때에 사용하는 언어는 간략하고 동시에 심한 화언(華言)을 내뱉는다. 화언이란 무엇인가 하면 비유하는 말이다. 비유하는 말이란 서양에서는 'Figure of speech'로 칭하여 문자의 장식도 되고 하나의 생략 방식도 되는 것이다. (「소설의 비익」)

'Figure of speech'라는 것은 비유적 표현을 말한다. 이 부분이 허버트 스펜서의 '문체의 철학'을 바탕으로 하고 있었던 것은 지금까지의 연구에서 지적을 해 왔다. 만약을 위해 소개하자면 스펜서는 경제성의 관점에서 제유 이하의 수사법을 해설한 뒤, 산문에 대한 시의 우위에 관하여 다음과 같이 말했다.

> 자, 우선 첫째로 우리는 심적인 고양(高揚)이 가장 효과적이도록 계획된 발화 형식을 자발적으로 촉진하는 사실에 주의해야 한다. 회의장의 혼란에 화가 난 시민들의 입에서는 자연스럽게 '저놈을 쫓아내라', '놈을 끌어내라' 등의 고함이 터져 나온다. ……다시 말하면 우리들 누구나가 흥분한 인물은 비유적 표현(figures of speech)의 충동에 빠지고 만다는 것을 알고 있다. 서민의 욕설은 그런 표현으로 가득 차 있는데 실제로 그것 이외의 말을 갖고 있지 않다. '짐승', '야만인', '악당 놈, 교수형감이다', '흉악한 녀석' 등은 다른 은유나 비유적 형용사처럼 즉시 가두 분쟁을 환기시킨다. 그뿐만 아니라 극도로 간결한 표현은 격정에 사로잡힌 언어의 또 하나의 특징이라는 점에도 주의해야 한다. 문장으로서 불완전하고 접속사나 관사 유는 생략되며, 그리고 가장 중요한 단어가 종종 문맥으로 판단하게끔 없어지고 만다.**[*원주3]**

앞서 인용한 쇼요의 "비유하는 말이란…… 하나의 생략 방식도 되는 것이다"라는 말은 매우 당돌하여 설명이 부족한 감도 없지 않으나, 이 인용을 참조하면 한층 명료해질 것이다.

단 조금 상세히 주의를 기울이면 스펜서가 '짐승!'이나 '야만인!' 같은 욕설에 비유적 표현(figure of speech)의 가치를 인정한 것은 그것들이 언어로 표현되지 않은 얼마나 많은 사항을 암시할 수 있는가 하는 경제적 효율을 평가했기 때문이었다. 정동(情動, emotion)에는 그것을 촉진하는 계기 이상의 의미는 없었다. 쇼요가 번안한 것처럼 교식되지 않은 감정의 표출 때문도 아니었고 문장을 수식하기 위함도 아니었던 것이다.

이는 스펜서에게는 속언의 가치를 부활시키려는 모티브가 없었고, 쇼요에게는 그것이 강했다는 것을 보여준다. 견해를 달리하면, "속언에는 칠정이 전부 화장을 하지 않고 나타난다"라는 정=실론에 기반한 언어관과 스펜서의 수사론을 정합(整合)시키기 위해서 쇼요는 위와 같이 번안할 수밖에 없었던 것이다. 그렇다면 이 '화장'과 앞의 'Figure of speech'라는 '장식'과는 어떻게 다른 것인가. 이와 같은 의문이 당연히 일어날 수 있는데 아마도 이 문제에 관해 쇼요는 다음과 같이 대답했을 것이다. 쇼요의 이론에 따르면, 예컨대 상대에 대한 비난을 '그쪽은 도리도 모르는 놈이다'라는 평서문으로 정리하는 것 자체가 '분칠을 하는' 것임에 틀림없다. 좀 더 근본으로 되돌아가 말하자면, "마음은 늘 교식하는 바가 있다"라는 그 '마음'이 작용하여 감정을 억누르고 위와 같은 평서문을 선택하게 하는 것이다. 그것 자체가 이미 '교식'이고, 오히려 그 '교식'을 거치지 않고 감정을 그대로 드러내는 '짐승' 쪽이 '비유하는 말' 혹은 '화언'이었다.

이렇게 쇼요의 외부/내부라는 이분법은 반드시 그대로 수사/무수사라는 이분법과는 대응하고 있지 않았던 것이다.

그런데 쇼요의 '안에 감추어진 내부의 사상'이라는 관념의 전제로 "문은 사상의 도구이자 또한 장식이다"(「문체론」)라는 명제가 있었다. 이것은 언어를 사상의 외피(clothe) 또는 사상의 운반구(vehicle)로 생각하는 영어권의 사고방식을 번역한 것이었다고 볼 수 있다.

> 주된 것은 사상이고, 언어는 부속물(accessory)이다. ……어울리는 말을 두른 진실하고 적절한 사상이 있어야 한다.

> 비유적 표현(figure of speech)은 표현의 문법적으로 엄밀하고 논리적인 법(mode)으로부터 일탈이며 그 수단에 의해 관념이나 사상은 생기와 강력함으로써 전달된다.**[*원주4]**

이 두 가지는 모두 A. D. 헵번의 『영어수사편람(英語修辞便覽)』(1875, 明治8)에서 인용한 것으로 쇼요는 이런 사고방식에서 착상을 얻었을 것이다.

그런데 여기에서 주목하고 싶은 것은 헵번 같은 영어권 수사학자는 우선 통상적으로 기준적인 화법이나 문장이 있을 수 있다는 것을 전제로 하고 있다는 점이다. 그러한 화법이나 문장의 의미 내용을 보다 인상적으로 전달하는 방법이 Figure(기교)인 것이다. 그러나 같은 시기의 일본에는 전제라고 할 만한 공통의 기준적인 화법이나 문전 같은 것이 없었다. 종종 지적되듯 신분, 성별, 연령, 직업, 지역에 따라 말씨가 달랐다. 또한 문체라는 점에서는 한문 및 한문훈독체[5], 번역문, 와분[6], 소로분[7], 요미혼체[8], 게사쿠본체[9] 등 여러 가지 담론 장르의 문체가 공존하면서 신분이나 직업・별과 복잡하게 얽혀 있었던 것이다. 말하자면 보통문(ordinary)을 결여한 '기교'만 있는 상태여서(즉 각 장르의 문체가 지니는 상대적 차이에 기반을 두고 '기교'를 지각할 수밖에 없는 상황이었지만) 당시의 계몽가는 유럽의 문법론을 모델로 하여 일본어 문전을 확립하는 것을 급선무로 삼을 수밖에

5) 한문훈독체: 한문을 훈독으로 읽는 문체. 메이지 시대에는 이 한문훈독체가 공식 문체가 되었다.
6) 와분(和文): 화어(和語)를 사용하여 주로 히라가나(平仮名)로 쓰여진 문장. 헤이안 시대 서사 등에 보이는 우아한 문장. 일본어 문자인 가나를 일컫기도 하며 광의로는 일본어 문장을 지칭하기도 한다.
7) 소로분(候文): 근세에서 근대에 걸쳐 사용되었던 문어문체의 하나이고, 문말(文末)에 정중체 조사어 '候'를 붙이는 것이 특징이다.
8) 요미혼체(読み本体): 요미혼의 서술법을 토대로 한 문체.
9) 게사쿠본체(戯作本体): 게사쿠본의 서술법을 토대로 한 문체.

없었다. 그 점에서 본다면 메이지 10년대의 소위 언문일치 운동은 각 장르의 문체간의 차이성밖에 발견할 수 없는 상황을 극복하기 위해 보통문이라는 표준적인 평서문체를 만들어 내려는 운동이었다. 그리고 그 보통문을 기반(ground)으로 하여 개인적인 기교(figure, 소위 말하는 문체)를 지각시키려 한 운동이었던 것이다. 메이지 30년대에 보통문의 운동이 다시 일어나는데, 이 운동과 호응한 자연주의 문학 운동은 문채(文彩)가 진실을 해치는 표현기교라고 하여 부정하였다. 그것은 당연한 귀결이었다.

그러면 언문일치 운동의 '언'의 관념과 쇼요가 말하는 '속언'과는 어떤 관계에 있는 것일까?

이 문제는 언문일치 운동에 대한 쇼요의 입장을 아는 데에 있어 빠뜨릴 수 없는 문제이나, 그 전에 우선 영어권에서의 언어 담론을 살펴보고자 한다. 그것은 에도 시대 이래 아언/속언이라는 이분법의 관념에 새로운 조명을 부여해 주었을 뿐 아니라, 메이지 시기의 일본어 개량 운동의 모티브를 밝히는 단서도 되기 때문이다.

만약 19세기 중엽 영어권의 수사론 속에 언문일치론에서 말하는 회화체 개념에 가까운 것을 들자면, 그것은 데이비드 힐이 『수사의 과학』(1877, 明治10)에서 말한 파격용법(Barbarism)과 이항대립화한 친밀성(Familiarity)의 개념일 것이다.

단 파격용법이라는 귀에 익숙하지 않은 수사론 용어의 의미부터 설명하자면, 그것은 어떤 서술자의 동시대인(generation)과는 시대적으로도 공간적으로도 이질적인 어휘를 사용하는 것이다. 즉 시간적으로는 이미 폐기된 말(obsolete words)이나 아직 일반적 승인을 얻지 못한 신조어(newly coined words)를 사용하거나, 공간적으로는 외국어(foreign words)나 시골 말(provincialisms)이나 특수한 학술용어(technical terms)를 사용하는 것으로, 이런 의미에서 바버리즘은 '타자성'이라고 번역해야 할지도 모른다. 그것과 관련하여 데이비드 힐은 다음과 같이 말하고 있다.

> 관념을 전달하기 위해 사용되는 기호의 제일의 본질은 그 기호가 어떠한 사물, 또는 행위 또는 관계를 제시하는 것으로 *인식되는* 것이다. 관념의 기호로서의 말의 가치는 전부 우리들의 친밀성(familiarity)과 관련하고 있다.

아리스토텔레스는 기이한 말(strange words)과 특별히 새로운 의미로 사용되는 말의 사용을 표현에 광채(ornament)를 더한다는 이유로 옹호하고 있다. 그는 『수사론』에서 말한다. "사람들은 문체에 감동받는 법이다, 마치 그들이 이국인에 대한 경우와 시민에 대한 경우와 같은 방식으로. 이러한 이유에서 우리는 자신의 어구에 이국풍 분위기를 주어야 한다. 왜냐하면 사람들은 통상의 방식에서 벗어난 것을 칭찬하는 법이고, 칭찬의 대상이 되는 것은 기분이 좋기 때문이다." 만약 칭찬이 저술의 목적이라면, 아리스토텔레스의 조언에 따라야 할 것이다. 그러나 사람들은 외국인의 말보다 같은 나라사람의 말 쪽을 훨씬 손쉽게 이해하며 신뢰하는 것이어서, 여기에 낯선 언어를 거부할 만한 강력한 이유가 있다.**[*원주5]**

여기에서 사용된 '기이한 말(strange word)'은 앞의 바버리즘과 거의 같은 뜻일 것이다. 현대풍으로 말하면 아리스토텔레스는 이 '기이한 말'을 자신들의 일상 언어에 대한 낯설게 하기를 부여하는 것으로서 수사의 필요조건으로 넣었으나 데이비드 힐은 그에 대해 언어의 친밀성을 지키려고 했던 것이다.

그렇다면 데이비드 힐처럼 언어의 친밀성(familiarity)을 지키려는 것은 자신들이 현존하는 세계를 언어적으로 이해와 신뢰가 가능한 영역으로서 시공간적으로 테두리를 짓는다는 것과 같을 것이다. 그것은 동시에 이 관점에 따라 언어적으로 타자화한 이질적인 것들을 문자 그대로 타자적 영역에 집어넣어 버린 것이기도 했다.

일본의 에도 시대의 아언/속언이라는 이분법을 이 친밀성(familiarity)/타자성(barbarism) 관점에서 파악해 보면 특징적인 사항이 떠오른다. 소라이나 노리나가의 담론을 따르면, 일상의 속언 쪽이 인정에 잘 들어맞고 물론 친숙(familiar)한 언어이므로, 아언 쪽이 시공간적으로 소원한 세계에 속할 것이다. 그러나 그들에게 친숙해야 하는 것은 아언이었다. 소라이에게 중국의 고언(古言)이나, 노리나가에게 『고지키』나 『겐지 모노가타리』의 고어는 공간적 · 시간적 거리감을 강렬하게 환기하는 타자성을 띤 언어였다. 그러나 한편으로 그렇기 때문에 그 거리를 극복하고 친밀화(familiarize)해야 할 실천적 학문대상이었다. 그 거리를 극복한다는 것은 예를 들어 '좀처럼(なかなか)'이나 '이윽고(やがて)' 같은 말이 오늘날 가지는 의미 그대로 『겐지 모노가타리』에 적용하는 것을 피하고, 『겐지 모노가타리』의 말의 의미용법을 그 텍스트의 문맥에서 파악하는 것이다. 그들이 이 방법을 철저하게 발견해 낼 수 있었던 순수하고 균질적인 규범적 세계에서 다시 파악해 보면, 자신이 현존하는 이 동시대(generation) 쪽이 '변격=난잡'한 세계로 부각될 것이다.

단 그들은 이 학문적 실천의 과정에 또 하나의 방법적 단계를 설정하고 있었다. 그것은 시공을 사이에 둔 사람들의 구체적인 언어활동의 실정을 파악하려면 어떻게 하면 좋을까, 하는 과제에서 생겨난 방법이었다. 그들은 그 과제를 해결하기 위해서는 자신이 실제로 일상의 속언을 사용할 때의 감정이나 감성, 대타적 관계 의식을 반성적으로 파악하고 있어야 한다고 생각했다. 자신의 일상의 언어활동에 의거하지 않고서는 시공을 사이에 둔 사람들의 일상적인 언어활동을 실감적으로 이해할 수 없다. 자신이 사용하는 속언의 의미작용을 그대로 중고 시대의 서사에 적용하는 것은 피해야 하나, 당시의 일상어였던 아언의 의미용법을 현시대에 소생시키기 위해서는 지금 세상의 속언을 통해서 이루어져야 한다. 어느 시대도 그 시대의 인정에 가장 적합한 것은 그 시대의 속언이기 때문이다. 이런 식으로 그들은 속언의 직접적 적용을 일단 부정하면서, 더구나 아언적 세계를 주체적으로 획득할 근거를 속언의 실정에서 찾았다. 그들의 학문적 실천이 속언의 복권을 촉진시키는 의미를 지녔던 것은 이 때문이고 반복해서 말하지만 쇼요의 속언관은 그 흐름 속에 위치했던 것이다.

이 상황 속에서 앞에서 말한 데이비드 힐과 같은 이분법이 서양 제국의 언어를 가장 진화·발전된 것으로 보는 가치판단과 함께 들어왔다. 그것이 어떤 결과를 초래했는가? 간단히 추측할 수 있듯이, 한편으로는 소라이나 노리나가 등의 방법적 기반이 되는 속언이 문자 그대로 친밀한 언어로 중심화된다. 그러나 다른 한편으로는 일본의 언어는 아속을 불문하고 미개한 것으로 간주되어 버린 것이다. 더구나 힐은 스펜서의 영향을 받고 있었던 모양으로 그가 친밀성의 중요성을 역설한 이유는 독자의 집중력(mind energy)이 친숙하지 않은 말을 이해하기 위해 낭비되는 것을 막는 경제성(economy)의 견지에서였다. 같은 시기에 일본의 계몽가들 사이에서는 한자 학습의 비경제성이 문제가 되고 있었다.

이런 조건이 중복되어 일본어 개량을 테마로 하는 가나 쓰기론이나 로마자 채용론이 세론을 주도하게 되었던 것이다.

그런데 앞서 필자는 "서양 제국의 언어를 가장 진화·발전된 것으로 보는 가치판단"이라는 표현을 했다. 이런 견해는 어떤 언어관을 배경으로 하고 있었던 것일까?

기원을 묻는 발상은 19세기 유럽의 제 학문에 침투해 있었는데 수사론도 그 예외는 아니었다. 단지 하나 흥미로운 것은 당시 영어권의 수사학자들 중에는 수사의 기원을 물어 언어의 기원까지 거슬러 올라가려고 하면서 생물학적 · 인류학적인 언어발생론을 배척한 사람들이 있었던 것이다. 그들은 언어의 기원에 관한 설명을 구약성서에서 찾았다. 예를 들면 G. P. 쿼켄보스는 『작문과 수사 상급 코스』(1854, 安政1)에서 장 자크 루소의 유명한 언어 기원론을 비판적으로 예를 들며 다음과 같이 주장하고 있다.

> 그러나 우리들은 이 (루소의) 어리석은 이론을 버려야 한다. 언어는 의심할 여지없이 전지전능한 신이 발명하여 인류에게 알려준 신성한 제도이다. 만약 언어를 인간이 발명했다면 발명됨과 동시에 성숙의 경지에 달했을 리가 없고, 몇 세대에 걸친 인간의 필요와 경험의 결과여야 할 것이다. 그러나 이것은 역사의 사실에 위반된다. 그것은 우리들이 아무리 먼 과거로 거슬러 올라가 보아도, 우리는 인간이 언어시스템을 가지지 않았던 원시 · 미개 시대에 도달하는 것은 불가능하기 때문이다. 성서는 이 전달 수단이 인류 최초의 남성과 여성, 및 두 명의 직계 자손에 의해 사용되었음을 알려준다. 언어는 하늘에 계신 신이 내려준 계시의 산물이다, 라고 우리들은 결론지을 수밖에 없다.**[*원주6]**

미개 상태에 머물러 있다고 보이는 수많은 인간 집단을 조사해 보아도 이미 일정의 성숙 단계에 도달한 언어밖에 발견할 수 없다. 바꾸어 말하자면 정말로 언어 발생의 초기 상태를 나타내는 사례를 만나지 못한다. 또한 언어의 초기 발생 상태로부터 일정하게 성숙한 언어시스템에 이르기까지 인류가 어떤 경험을 거쳤는지를 짐작하게 하는 재료도 찾을 수 없는 것이다. 그렇다면 인간은 이미 완성된 언어 시스템을 신에게서 부여받았다고 생각해야 하지 않을까? 얼핏 이것은 신비사상으로 되돌아가는 것 같지만 오히려 이 추론 쪽이 사실에 부합하고 있다고 그는 판단한 것이다.

퀴켄보스의 저서보다 몇 년 앞서 집필된 휴 블레어도 『수사학강의』(1848, 嘉永1)에서 다음과 같이 논하고 있다. 인간이 언어를 갖는 전제 조건으로 사회의 형성이 필요하지만, 그 사회를 인간은 언어 없이 어떻게 만들었을까? 또한 그 반대로 인간이 사회를 만들어 내기 위해서는 언어를 지녀야만 하는데 사회의 형성에 앞서 어떻게 언어를 획득한 것일까? 결국 언어의 기원을 묻는 것은 사회와의 관계에서 닭과 달걀의 모순논법에 빠져 들 수밖에 없고, 그렇다면 신수(神授) 기원설을 상정할 수밖에 없다.

> 단 언어가 신성한 기원을 갖는다고 가정해도 우리들은 처음부터 완전한 시스템을 부여받았다고 상상할 수는 없다. 하느님은 인류 최초의 부모에게 그 시기에 어울리는 언어만을 주었던 것이라고 생각하는 편이 보다 자연스러울 것이다. 신은 다른 사항도 그랬듯이 미래의 필요에 응해 확장하고 발달시킬 수 있는 여지를 그들에게 남긴 것이다. **[*원주7]**

신이 아담과 이브에게 언어를 내렸을 때, 그것은 그들의 상황에 맞게 매우 심플한 것이었음에 틀림없다(이 점에서 블레어는 퀴켄보스와 달랐다). 바꾸어 말하자면 신은 인간에게 스스로 발달시킬 수 있는 여지를 남기고 완벽한 시스템으로 진화시킬 책임을 지게 한 것이다. 이 점에서 알 수 있듯이 블레어는 신에게서 받은 최초의 계기를 가정함으로써, 언어의 기원을 동물적인 외침(interjection)까지 거슬러 올라간다거나, 자연의 모방(imitation)인 의성어나 의태어에서 찾거나 하는 발상을 차단할 수 있었던 것이다. 우리들의 언어에는 외침이나 자연음의 모방에서 시작하는 단어들도 많이 있다. 그러나 그 단어들에 앞서 신에게서 받은 언어가 우선 존재했기 때문에, 그것들도 언어의 조건을 갖추기에 이른 것이다. 이 미묘한 한 점에 있어서 언어는 자연 상태로 환원할 수 없는 문화 차원에 속한다. 오히려 문화의 차원을 만들어 내는 둘도 없는 계기였다고 말할 수 있을 것이다.

또한 이러한 차원을 포함하고 있었기 때문에 언어와 그 대상의 관계는 자의적인 것이 될 수밖에 없고, 그 때문에 제도성을 강화하는 방향으로 진화해 갔던 것이다. 블레어는 계속해서 말한다.

> 어느 나라에서도 어휘가 늘어나고 언어의 광대한 영역이 메워짐에 따라, 파생어나 복합어를 만들어 내는 셀 수 없을 정도의 기이하고 변칙적인 방법이 생긴다. 덕분에 말은 그 루트의 원초적 특징에서 크게 벗어나가고, 의미되는 사물의 소리(sound)와의 유사성을 완전히 잃고 만다. 이것이 현재 우리들의 언어 상태이다. 우리들이 현재 사용하고 있는 방식에 입각해서 일반적으로 말하자면 말은 모사(imitation)가 아니라 상징(symbol)이고, 관념의 자연기호가 아니라 자의적 또는 제도화된 것이라고 생각되어야 할 것이다.**[*원주8]**

여기에서 말하는 관념의 자연기호(natural signs of ideas)란 예컨대 황야를 헤매며 동료에게 위험을 알리는 외침소리 같은 신호를 일컫는 것이다. 블레어는 그런 신호와 어떤 개념을 전달하는 유절음을 구별했다. 물론 우리들은 회화체의 음성 면을 세세하게 분석하여 외침이나 자연음을 모사한 흔적을 발견할 수도 있다. 그러나 개념과의 연결이 자의적이기 때문에 제도화되어야 했던 유절음(articulated sound)과, 상황 밀착적인 비유절음(nonarticulated sound)은 차원이 다르다. 블레어는 거기에 상징/기호라는 이분법의 근거를 두었던 것이다.

이렇듯 블레어는 개념과 유절음의 관계가 자의적인 이유를 밝힌 한편 퀶켄보스는 문자(letter)와 유절음(sound)의 관계에 주의를 촉구했다.

> 관념은 구어체에 의해서와 마찬가지로 문어체에 의해서도 전달된다. 전자는 유절음으로 관념을 표현하고, 후자는 이 유절음을 재현하기 위해 자의적인 문자를 사용한다. 관념 그 자체는 이 같은 이중의 매개물에 의해 전달되어 가는 것이다. 사상에 영속성을 부여하는 것은 문어체뿐이다. 이 문어체는 인간에 의해 발명된 것이다. 그 기원의 정확한 시대는 알 수 없다. 그러나 인간이 구어체의 완전한 체계를 갖게 된 이래 수세기를 거치지 않으면 발명할 수 없었다고 여겨지고 있다.**[*원주9]**

이 전후의 퀶켄보스의 후속된 논의에 의하면 당시의 신학자 가운데에는 알파벳 또한 신에게서 부여받은 것이라고 주장하는 사람도 있었다. 신이 모세에게 십계를 석판에 새겨 준 것이 그 시작이었다는 것이다. 그는 그 점에 관해 다음과 같이 반론했다. 실제로 이 세계에는 문자가 없는 사회도 있는가 하면, 상형문자나 표의문자 또는 음절문자를 사용하는 국민도 있다. 만약 알파벳 같은 표음문자가 인류최초의 문자였다고 한다면, 왜 그 문자에서 후퇴 현상이 일어난 것인지 설명할 수 없다. ("만약 문자(alphabet)가 인류 초기부터 알려져 있었다고 한다면 다른 문자에 비해 훨씬 편리한데, 왜 인류는 표의문자나 음절문자 시스템으로 후퇴해야 했는지 설명은 거의 불가능할 것이다.")**[*원주10]** 이것으로 알 수 있듯이 그는 여러 가지 장점이 풍부한 표음문자를 표의문자나 음절문자보다 진화한 것으로 파악한 것이다. 다시 말하면 그는 문자가 없는 사회가 존재한다는 사실에 따라 문자는 인간의 발명과 관계있는 것이라고 판단했다. 그리고 상형문자에서 표의문자, 음절문자를 거쳐 표음문자에 이르는 진화과정을 상정하고 있었던 것이다.

퀵켄보스와 블레어는 당시의 수사학자 중에서는 드물게 일본어도 언급했으나 그것이 어떤 내용이었는지는 이상의 소개로도 거의 짐작이 갈 것이다. 퀵켄보스에 따르면 일본어나 조선어는 중국어와 음운 구조가 다르고 더구나 서로 구어체도 달랐지만 그럼에도 불구하고 양쪽이 함께 채용하고 있는 한자의 표의성 덕분에 커뮤니케이션이 가능하게 되었다. 블레어도 같은 견해에 서서 일본인은 중국어를 발음하거나 대화할 수 없음에도 불구하고 한자의 개념으로 의사소통할 수 있다는 점에서, 한자라는 표의문자의 보편성(universalism)을 인정했다. 이런 점에도 관념과 음성의 관계, 음성과 문자의 관계를 자의적인 것으로 파악한 발상을 볼 수 있겠다. 퀵켄보스는 더욱이 한자가 음절문자로서 사용되는 경우도 언급하며 이것은 본래 다른 계급의 한자 사용에서 시작된 것일 터라든가, 일본의 표기 시스템과 비슷하기 때문에 채택되었을 거라고 추측하고 있다. 이 추측에 따르면 일본인은 한자의 수입 이전에 이미 독자적인 표기 시스템(문어)을 갖고 있었다는 말이 된다.

퀵켄보스가 일본어에 관해 극히 불확실한 지식만을 갖고 있었던 것은 분명하나, 미·일, 영·일의 개항 교섭이 시작되고서 몇 년밖에 지나지 않았던 시기라 정보가 극히 한정되어 있었던 것이다. 그 때문에 필자는 여기에서 그의 지식량을 문제로 삼을 생각은 없다. 오히려 필자가 주목하고 싶은 것은 당시 일본에 온 구미 지식인들이 예컨대 언어학적 관심을 갖고 있었다고 해도 그 관심 경향이나 관념이 어떤 것이었는지를 퀵켄보스나 블레어가 제시해 주고 있는 점이다.

다른 한편 일본에서는 이미 에도 시대 국학자와 난학자[10]에 의해

10) 국학자와 난학자: 국학은 자기 나라의 고유한 역사·언어·풍속·신앙·제도·예술 따위를 연구하는 학문이고, 난학(蘭学)은 주로 네덜란드를 통해 전래되었

고도의 언어 연구가 진행되고 있었다. 여기는 그 전체를 소개하는 장은 아니고 또한 필자의 역량에 넘치는 일이기도 하지만, 지금까지 언급했던 것들과 관련해서 노리나가의 기본적인 방법만은 간단히 언급해 둘 필요가 있다.

잘 알려져 있는 것처럼 그는 일본인이 한자를 빌려 '야마토 고토바'(일본 고유의 언어)를 표현하게 된 이래, 한자의 개념에 오염되어 야마토 고토바는 본래의 의미를 잃어버렸다고 생각했다. 예컨대 아직 문자를 지니지 못했던 고대 일본인이 말하는 '아메(あめ)'라는 말(sound)은 단지 자신들이 살고 있는 '땅'에서 높이 떨어진 신들이 있을 공간을 가리킬 뿐이었다. '하늘'은 그 'あめ' 아래의 공간을 가리킨다. 그런데 그것들을 표기함에 따라, '아메(あめ)'에 중국의 '천(天)'이라는 문자를 적용하고, '소라(そら)'에 '공(空)'을 적용했다. 그 결과 쇼요가 본 'あめ'에는 천명, 천도 같은 숙어를 만드는 '天' 즉, 만물의 운행, 운명을 지배하는 초월신의 의미가 부여되게 되었다. '소라(そら)'에는 허공, 공허, 공무(空無) 등 비실체성을 드러내는 형이상학적 관념이 부가된다. 그리고 나중에는 형이상학적 관념 쪽이 중심화되었을 뿐만 아니라, 관념적 해석의 자기증식을 불러일으켜 버렸다. 그는 이런 관념성을 '가라고코로'(漢心, 중국추수주의)라 부르고 고대 일본인의 마음을 터득하기 위해서는 이 가라고코로를 배제해야 한다고 주장했다. 그 실천이 고어의 음성을 회복하기 위한 음운 연구였고, 그 방법 때문에 현재 그들의 이론은 음성중심주의(phonocentrism)라고 불리고 있다.

견해에 따라서는 노리나가가 만든 화어(和語)/한자(한어)라는 이

다는 의미에서 난학이라 한다. 당시 일본은 도쿠가와 이에야스에 의해 서양의 기술 서적을 연구하는 학문 활동이 활발히 일어났고, 이들을 난학자라고 하였다. 일본의 근대화에 대한 각성은 이들 난학자들에 의해 싹트기 시작했다.

항대립은 데이비드 힐의 친밀성/타자성에 가깝다고 볼 수도 있다. 단 노리나가의 학문적 동기는 한자(한어) 쪽이 친밀성을 갖게 된 현상에 대한 위기감에서 출발하였는데, 그 실천 목표를 화어의 친밀성을 회복함으로써 이 현상을 극복하여 언어적으로 친밀한 나라(공동체)를 재현하는 것에 두었다.

그는 이를 실천하는 한 방법으로서 한자 침투 이전의 실정을 묘사해 보았다. 한자 침투 이전의 실정이라는 것은 '개념을 담당한 문자(한자)'로 말이 고정되기 이전의 언어 방식이다. 즉 생활 세계에서 말(sound)이 일상의 구체적인 상황에서 발생되어 대화의 용건을 끝내고 그냥 사라지는 언어의 존재 방식이었다. 그가 묘사한 원시적(primitive)이기 때문에 본질(principle)이라고 간주할 수 있는 원초적 말은 일정한 억양을 지닌 음성 그 자체였다. 부연하면 인간이 발하는 음성 중에서 일정한 억양을 갖춘 것이 노리나가가 이야기하는 말인 것이다. '목소리'의 기교라고도 부를법한 억양을 가진 것이 '말(言葉)'이고, 그 억양이 길고 마디가 붙은 것은 '노래(歌)'라고 불린다. 이 같은 억양이 있는 음성이 교환될 뿐인 친숙한(familiar) 생활 세계를 상정해 보자. 그 속에서 어떤 사람이 말을 할 때, 사전에 그의 머리 속에 개념이 있다고는 생각할 수도 없고 생각해서도 안 된다. 이 억양 있는 음성은 개념의 외피(clothe)가 아니다. 만약 말의 개념화가 시작되거나 또는 억양 있는 음성을 수반하지 않는 개념이 인간의 머리 속에 축적하기 시작한다고 하면, 그것은 말이 문자로 쓰여 그 발화 장면에서 분리되는 것을 의미한다. 그리고 그와 함께 말이 억양을 환기시키는 힘을 잃어버릴 때일 것이다. 그런 의미에서 이 말의 추상력 즉 개념이 읽는 이의 자의적인 해석을 허용하고 증식시켜 왔다. 노리나가는 이와 같은 관점에서 이러한 자의성을 극복하기 위해서는 그 원초적 말의 상황으로 돌아가야 한다고 주장했다. 원초적인 말로 돌아가는 불가결한 방법으로서 그는 자신들의 일상에 있어서의 속언의 파악을 설명했다.

노리나가가 세운 화어/한자라는 이항대립은 위와 같은 점으로 보아 음성/개념의 이항대립으로 치환할 수 있을 것이다. 이 개념은 한자를 매개로 하는 한 고래(古來)의 화어에 대해서는 자의적일 수밖에 없다. 그것을 회피하고 극복할 수 있는 표기법은 무엇인가? 이와 같이 노리나가 등의 문제의식을 정리해 보면 그들이 일본어 50음도를 발견했을 때 이 훌륭하게 조직화된 음성 시스템은 결코 인위적인 것이 아니라고 생각한 이유를 잘 이해할 수 있을 것이다. 노리나가는 이렇게 발견된 화어의 음성이야말로 타국의 음성보다 순수한 것이고, 타국의 언어를 음사[11]하는 데에 적합하다고까지 주장했던 것이다.

> 또 중국의 음은 다른 나라의 음을 번역하는 데 너무 불편해서, 먼 옛날에 인도의 불경을 번역할 때에도 실제로 거의 대응이 되지 않았고, 가까운 명나라 때에 그 머나먼 서쪽 여러 나라들의 이름과 또 많은 말을 베낀 것을 보면, 그 글자들 음의 열 개 중 일곱 여덟은 그 말에 해당되지 않을 만큼 상당히 틀리게 되어 있으므로, 가나를 붙여 놓지 않으면 그 말을 알기 어렵고, 베껴 놓은 글자는 장난쳐 놓은 것 같다. (중략) 그렇기 때문에 일본에서는 그 옛날의 중국의 역자를 모두 버리고, 여기의 우리의 역자만을 사용하게 되었다. 그것도 가타카나는 분명하지 않아서 한문 등에 쓰기 어렵기에 마가나[12]를 사용해야 한다. (중략) 그 5개 주의 이름인 아세아(亞細亞)를 아지야(阿自夜), 구라파

11) 음사(音写): 어떤 언어의 어음(語音)을 다른 언어체계의 문자로 베껴 쓰는 것.
12) 마가나(真仮名): 본래는 가나에 대비되는 정식 문자로서의 한자를 말한다. 그중 이것을 표음문자로 사용한 것을 마가나(真仮名)라고 부르고, 히라가나, 가타카나가 성립된 헤이안(平安) 시대에 이것들과 구별되는 다른 체계의 가나로서 사용되었다.

> (歐羅巴)를 요로하(要呂波)처럼 모든 말을 이렇게 바꾸면 지극히 바람직할 것임에, (이하 생략) (『다마카쓰마(玉勝間)』, 1795～1812)

마가나라는 것은 소위 만요가나(萬葉仮名)를 가리킨다. 명 왕조 이래로 중국에서는 예컨대 아시아(Asia)를 아세아(亞細亞), 유럽(Europe)을 구라파(歐羅波)라고 표기하듯이, 한자의 사성(平上去入)을 빌려 서양 여러 국가 언어의 발음을 옮겼다. 그에 대해 노리나가는 일본어의 음성 쪽이 보다 적합하므로 '아지야(アジヤ)', '요로하(エウロハ)'라고 써야 하며, 만약 한문에 그 말을 넣었을 때에 가타카나 쓰기에 어설프다고 느껴진다면 한자의 만요가나적 용법에 따라 '阿字夜', '要呂波'라고 표기해야 한다고 주장했던 것이다.

여기서 그의 주장에 모순이 없는지 여부는 중요하지 않다. 중요한 것은 이런 식의 논의가 에도 시대에 이미 반복되었다는 사실이다. 현재에는 간과되고 있지만 에도 시대 통하여 번역이란 예컨대 난학자가 네덜란드의 문헌을 번역할 때 한문(또는 한문훈독체)을 사용한 것처럼, 타국의 언어를 한문(또는 그것을 새로 쓴 것)으로 옮기는 일이었다. 이것은 일본어와의 관계에서도 다르지 않다. 화문을 한문으로 바꾸는 것이 '번역'이고, 한문을 화문으로 바꾸는 것은 '화역(일역)'이었던 것이다. 마찬가지로 타국의 언어를 한문으로 바꾸고 또한 그것을 화문으로 바꾼다는 것은 '부드럽게 하는' 것, 즉 서민이 알기 쉽도록 읽을거리로 만드는 것이었다. 그런 상황 속에서 노리나가는 한자・한문이라는 매개를 빼고 서양 제국의 어음(語音)을 일본의 말소리(가나문자)로 옮길 것을 주장했다. '번역한다(譯す)'라는 독특한 문자 사용법에는 그런 강렬한 주장이 담겨 있었던 것이다.

이러한 배경 아래서 요코야마 요시키요(横山由淸)는 『로빈슨 표류기(魯敏遜漂行紀略)』(1857, 安政4)를 번역할 때 처음부터 화문을

사용했다. 그것을 국학자인 이노우에 후미오(井上文雄)[13]는,

> 애초에 서양 제국의 말씨는 한어로 옮기기보다도 우리말로 이름붙이는 것이 훨씬 더 잘 어울린다. 그 말은 우리나라의 모습에 잘 어울리는바 그렇다면 지금부터 모든 그 국서는 가나 문자로 해서 말의 학식이 있는 사람에게 옮기게 해야 바람직할 것이다. (마침표는 가메이)

라고 칭찬하고 있다. 서양 제국의 알파벳에 가까운 것은 한문이 아니라 일본의 이로하 48자이므로, 앞으로는 화문으로 번역하는 것이 바람직하다고 생각했던 것이다.

이러한 담론이 바로 한자폐지론(또는 제한론)을 이끌어 낸 것은 아니다. 사정은 조금 더 복잡했으나 아무튼 일본에서 이런 논의가 행해질 시기에 쿼켄보스의 상형문자 →표의문자→음절문자→표음문자라는 진화론적 문자론이 들어온 것이다. 이 이론에 당시 가장 강력한 이데올로기였던 야만→미개→반개화→문명개화라는 발전 단계설이 더해졌을 때, 어떠한 담론이 유포되기에 이르렀는지 쉽게 추측할 수 있을 것이다. 한자는 화어의 마음을 덮어 버리는 부당한 외피일 뿐만 아니라 미개 단계에 있는 표의문자인 것이다. 어쩌면 오히려 막대한 수의 한자 학습이 강요하는 지적 에너지의 소비 때문에 한자 사용에 익숙해진 민족은 아무리 지나도 문명개화가 될 수 없을 것이라고 말할지도 모른다. 그에 비해 일본의 가나 문자 쪽이 보다 뛰어나지만 그러나 아직 음절문자라는 반개화의 단계에 머물러 있다. 이것을 문명개화로 진행시키기 위해서는 로마자를 채택하는 것보다 더 좋은 방법은 없다. 게다가 로마자야말로 가장 세계적으로 유통성

13) 이노우에 후미오(井上文雄, 1800~1871): 에도 후기의 국학자, 와카 작가. 저서에는 『이세노이에즈토(伊勢の家苞)』, 『조카쿠슈(調鶴集)』가 있다.

이 높은 문자이다.

그런데 세상에는 특별히 반대할 이유도 없지만 적극적으로 찬성할 마음도 생기지 않는 종류의 담론이 있다. 쇼요의 가나 쓰기론이나 로마자론에 대한 태도를 보면 그런 소극성이 보인다. "다시 한 번 생각하면 로마자만을 가지고 문을 쓰는 것이나 가나 문자만을 가지고 문을 쓰는 것이 사람들의 궁극적인 목적이라 할 수는 없다. 왜냐하면 내가 장래 영원히 계획하는 바는 천하의 만국을 통일하여 일대 공화국의 상태를 이룰 만큼 풍속은 물론 정체(政体), 국어에 있어서도 그만한 것을 이루기를 바라는 데에 있다"(「문체론」). 이것만을 본다면 쇼요는 가나 쓰기론이나 로마자론의 철저하지 못한 부분을 비판하고, 장대한 규모의 세계국가를 구상하면서 문자나 언어의 통일까지도 기도하고 있었다고 읽을 수 있다. 단지 그것을 위해 쇼요가 들었던 구체적 방안은 일본어를 개량하여 '구미어'와 똑같이 만들지, 아니면 그 반대를 꾀할 지의 두 개의 안이었으나, 후자의 경우는 "그리고 구미의 개명문화는 우리 문명보다 뛰어나다는 것은 말할 필요도 없기 때문에 그 나라 국어를 우리 국어로 통일시키려고 바란다 할지라도 도저히 이루기 어려울 것이다"(앞 글). 그러므로 그 반대를 선택한다면 로마자론 쪽이 궁극적 목적에 부합한다. 그러나 현재의 일본어를 로마자로 쓰더라도 매우 알아보기 어렵다. 열심히 "로마자를 사용하여 표기할 수 있는 새로운 문체를 궁리"해야 할 것이다.

그렇다면 로마자로 표기하여 알아보기 쉬운 문체라는 것은 어떠한 문체인가. 그는 그 질문에는 대답하지 않았다. 소위 언문일치의 문장을 로마자로 쓰는 실천이 당시에 활발하게 이루어지고 있었으나, 점점 알아보기 어려워질 뿐이었다. 단어의 인정(認定), 동사・형용사의 활용어미, 조동사 활용형의 표기 방법, 구독법 등이 정해져 있지 않았기 때문이었다. 그런 법칙 없이 일본문을 로마자로 계속 표기했을 경우 읽는 쪽은 단지 혼란스러울 뿐이었다. 이러한 상황 속에서 쇼요로서도 로마자로 표기하여 혼란 없는 '신문체' 등을 '궁리' 할 방도가 없었을 것이다. "이른바 구사 조시의 문장과 같은 것은 가장 평이하고 유창하게 다소의 개량을 더하면 만반의 사항을 표시할 수 있는 좋은 문체가 될 수는 없을까. 이 또한 꾀할 수 없다"(앞글). 확실히 이러한 방식으로 유통성이 높은 문체를 만들어 낼 수 있을지도 모른다. 그러나 그러한 문체와 로마자로 표기 가능한 문체를 창출한다는 것은 다른 문제이다. "이 또한 꾀할 수 없다." 그는 전망을 지니지 못했던 것이다.

그러한 의미에서 그의 자세에는 애매한 점이 보이기도 하나 소위 언문일치론에 대해서는 더 명쾌한 의견을 갖고 있었다. 그는 '우리나라의 속언과 일상어'가 장황함으로 흐르기 쉽다는 결점을 지적하면서 다음과 같이 말하고 있다.

> 그것뿐만 아니라 속언에는 어법에 삼단의 구별이 있어서 상류 사람에 대한 언어와 동등한 사람에 대한 언어와 하류 사람에 대한 언어로 각각 현저하게 차이가 있어서 그 서양의 국어와 다르다. 그리고 동등 이하의 사람에 대한 언어와 같은 것은 대체로 과거와 현재와 미래의 구별이 없는 것이 있다. 예를 들면 '도무지 행방을 알지 못하였기 때문에'라는 서사체 문을 말할 때에도 '도무지 행방을 알 수 없기에'라고 말할 수 있고, '도대체가 행방이 깜깜했기 때문에' 또는 '도무지 행방을 알아차릴 수 없었기 때문에'라고도 말할 수 있다. 여기서 제2와 제3은 속언 중의 속언이어서 가장 천박한 언어이기 때문에 우선 제1의 언어로 상황을 서술하면 틀림없다. 그런 까닭에 제1언어와 같은 것은 소위 현재의 언어이기에 이미 지난 내력 등을 서술하는 데에 지당하다고는 말하기 어렵다. (「문체론」)

이 전반에서 말하는 '3단의 구별'은 현재 일본어 문법에서의 존경, 정중, 겸양의 경어법에 대응하는 견해로 이것을 유럽의 화법에서 시제 관념과 접합시킨 점에 쇼요의 새로운 고안(idea)이 있었다고 말할 수 있을 것이다.

그러나 그는 '도무지 행방을 알지 못하였기 때문에'라는 문어체의 예문을 제시하고 그것을 '도무지 행방을 알 수 없었기에' 이하 세 가지의 속언체로 바꾸어 보았으나, 그 어느 쪽에도 경어법은 포함되어 있지 않았다. 주된 관심은 시제의 문제에 있었던 것이다. 현재에도 종종 지적되듯이, 메이지 시대의 문장 개량으로 시작된 '이다(……た)', '이었다(……だった)'라는 문말(文末) 표현은 대략적으로 발화 시점과 과거를 구별하는 기능을 가질 뿐으로 과거·과거완료·현재완료 등의 차이를 구별하여 말할 수 없다. 오히려 문어체의 조동사가 그 점에서는 훨씬 세세히 분절화되어 시제표현은 정확했다. 쇼요는 한 발 앞서 문장개량에 수반되는 이 문제를 지적했던 것이다.

이런 인식을 지닌 뒤 쇼요가 들었던 예문을 구사 조시의 장르로 나누어 보면 가장 앞의 시제가 명료한 문어문은 요미혼이나 닌조본의 지문에서 많이 보이며, 그것을 바꾼 세 종류의 구어문은 닌조본의 대사나, 샤레본·곳케본·기뵤시 등에 속한다.

굳이 더 나눈다면, 두 번째나 세 번째의 "도대체가" "알아차릴 수 없었기 때문에" 같은 친밀한 대화체의 예문은 곳케본이나 기뵤시에 빈도가 높았다고 할 수 있다. 그러나 쇼요는 이것을 '가장 천한 말'로 배제해 버렸다. 그렇다면 첫 번째 예문이 속하는 닌조본이나 샤레본이 그가 개량 가능하다고 생각했던 구사 조시였다는 말이 된다.

이러한 쇼요의 논의를 조금 다른 견해로 일반화해서 언급하자면 그는 경제성의 관점에서 언어나 문의 문제를 파악하지 않았다. 시제의 관점을 도입함으로써 다른 문장 개량가들과 전혀 다른 차원에 서버렸다. 서양 제국의 언어를 거울로 보는 방식이 달랐던 것이다. 그것은 문의 문제가 학습과 전달의 효율에서 표현의 가능성(potentiality)의 문제로 전환된 것을 의미한다. 문법 구조가 어떻게 담론(discourse)을 시제적으로 분절화하는가? 그는 그 문제에 파고든 것이다.

담론의 시제적 분절화란 서술을 원인과 결과로 구성하는 것, 혹은 플롯을 도입하는 것과 관계가 있다. 앞 인용에서 말하는 '서사체 문'은 쇼요의 다른 부분에서 한 말을 빌린다면 '서문(사물의 내력을 서술하는 문장)'을 말하는 것이다. 그는 이것과 맞추어 '기문(사물의 형용 성질 등을 기술하는 것)'을 들고 있었다. 이 서문과 기문이 영어권의 수사론에서 'narration'과 'description'을 옮긴 것이라는 점은 말할 필요도 없다. 그가 일본문의 시제를 논할 때 '서사체 문'을 문제 삼던 이유은 사물의 내력, 유래를 말하는 플롯의 문제를 염두에 두었기 때문일 것이다. 이렇게 그는 문장개량론에 가담하는 자세로 시작하면서, 종래의 문체의 문법적 가능성을 발굴하는 역설을 연기하고 맡았는데, 이유는 둘째 치고 아래와 같은 결론에 도달한 것은 당연한 귀결이었다고 말할 수 있겠다.

> 그러한 까닭에 나는 단연코 말하건대 속언에 의해서 서사의 말(서사 속에 나타난 인물의 말을 말함)을 옮기는 것은 문제가 없다. 단 지문에서는 (일본의 속언에 일대 개량이 일어나지 않는 동안은) 속언으로 옮겨서는 안 된다. 어쩌면 이것 때문에 서사의 진보가 방해받지는 않을까 두렵기 때문이다. (앞 글)

이러한 입장에서 쇼요는 언문일치 시기상조론을 제창하여 후의 연구자들로부터 개량론의 점진주의적 성격을 지적받았지만, 이것이 시제의 문제를 주시한 발언이었던 점을 간과해서는 안 될 것이다. 그가 염려한 문제는 현재까지도 해결되지 않고 있다.

앞의 인용문에서 또 하나 주의할 점은 그가 일본어의 어법에 상류, 동등, 하류라는 '3단의 구별'을 이끌어 내었던 점이다. 이것은 경어법의 문제로 언급된 것이지만, 이것도 별도의 문맥과 연관 지어 말하면 '말의 품위'라는 관념과 관련된다. 그의 견해에 따르면 '사물의 형용, 성질'에는 각각 '품위'가 있어, 그것과 말의 '품위'가 대응하는 것이다.

이것을 좀 더 부연하면 '사물의 형용 성질'은 그 사물이 이 세상에서 가지는 관계・질서를 반영하고 그 관계・질서로 규정된다. 물론 그 관계・질서는 가치의 관계・질서이기도 하다. 이와 같은 의미에서 그가 말하는 사물은 이미 사회에서 가치관계적 위치를 갖춘 것으로서 규범화되어 있었다는 말이 된다. 다시 말하면 어떠한 사물도 이 세상의 가치 시스템 속에 그 위치가 정해지는 것이라 그 시스템에서 분리된 순백의 사물 따위라는 것은 관념적인 추상일 뿐이다.

이와 같은 사물 인식은 마사오카 시키(正岡子規)[14]의 사생론이나 자연주의의 사실관에서 본 대상 파악 방식과는 명백하게 다르다. 사생문 운동 이후의 '객관'이라는 것은 위와 같은 가치관계적 위치를 벗겨내서 이른바 알몸 상태로 환원하는 방식으로 대상을 관찰하는 것이었다. 이 입장에서 말하자면, 그 순백의 대상이 지니는 가치관계적인 위치는 관찰하고 묘사하는 인간의 감성이나 미의식에 기반한 수사법에 따라 정해진다. 게다가 이상적으로는 그 수사성을 되도록 극소화함으로써 대상의 있는 그대로의 모습이나 대상간의 사실적인 관계를 직시하는 즉물적인 말을 선택해야 하는 것이다. 이 또한 대상

14) 마사오카 시키(正岡子規, 1867~1902): 와카와 하이카이 작가. 저서로는 『다케노사토우타(竹の里歌)』, 『하이카이타이요(俳諧大要)』 등이 있다.

과 언어와의 관계를 관념적 가치로 구축하는 가설임에 틀림없지만 적어도 사생문 운동 이후의 일본인들은 그것이 가장 객관적 · 표준적이고 그 때문에 가치관에서 해방된(free from the feeling of value) 견해이자 산문의 방법이라고 여겨왔다. 다이쇼 시대 이후의 문학자의 '육안'이라든가 '과부족 없는 묘사'라든가 하는 이상은, 이렇게 생겨난 것이다.

쇼요는 그렇지 않았다. 만약 그에게도 '객관' 이라는 이상이 있었다고 한다면 그것은 사물의 격과 '말의 품위' 가 어긋나지 않고 대응하는 경우에 실현되는 것이었다. 그러므로 만약 일부러 둘을 어긋나게 함으로써 과장이나 골계의 효과를 들 수 있다고 한다면 그것 또한 평가해야 할 소설의 한 방법이었던 것이다.

이렇게 쇼요의 이론을 정리한 뒤에 다시 당시의 언문일치론으로 돌아가 보면 그 제창자가 의도하는 바는 언어나 문의 학습 부담을 덜고 언과 문의 유통성을 높임으로써, 사회 전체의 언어 자본(linguistic capital)을 증대시키자는 것이었다. 이를 위해 그들은 보통문의 기초를 '언'에서 찾으려고 했지만, 현실의 언과 문은 지역적 · 신분적으로 세분화되어 있었다. 따라서 그들은 우선 말씨의 다양성을 버리고 표준적인 '언어'를 이끌어 내어야 했다. 그런 의미에서 일본 전 지역에서 공통되는 표준적인 '언어'는 통일적인 문체를 낳기 위한 제도로 태어난 것이라 말할 수 있으나, 어디까지나 일상 회화체에 기초를 둔다는 담론에 의해서 자연성장성(popularity)의 이미지를 부여하려 했던 것이다.

쇼요도 역시 이러한 시대적 동향을 무시하려 했던 것은 아니다. 그러나 '말의 품위'에 주목한다는 것은 말이 현실에 존재하는 다양성을 존중하는 것과 통하기 때문에 언문일치 운동과는 선을 그어야만 했다. 만약 그 '말의 품위'의 고정화를 뒤흔드는 비평적 시점이 있다고 한다면 그것은 '칠정'이라는 인간의 정=실에 얼마나 적합한가 하는 시점일 것이다. 그는 그 시점에 따라 현실에서 벌어지는 다양한 언어 사용에 있어서 각각의 가치를 평가함과 동시에 , 장래적으로 언과 문이 변해갈 도정을 그림으로써 그곳에 자연성장성(popularity)의 이미지를 부여했다. 자연성장성의 상정 방식이 언문일치론과 달랐던 것이다. 이 자연성장성의 근거가 된 지금 현재 '말의 품위'의 모습 또한 에도 시대의 텍스트 속에서 이끌어 낸 허구의 말이라는 측면을 갖고 있었으나, 적어도 그가 파악한 '말의 품위'는 동시대 민중의 말씨와 대응할 뿐만 아니라, 에도 시대의 텍스트를 매개로 하여 한층 고전적인 텍스트와 이어진다. 그런 의미에서 이 개념은 공시성과 통시성을 교차시킬 수 있는 일종의 언어적 변환 장치였던 것이다.

제6장

문체론

쇼요의 소설문체론의 검토에 들어가기 전에 현재는 간과되기 쉬운 당시의 문장 표현 상황에 관해 두 가지 점을 우선 확인해 두고자 한다. 이 두 가지는 현재 간과되기 쉬울 뿐만 아니라 당시의 언문일치론자도 주의를 기울이지 않았지만, 그 상황을 모르고서는 쇼요가 역점을 두고 주장한 바를 이해할 수 없기 때문이다.

그 하나는 에도 시대부터 이 시기에 이르기까지 공통적인 서사 문체가 없었다고 하는 사실이다. 만약 현대의 소설가가 『겐지 모노가타리』의 말이나 바킨 또는 다네히코의 문체를 사용한다면 아마도 독자는 당혹스러워하거나 비웃으면서 경원시할 것이다. 그 작가가 독자들의 공감을 거부하는 것이라고 받아들일 수밖에 없기 때문이다. 그런데 이런 반응에는 어떤 무의식적 전제가 숨어 있다. 작가는 동시대에 유통되는 말과 문체로 집필해야 한다는 전제이다. 그러나 이렇게 전제할 수 있는 언어 · 문장 상황은 메이지 후반부터 성립하였다.

메이지 후반 무렵 학교 교사를 주인공으로 하는 시마자키 도손(島崎藤村, 1872～1943)의 『파계(破戒)』(1906), 나쓰메 소세키(夏目漱石, 1867～1916)의 『도련님(坊っちゃん)』(1906), 또 다야마 가타이(田山花袋)의 『시골교사(田舎教師)』(1909)가 집필되었다. 이 배경에

는 메이지 중기의 보통문 운동이 있었다. 보통문 운동은 국민의 표준적인 읽고 쓰기 능력을 고등소학교 또는 중등학교 수료자의 학력 수준으로 상정하고 구어적인 문장 작법을 보급한 것을 말한다. 단적으로 말하면 신문이나 잡지를 읽는 생활 습관을 가진 중견층을 길러내는 것이 목적이었다. 도손의 『파계』 이하의 소설은 작가가 의도하든 그렇지 않든 간에 그 주인공을 위와 같은 교육 과정을 거친 젊은 독자층의 한 사람으로 설정하고 있다. 견해를 달리하면 그 주인공들은 자신을 묘사하는 작품의 문체와 같은 질, 같은 수준의 문장을 쓸 수 있거나 쓰고 싶다고 바라는 중간적 지식인이었다. 이러한 조건을 젊어진 청년 교사가 주인공이라는 점에서 그들은 학생들에게 직접적으로 영향을 미치는 존재들이었다. 그 때문에 이 주인공들을 그리는 소설 문체나 인물들의 말투는 그대로 학생 세대에 대한 그 중간적 지식인들의 문체나 말투의 견본이기도 했던 것이다.

그러나 그 이전에는 그러한 상황은 전혀 없었다. 이것은 당시에는 한문훈독체나 소로분(候文)이나 와분(和文)이 공존했으며 표준적 문체가 없었다는 사실과 어느 정도 관련되기는 하나 그것과는 사정이 조금 다르다.

예컨대 다케베 아야타리(建部綾足)는 당시에는 커다란 화재였던 겐다 소동(源太騒動)이라는 현실의 사건을 토대로 『니시야마 모노가타리(西山物語)』(1768, 明和5)를 썼으나, 주로 사용한 말은 『니혼쇼키』·『만요슈』·『다케토리 모노가타리(竹取物語)』·『이세 모노가타리(伊勢物語)』 등에서 끌어 모은 것이었다. 무로마치 시대의 오토기 조시(お伽草子)에서 에도 시대의 가나 조시(仮名草子)에 이르기까지 의고문(擬古文)을 사용한 서사가 대거 집필되었지만, 그것들 가운데에서도 다음과 같은 서술 방식은 상당히 기이한 인상을 주었을 것이다.

야마시로 지방의 오토구니 군 마쓰노오라는 곳에, 오모리 시치로라는 무사는 형제와[日本記] 셋이서 살고 있었다. 여동생 이름은 가에라이고, 그 다음은 소쓰기라고 불렀다. 처는 일찍이 세상을 떠나고, 집은 빈곤하지만, 셋이서 어쨌든 늙은 어머니를 지극 정성으로 봉양하고 있었다.[다케토리 모노가타리 소중히 봉양한다에서] 또 같은 마을에, 같은 성을 가진 집에 하치로라는 사람이 있었다. 이 사람도 처를 잃고[와나쇼], 죽은 처가 남긴 사랑스런 아이[만요]가 있는데, 그 이름을 우스미라고 불렀다. 여기도 역시 가난하여, 세상을 살아갈 방편[이세 모노가타리 세상살이에서]이 없기에, 칼을 겨루는[고지키 니혼키의 검술에서] 기술이 뛰어나기 때문에, 이것을 사람들에게 가르쳐서 겨우[만요] 입에 풀칠[만요]을 하고 있었다.[1]

山背（やましろ）の国乙訓（おとくに）のこほり松の尾といふ所に、大森七郎といふもののふはらから（一母同産）（日本紀）みたりまで住みけり。いもとの名はかへといひ、その次なるは惣次となむいひける。妻ははやくなくなりて、老いたる母のおはするを、家は貧（まづ）しけれど、みたりの子してとにもかくにもかしづき（竹取物語 大切に仕ふる也）まゐらせける。またおなじ里に、おなじ氏の家にて八郎といふものあり。これもやむを（鰥夫）にて（和名抄）、うせし妻のかたみに残しけるまなご（愛子）（万葉）のあるが、その名を宇須美（うすみ）といひける。是もおなじ貧（まづ）しさにて、世のわたらひごと（いせ物語 渡世なり）もなきままに、太刀をあはする（古事記日本紀 剣術なり）わざなむよくしければ、是を人に教えてかそけき（幽）（万葉）たづき（便）（万葉）とはなしける。

그는 가나 쓰기를 기본으로 하여 '형제(はらから)' 오른쪽에 '일모동산(一母同産)'이라는 덧말을 달고, 그 바로 아래에 할주(割註) 형식으로 '니혼키(日本紀)'라고 덧붙여 그 말의 출처를 밝히고 있다. 즉 '형제(はらから)'는『니혼쇼키』에서 유래하는 말이나 '혈족(うから)'·'일족(やから)' 같은 유사한 말과의 의미의 차이를 나타내기 위해서 '一母同産'(같은 어머니를 가진 형제자매)이라는 설명을 붙인 것이다. 같은 방식으로 그는 '봉양하고 있었다(かしづき)' 아래에 할주 형식으로 '다케토리 모노가타리 소중히 봉양한다에서(竹取物語 大切に仕ふる

1) 번역문의 성격상 구두점은 일본어 원문에 대응하도록 표기하였다.

也)'라고 주를 달고 '처를 잃고(やむを)' 아래에는 '와나쇼(和名抄)'라고 써서 그 출전을 나타냈으며, '살아가는 방편(わたらひごと)' 아래에는 '이세 모노가타리 세상살이에서(いせ物語 渡世なり)'라고 출전과 의미를 할주로 달았다. '칼을 겨루는(太刀をあはする)'에는 '고지키 니혼키의 검술에서(古事記 日本紀 劍術なり)'이고, '겨우(かそけき)'와 '풀칠(たづき)'이라는 것은 '만요(萬葉)'에서 유래하는 것이다.

이 말들이 당시에 이미 사어(死語)였다고는 단언할 수 없다. 그러나 적어도 이때 아야타리는 일상적으로 그다지 친숙하지 않은 말을 골라 이 서사가 고전에서 인용한 것들로 엮은 것이라고 밝히고, 아울러 현실의 사건의 허구화를 깨닫게 하려 했던 것이라고 할 수 있다.

우에다 아키나리(上田秋成)는 다케베 아야타리에게 강한 대항심을 가졌던 것으로 잘 알려져 있는데, 예컨대 『국화의 약속(菊花の約)』(『우게쓰 모노가타리』, 1776, 安永5)에서 다음과 같은 독특한 서술방식을 시험했다.

> 파릇파릇한 봄의 버드나무, 정원에 심지 마라. 교제는 경박한 사람과 맺지 마라. 버드나무는 무성해지기 쉽지만, 초가을 바람에 어찌 견딜쏘냐. 경박한 사람은 교제하기는 쉽지만 역시 금방 끝난다. 버드나무는 매년 봄에 채색되지만, 경박한 사람은 끊어지면 찾아오지 않는다.
>
> 하리마 지역의 가고 역에 하세베 사몬이라는 학자가 있었다. 청빈(淸貧)에 만족하고, 벗으로 삼은 책 이외에는 모든 번거로움을 싫어한다. 노모가 있는데, 맹모처럼 정조가 있다. 항상 실을 뽑으면서 아들 사몬의 뜻을 돕는다. 그 여동생은 같은 마을의 사요 씨에게 양육되었다. 이 사요가는 대단히 부유하고 번창했는데, 하세베 모자의 현명함을 흠모하여, 여자아이를 처로 데려가 친족이 되고, 종종 무슨 일이 있을 때면 물건을 보내오건만, "먹을 것 때문에 폐를 끼쳐서야"라며, 전혀 받들지 않는다.[2]

2) 번역문의 성격상 구두점은 일본어 원문에 대응하도록 표기하였다.

아키나리는 이와 같이 한자 숙어와 가나 달기[3]의 관계를 독특하게 모색한 작가였다. 만약 이 속의 '정원(みその/家園)', '만족하고(あまなひて/憩ひて)', '번거로움(わずらはしき/絮煩)', '실을 뽑으면서(うみつなぎ/紡績)', '여동생(いもうと/季女)', '보내다(おくる/餉る)' 같은 말들에 후리가나가 없었다면 당시의 독자도 읽기 곤란했을 것임에 틀림없다. 그는 한편으로는 『니혼쇼키』나 『만요슈』의 한자 숙어와 그 훈독법을 적용하고, 다른 한편으로는 중국의 백화소설에서 빌려온 숙어에 『니혼쇼키』식의 훈독법을 적용하여, 한술 더 떠서 『겐지 모노가타리』 그 밖의 서사에서도 말을 따왔다. 『니혼쇼키』 서두의 한문 훈독은 이런 식이었다. "고래에 하늘과 땅이 아직 나누어지지 않고, 음양이 나누어지지 않았던 때, 혼돈된 것이 마치 계란과도 같은데 어둑어둑한 속에서 서광이 비치고 있었다." 이러한 훈을 도입하려는 작가의 의식에 입각해서 말하면 앞 인용문의 '친족(親族)'은 '혈족(うから)'이라고 훈을 달아 읽었을 터인데 아키나리는 훈을 달지 않았다.[4]

현대 독자의 눈에는 아야타리의 문장이나 아키나리의 문장은 마찬가지 '고문'의 범주로 보이기 때문에 한자 사용 여부의 차이로만 보일 것이다. 그러나 실제로는 다니자키 준이치로(谷崎潤一郎)의 문체와 미시마 유키오(三島由紀夫)의 문체의 차이에서 느끼는 것과는 비교할 수 없을 정도로 커다란 간극이 있다. 그 간극이 보이지 않는 것은 메이지 후반의 구어체문의 통일과 결정적으로 '전후'[5]의

3) 가나 달기: 후리가나(振り仮名)란 한자 옆(오른쪽)에 읽는 방법을 일본 가나 문자로 제시하는 방법이다. 원래 일본어문은 세로쓰기 형태이므로 이와 같은 한문 읽기의 이해를 돕는 방식으로 책이 편찬되었다.

4) 이 부분은 일본어 문장체인 세로글씨로 다음과 같이 후리가나가 달려 있다. "古に天地未だ剖れず、陰陽分れざりしとき、混沌れたること鶏子の如くして、溟にして牙を含めり"

신가나 쓰기[6]에 익숙해졌기 때문이다. 다니자키와 미시마가 메이지 후반 이후의 보통문과 어휘 범위에서 조금도 일탈하지 못했다는 것은 두 사람의 『문장독본(文章読本)』을 보면 잘 알 수 있다. 그러나 아야타리와 아키나리에게는 이와 같은 공통기반이 없었다. 따라서 아야타리는 『니혼쇼키』나 『다케토리 모노가타리』·『이세 모노가타리』의 화어(和語)를 자유롭게 빌려와 그 의미를 한자 루비[7]로 표시하는 문체를 만들어 낼 수 있었다. 아키나리는 그 반대로 중국의 숙어를 빌려 『니혼쇼키』식으로 훈독하는 것에 아무런 망설임도 없었다. 그들의 쓰는 의식 속에는 시간이 흘러 유통하지 않게 된 사어는 물론 외국어에도 아무런 저항감이 없었던 것이다.

이와 같은 의미에서 그들에게 문체는 문자 그대로 자신이 만드는 것이어서 현대의 소설가처럼 보통문을 토대로 개성을 살짝 드러내는 정도의 쩨쩨한 것이 아니었다. 바킨도 마찬가지였으나 그 구체적 예는 나중에 들기로 하고 우선 그의 주장을 들어 보자. 『난소 사토미 핫켄덴』 제9집 하질 중권 제19(1837, 天保8)의 「간단췌언(簡端贅言)」에 의하면, 본래 문자가 없었던 일본에 한자가 전해져 온 것이므로 음과 훈이 혼용되고 일본어와 한문이 뒤섞인 잡다한 문장이 쓰여지는 것은 자연스러운 흐름이었다. 『겐지 모노가타리』에서도 그것이 보인다. 하물며 일본어 문장에 중국의 속어를 구사한 자신(바킨=역자 주)의 문장이 국학이나 한학 박사들의 눈에 우습게 비치는 것은 어쩔 수 없다. 그러나 문명이 수려한 중국에서도 『수호전』이나 『서유기』 등에서는 속어를

5) '전후': 일본은 1945년 8월 15일의 패전 이후를 역사적 용어로서 '전후'라 부른다.
6) 신가나 쓰기: 1946년 내각 고시 '현대 가나 쓰기'에서 '역사적 가나 쓰기'를 일신하였고, 1986년에 재개정하여 공포하였다. 일본어를 표기하는 한 방법을 말한다.
7) 루비: 후리가나용의 활자를 말한다. 한자 옆 오른쪽에 일본어 음(후리가나)을 다는 것이 일반적인데 여기서는 아키나리가 일본어에 한자를 후리가나로 단 것을 특징적으로 설명한다.

사용했다. 물론 중국에서는 속어도 글자의 뜻에 따르며 속문에도 법칙이 있다. 그러나 일본의 작가는 그것을 모르고 속어를 일본식으로 마구 읽어댐으로 이도저도 아닌 문장이 되고 마는 것이다.

이러한 바킨의 견해를 메이지 이후 일본의 문장에 적용해 보면 일본과 중국과 서양의 것이 뒤섞인 잡다한 문장이라는 말이 되는데 그러한 점은 아무런 문제도 되지 않았다. 단지 그 각각의 말의 글자 뜻을 잃지 않도록 유의하면 되고 그래도 또 의미가 통하기 어렵다고 걱정된다면, 음 루비, 훈 루비, 한자 루비, 서양어 루비로 보충하면 되는 것이다. 실제로 이런 식으로 파악해 보면 쇼요의『당대 서생기질』은 말할 필요도 없거니와 소위 언문일치체의 실천이라 평가되는 후타바테이 시메이(二葉亭四迷)의『부운(浮雲)』이나 야마다 비묘(山田美妙)의『무사시노(武蔵野)』 등도 그 실체는 바킨적 문장 작법의 변형이었다고 말할 수 있는 것이다.

바킨의 주장은 이러한 관점을 열어 주지만 그것은 둘째 치고 그는 위와 같이 논한 후 다음과 같이 말했다.

> 아무튼 중국에서 속어로 쓴 책 속에도 격식을 갖춘 바른 문장이 있는가 하면 지방이나 신분에 따라서 격식이 무너진 문장도 있다. (중략) 하물며 일본에서는 화문(和文)·한문·아문·속문이 있고 옛 방식과 지금의 방식에도 차이가 있다. 그러하니 지금 문필계에서 활약하는 사람 중 누가 그것을 자유자재로 습득하고 있는 것일까. 없다고 해도 과언이 아니다. 생각하건대 옛날에 가나로 쓴 서사, 다케토리, 우쓰호, 겐지 모노가타리 등도 작자가 열심히 그 표현을 궁리하여 선택한 후 썼던 것은 아닐 것이다. 여기에는 당시 궁중에 사는 사람들의 일상어와 방언까지 그대로 실렸을 것이나 옛 시대의 고어는 그 자체에서는 비속함이 느껴지지 않는다. 한편 궁중 여성의 말에는 우아한 말과 속어가 있는데 [아마노 모쿠즈(海人の藻くず) 및 가모노 마부치(眞淵)를 보면 알 것이다] 재능이 뛰어난 사람은 그 재능으로 뛰어난

> 문장력을 발휘했기 때문에 후세 일본 문장의 큰 맥을 이루었다. 그러므로 옛날에 가나로 쓴 이야기책도 속어로 된 글이 있었다는 것을 염두에 두어야 한다. 일본어문과 한문은 그 문은 다를지라도 상황을 잘 묘사하여 정취를 살리고자 하는 작자는 속어에 의하지 않으면 표현하기 힘들다. 즉 일본어문이든 한문이든 상황은 같다. 그렇다고 해서 요즘의 사투리 속어가 너무 심하게 본래 음과 다르게 바뀌어 버리는 것, 음성만 있고 의미가 통하지 않는 것을 그대로 문장으로 해서는 안 된다. 내가 잡다하게 문을 만든 것은 이 의미가 통하지 않는 촌스러움을 피하려고 함이다.

바킨이 보기에는 『겐지 모노가타리』에서도 음훈 혼용이 보이는데, 아마도 그것은 당시 조정 관리들의 '일상어'와 '방언'을 그대로 실었기 때문이라는 것이다.

조정 관리들의 말을 '방언'이라고 부르는 것은 다소 기묘하게 들릴지도 모르나 공통어의 관념이 없었던 에도 시대에는 모든 지역의 말이 '방언'이었던 것이다. 원래 에도 시대의 샤레본이나 콧케본이 '방언'을 중점적으로 묘사한 것은 기타구니(北國)라 불리던 에도 북방에 만들어진 요시하라 특유의 인공어인 유곽의 말을 '방언'으로 보고 이것을 재현하는 것에서 시작되었다고 한다. 바킨도 이러한 '방언'관을 따랐던 것이다. 참고로 아라이 하쿠세키(新井白石)는 각 지방을 '오방(五方)'이라고 불렀다. 그중 '사방(四方)'은 동서남북 방향을 가리키나, 남은 '일방(一方)'은 자신이 현재 있는 이곳을 의미했다. 즉 자신이 존재하는 이곳은 일본의 중심도 중앙도 아니며, 그 또한 하나의 '방향(方)'이었던 것이다. 이러한 의식은 자신이 에도에 살든 교토에 살든 변함없었다. 에도에 사는 인간은 장군 가문의 측근이라는 강한 자부심을 지녔지만 이것은 도쿄를 '중앙'으로 보는 의식과는 달랐던 것이다.

어쨌든 바킨은 그러한 시대의 작가로서 '방언'과 '일상어' 같은 속어가 아니고서는 "상황을 잘 묘사하여 정취를 살릴" 수 없다고 주장했던 것이다. 이런 식의 속어에 대한 의미 부여는 아야타리나 아키나리에게서는 찾아볼 수 없다. 바킨은 이러한 인식을 소라이나 노리나가에게서 이어받았다고 생각되나 소라이나 노리나가는 일본과 중국의 고전 '번역'의 과정에서 속어에 의미를 부여한 것에 지나지 않았다. 바킨처럼 속어로 상황을 "묘사하는" 방법 의식은 갖지 못했던 것이다. 여기에 바킨의 독자적인 위치가 있었다.

다만 바킨에 의하면 『겐지 모노가타리』 시대의 "고어는 그 자체로 비속함이 느껴지지 않는다." 그런데 지금 시대의 시골말이나 속어는 사투리가 심해서 외국어같이 알 수 없을 정도가 되어 이대로는 도저히 문장을 이루기가 어렵다. 어쩔 수 없이 바킨은 화한속(和漢俗)을 혼용한 문장을 궁리하게 되었다고 한다. 이와 같은 의미에서 바킨의 문체 또한 그가 독자적으로 만들어 낸 것으로 선배 작가나 동시대 작가 누구와도 닮지 않았다. 거기에 그의 자부심이 있었던 것이다.

서사 작가는 자신의 문장 작법을 고안해야 한다. 이 사정은 메이지에 들어서도 계속되어 예컨대 야노 류케는 『경국미담』 전편(1983, 明治16)의 서문에서 이렇게 설명하고 있다.

> 지금은 일본의 문체에 일정한 체재가 없는 까닭에 저자는 이 책을 만드는 데 있어서 자유자재로 여러 종류의 문체를 사용한다. 그런데 장난삼아 종래의 소설체의 어투를 공부한 적이 있는데, 다음을 살펴보자. 예를 들면 "어느 시골의 한 산골에(斯ル田舍の片山里に)"라는 것을 "가카루 덴샤 노 헨산리 니(斯ル, デンシャ, ノ, ヘンサンリ, ニ)"(훈독으로 읽어야 할 것을 음독으로 잘못 읽은 예=역자 주)라고 읽어서는 곤란하다. "가카루 이나카 노 가타야마자토 니(斯ル, ヰナカ, ノ, カタヤマザト, ニ)"(문을 훈으로 읽은 예=역자 주)로 읽어야 한다. (중략)

모든 것을 일본 고유의 언어처럼 읽으면 틀림없이 구(句)의 어조가 좋아져서 이 책의 문체는 그 누구의 문체도 아니고 저자의 문체나 문장으로 평가받는 것도 가능하다.

설마 류케가 염려하는 것처럼 음독을 하는 경솔한 인간은 없었을 것이라고 생각될지도 모른다. 그러나 당시 독서인은 한문을 암기하기 위해 "굳이 맞추지 않는 것(不敢當)"을 "후칸토(フ カン トウ)" 하고 음독[8]하는 학습을 젊은 시절부터 익혔다. 류케의 걱정도 일리는 있었던 것이다. 한문체로 쓰면서 이것을 훈독으로 읽어달라고 주문하는 점이 류케의 재미난 점인데, 거기에 "자유자재로 여러 종류의 문체"를 혼용한 문장법의 고심이 있었다고 보아야 할 것이다.

쇼요는 이러한 문체(관)의 흐름에 서 있었던 것이다. 그는 언문일치체에 '시기상조'라고 유보적 태도를 보이면서 현시점에서 선택 가능한 문체로서 아문체(雅文体), 속문체(俗文体), 아속절충체(雅俗折衷体)의 세 종류를 들었다. 지금까지 소개한 논의의 흐름에서 추측할 수 있듯이 이 중에서 아속절충체가 가장 종합성이 높으며 또한 당대의 인정풍속에 맞는 문체라고 판단했다. 그것을 검토하는 것이 이 장의 목적이지만 우선 아문체와 속문체에 관한 의견을 간단히 보기로 하자.

쇼요에 의하면 아문체라는 것은,

즉 일본어로 쓰인 문장처럼 그 내용이 박력 없이 조용하고 우아하면 완곡(婉曲)이 풍부하고 아름다운 문장을 만들기에 적합하다고는 하나, 아쉽게도 활발하고 호탕한 맛이 없다. (중략) 이것을 사람에게 비교한

8) 원래라면 훈독으로 '아헤테 아타라즈(敢へて当たらず)'로 읽어야 맞다.

> 다면 여전히 옥렴(玉簾) 안에 있어 가슴이 답답함을 괴로워하는 귀부인과 같다. 그렇기에 이러한 종류의 문장은 혼자서 살짝 보는 고상하고 아름다움에 더하여 그 음조도 한가로운 동시에 저절로 예스럽고 우아하기 때문에 절박한 감정, 호탕한 거동, 혹은 웅대한 상황 등을 표현하기에 적합하지 않다. (「문체론」)

라는 것이었다.

"이것을 사람에 비교한다면" 이하의 비유는 『고킨와카슈(古今和歌集)』의 가나 쓰기 서문(仮名序)을 바탕으로 한 것이라 생각되나, 그 평가 기준이 되는 풍부하고 아름다움(beauty)이나 호탕함(sublimity) 같은 심미학적 범주는 명백히 기쿠치 다이로쿠가 번역한 『수사 및 화문(修辞及華文)』에서 유래한다. 그와 동시에 지금 주의해야 할 것은 그가 이 평가 기준을 당시의 문명개화의 이데올로기와 연동시켰다는 점인데, 오늘날처럼 국가의 부강・국민의 힘 함양이 급선무로 여겨지는 시대에 고상하고 아름답고(幽艶) 단아한 아문체는 어울리지 않는다고 간주되었던 것이다.

이는 도야마 마사카즈(外山正一) 등의 『신체시초(新体詩抄)』(1882, 明治15)와 공통되는 이데올로기라 할 수 있는데, 이보다 한 발 앞서 이와 같은 견해를 헤이안 시대의 서사에 적용하여 시대 비판을 시도한 것은 다구치 우키치(田口卯吉)의 『일본개화소사(日本開化小史)』(1877, 明治10)였다. 앞의 문장에 이어 쇼요가 말하는 "특히 후세 일본문학의 귀감이 되는 서적류는 후지와라 씨가 섭정한 문약음미(文弱淫靡)한 중고 시대에 부인들이 쓴 한가한 저술이라는 점을 보아도 그 문장의 기력이 없는 것도 이해가 간다"라는 부분은 그대로 『일본개화소사』 제7장에서 빌려온 것이라고 말할 수 있을 만큼 유사하다.

그런 점에서 그의 이론은 동시대의 담론의 '인용'으로 엮어 낸 것이었다고 말해도 과언이 아니다. 단지 그가 당시의 언문일치론자와 달랐던 점은 이렇게 동시대의 담론과 공시적으로 동조(synchronize)하면서 실제로는 문체에서 시대적 특성의 반영이라는 통시적 관점을 도입하여 논의의 폭을 넓혀 간 것이다. 그것은 다음과 같은 부분에 잘 드러나 있다.

> 무라사키시키부가 일본어 문장으로 『겐지 모노가타리』를 저술하여 이름을 후세에 남길 수 있었던 것은 그 내용과 형식을 매우 뛰어나게 잘 어울리게 했기 때문인데, 꼼꼼히 다시 생각해 보면 그 문장의 질이 뛰어나 그 당시 시대의 질에도 매우 적합하기 때문이었다. 소설의 문장 형식은 원래부터 만고불변한 것이 아니라 풍속과 인정이 변화되면 그 변화에 따라서 얼마간의 개량이 이루어지며 언어 습관이 진화하면 그 진화에 따라서 다소 고려하면서 절충하여 나아가 하나의 기축을 세우지 않으면 안 되는 것이다. 실은 소설이라는 것은 그 당시 시대의 인정세태를 묘사하는 것을 주안점으로 삼은 것이다. (앞 글)

'문장의 질'이 제대로 '시대의 질'에 걸맞을 때 규범적인 문장이 생겨난다. 그것은 서사문이 문장이 인정세태를 비추는 것을 '주안점'으로 삼기 때문이고, 그러므로 인정세태의 변화에 따라 문도 또한 변하지 않을 수 없다. 앞 장에서 나는 "언어는 영혼이다. 문은 형식이다. ……문에는 칠정도 모두 분칠을 한 채 나타나 다소 진실을 잃어버리는 부분이 있다"라는 쇼요의 생각을 소개해 두었다. 이 생각을 위의 인용문에 대입하여 함께 파악해 보면 다음과 같은 인식이 될 것이다. '문이 그 형식성을 드러내는 것은 인정세태의 변화에 걸맞지 않게 되었을 때다'라고. 이 변화에 적합하려면 인정세태에 걸맞은 속어로 문을 개선해야 한다.

이러한 생각은 얼핏 언문일치론자의 일본어 개량론과 비슷하다. 그러나 언문일치론자에게는 '시대의 질'에 걸맞은 '문의 질'이라는 관념은 없었다. 그들에게 '언'이라는 것은 일상의 회화체였으나, 일상 그 자체의 시대적인 변천과 그에 따른 '언'의 변화는 관심 밖에 있었기 때문이다.

쇼요가 말하는 아문체란 이상과 같은 것이었으나, 그에 비해 속문체라는 것은 '통속의 말을 그대로 문장으로 만든 것'이었다.

그 이점은 단지 독자가 알기 쉽다는 것만은 아니다. "특별히 활동의 힘이 있기 때문에 소위 화문에 필요한 간이의 명석한 품격은 말할 필요도 없다. 준발웅건(峻拔雄建)한 세력이 있고, 추억 애모의 상념도 또한 일으킬 만한 품격이 있다." 이것은 아문체의 우미(優美)함 이외의 온갖 미덕을 갖춘 문체라는 것이 되리라. 게다가 그는 한층 더 "문학의 음조기운과 함께 정취에 대단히 적합하여 마음 깊은 곳의 감정을 잘 표현해 내는 데에 그 영묘함이 있다"라는 가능성도 덧붙이고 있다. 속어는 칠정을 남김없이 드러낸다는 관념에서 본다면 당연한 의미 부여였다고도 할 수 있으나 이것은 이미 이상적 문체라고 부를 수밖에 없을 것이다.

그러나 실은 이 이상적 문체는 서양과 중국에서 실현되고 있을 뿐으로 유감스럽게도 일본의 실정은 그와는 한참 떨어져 있는 상태라는 것이 쇼요의 판단이었다.

> 일본에서는 언문일치가 만들어지지 않았기 때문에 (중략) 속언을 그대로 문장으로 만들 때에는 음조의 형식을 잃어버리거나 혹은 그 운치의 고상함을 잃어버리게 되었다. 따라서 실로 세련된 정취마저 촌스럽고 음란하다는 비난을 받게 되는 경우가 많아지게 되었다. 한편

> 우리나라는 서양의 나라들과는 달리 언어의 변천이 격심할 뿐만 아니라 수백 리 이내에서조차 그 방언의 차이는 영국과 프랑스의 국어의 차이와 비슷하다. (「문체론」)

그렇다면 일본의 속어는 앞의 속문체의 이상을 배반할 정도로 야비한 것일 수밖에 없게 된다. 이 부정적 평가는 바킨의 방언속어관 그 자체의 전용이었다고 할 수 있을 것이다. 일본의 '방언' 상황을 서양의 '국어'의 차이로 비교하는 견해도 동일하다.

단지 앞서 지적한 것처럼 바킨은 '방언'에 대한 공통어 관념을 가지고 있지 않았다. 한편 쇼요는 아속절충체를 논한 부분에서 그 당시의 신문 잡보 등에 사용되는 말(대화)이 교토와 오사카 식의 방언을 버리고 도쿄어로 바뀐 사실에 주목하여 다음과 같이 판단했다. "때문에 요즘의 구사 조시체는 다네히코문을 닮았다기보다는 오히려 속문체(슌스이문)를 닮았다. 그렇지만 이것은 도쿄부가 황국의 중앙이 됨으로써 자연히 출현한 변화일 것이다"라고. 류테 다네히코는 '정본제(正本製)'라는 명목을 붙여 지카마쓰 몬자에몬(近松門左衛門)의 조루리(淨瑠璃)를 모방한 작품을 많이 쓰면서 교토식의 대사를 사용하였다. 신문의 잡보는 그것을 모방한 문체를 사용하여 왔으나, 최근에는 에도를 무대로 하는 다메나가 슌스이(爲永春水)의 닌조본 식으로 변하여 왔다. 이 점을 파악하여 쇼요는 도쿄가 정치의 중심이 된 것에 따른 중심적 방언의 교체라고 해석했던 것이다. 그러나 쇼요가 보는 바로는 슌스이의 닌조본도 시대소설적 설정을 가미하여 때로는 교토와 오사카어를 섞고 있기 때문에 '순수한 에도 말'이라고는 말하기 어렵다. 그러나 최근에는 도쿄어 중심화가 급속히 진행되고 있다. 그것을 그는 중앙/지방이라는 이항대립으로 파악한 것으로 그만큼 한층 도쿄 방언 이외의 방언은 그의 눈에는 미개한 것으로 비쳐졌을 것이다.

이러한 차이가 바킨과 쇼요 사이에 보이지만 어쨌든 쇼요는 앞에서처럼 속어로 그대로 문장을 이루는 것은 곤란하다고 지적하면서, 현시점에서 속문체가 가능한 범위를 다음과 같이 논했다.

> 그 소설은 정태(情態)를 비추는 것에 그 주안점을 이루는 까닭에 하류의 정태를 묘사하려고 할 때 그 인물의 언어 등에 촌스럽고 천박한 언어가 있어도 처음부터 피하기 어렵다. 그 정취만 다 표현하면 비록 그 언어가 천박하더라도 이것은 오히려 하류사회의 진짜 모습일 수밖에 없기에 이러한 이유로 속언을 우리 소설에 사용하기 어려운 문구(文句)라고는 말할 수 없다. 디킨스(Dickens) 노인의 소설 및 헨리 필딩(Henry Fieldind) 노인의 패사(稗史) 등에는 상당히 심한 사투리를 많이 사용하고 있지만 그것을 이유로 디킨스를 비난하거나 비평한 것은 없고, 또 필딩 노인을 욕하는 사람도 없다. (중략) 이렇기 때문에 언어의 본래의 음이 변하여 사투리가 되든, 아니면 음성만 있고 의미가 통하지 않는 심한 방언이든 간에 그때그때에 맞추어서 사용하면 지장 없을 뿐만 아니라 오히려 정취가 깊어질 것이다. (「문체론」)

> 그러므로 스스로 단언하건대 속어로 서사의 말(이야기 중에 나타나는 인물의 말을 가리킴)을 그리는 것은 별 문제가 없으나 단지 지문에서는 (우리나라의 속어에 일대 개량이 일어나지 않는 한은) 속어로 그릴 것이 아니다. (앞 글)

말(대사)의 질과 지문의 질의 차이가 자각적으로 논의된 것은 일본에서 이것이 처음이었다. 앞서 쇼요는 '문의 질'과 '시대의 질'의 대응을 논했다. 그 논의는 아직 추상성을 벗어나지 못했으나, 문체 일반이 아니라 소설의 문체를 구체적으로 고찰함에 따라 작중인물의 발화와 서술자(또는 작가)의 지문과의 대조관계가 현재화해 왔을 것이다.

견해를 달리하면 그것은 작중인물의 대사가 지문에서 튀어나와 직접화법이 된 것임에 틀림없다. 이 대사가 속언으로 발화될 때, 칠정이 모두 화장을 하지 않고 표출된다. 쇼요는 디킨스와 필딩까지 수용하며 대사에 속어를 사용하는 것의 이점을 역설했던 것이다. 각각의 작중인물은 이 대사를 말함으로써 다른 작중인물(의 대사)과 관계를 만들어 낸다. 이것을 놓고 곧 쇼요가 지문에서 대사의 자립과 서술자에게서 작중인물의 자립을 꾀한 것이라고까지는 단정할 수 없다. 그러나 적어도 이로써 지문/대사, 서술자/작중인물이라는 이분법이 정착하고, 이분화된 양자의 상호 간섭에 시선을 향하는 방법론이 시작된 것이라고는 말할 수 있을 것이다.

한편 필자는 본 장의 서두에서 현재 간과하기 쉬운 경향이 있는 두 가지 점을 확인하는 것으로부터 시작하고 싶다고 양해를 구했다. 그 두 번째는 지금 언급하는 문장 내의 기호 문제이다.

예컨대 구두점이나 인용부호 같은 기호는 현재 우리들이 쓰는 의식 속에 확실히 자리 잡고 있다. 만약 그 기호들을 전혀 사용하지 않고 기술해야 한다면 오히려 그쪽이 부자유스럽고 일종의 불안감을 느낄 수밖에 없을 것이다.

그러나 기호를 쓰는 의식이 반드시 일반적인 방식이었던 것은 아니다. 일본의 경우 그 기호가 퍼지기 시작한 것은 에도 시대 후반 무렵이었다. 그러나 그것이 곧바로 일반화된 것은 아니고 현존하는 『니세무라사키 이나카겐지(偐紫田舎源氏)』 제8편(1833, 天保4)의 초고를 보는 한 다네히코는 구두점을 사용하지 않았다.

애초에 일본에서 구두법을 의식하게 된 것은 한문 학습을 통해서였던 것 같다. 그러나 가가미 시코(各務支考)가 제자들의 이름을 빌려

지었다는 『본조문감(本朝文鑑)』(1721, 享保6)에 의하면 일본 문장의 구두법은 한문의 구두법과는 다르다고 한다. 즉 한문의 구두법은 어(語)가 끊어지지 않는 부분을 '독(讀)'이라고 하고, 어가 끊어지는 부분을 '구(句)'라 불렀으나, 일본 문장은 그것을 반대로 하여 "구는 즉시 그것을 말하고 독은 분명하게 설명한다. 그렇다면 구점을 먼저 하고 독점을 나중에" 했던 것이다. 그 예로 그는 "봄은 산과 들의 눈이 사라지고. 휘파람새 소리도 부드럽게◦ 버드나무도 색도 짙어지네◦"라는 표현을 들었다. 이 예로 판단하면 그가 말하는 구점(마침표)이라는 것은 현재의 구두점과 같은 방식으로 문장의 오른쪽에 가까이 대어 찍고, 독점(쉼표)은 그것을 문장의 중앙에 두는 것이었다. 그 기능은 아마도 구점까지의 표현은 주제적 또는 포괄적인 '사건'을 우선 제시하고, 그에 비해 독점(쉼표)을 둔 위의 두 표현은 그 '사건'의 부연, 혹은 그 '것'에 수반되는 현상을 병렬 열거하는 것이었다.

이러한 구두법이 현재의 것과 다르다는 것은 말할 필요도 없다. 단지 위와 같이 해석이 가능한 구두법을 확실히 에도 시대의 서사 작가는 사용하였다. 현존하는 『핫켄덴』 제9집 3권 36의 초고를 보면 바킨은 스스로 쉼표를 찍고 있었던 것을 알 수 있다. 그것은 예를 들면,

> 반복해서 말한다. 마로노 사이타로 노부시게. 안사이 나리노스케 가게시게는. 그렇게도 믿음직스럽게 생각하고 있었던. 마로노 마타고로시게도키가. 갑자기 적의 총에. 맞아서 물 속 깊이 가라앉자. 기세가 꺾이어 슬픔을 참지 못한다. 다만 모두들 탄식한다. 마음을 격려해서. 즉 사이타로의 의견을 따라서. 나리노스케를 도우면서. 또 그 적의 부주의가 있을 것이다. 이마이의 성채 옆. 버드나무 가지가 늘어진 근처로. 헤엄쳐 가서 숨어 접근하여. 안으로 들어가려고 했는데. 이상한 일이다. 그 늘어진 버드나무의 가지 밑에. 어떻게 된 일인지. 사람이

있어. 손을 들어 우리를 부르는 것 같다.[9)]

라는 식이었다. 이것이 현대의 구두법과 다르다는 것은 일독해 보면 명확할 것이다. 현재의 우리들은 "갑자기 적의 총에, 맞아서(矢場に敵の銕砲に。撃れて)"와 "버드나무 가지가 늘어진 근처로, 헤엄쳐(柳枝垂し辺に. 泅ぎ行)"의 쉼표를 빼거나 만약 그렇지 않다면 "맞아서(撃れて)"나 "헤엄쳐 가서(泅ぎ行)" 다음에 둘 것이다. 그런 의미에서 바킨은 현대적 구문론과는 다른 문장관이라기보다는 문장 감각을 가지고 있었다는 말이 된다. 그것을 가가미 시코의 구두법으로 독해해 보면 바킨은 적이 총으로 기습해 왔다는 '사건'에 관하여 총에 맞은 사실과 물 밑으로 가라앉고 만 사실을 한 묶음의 결과로서 같은 술어구(phrase) 안에 통합시켰다. 또는 "버드나무 가지가 늘어진 근처(柳枝垂し辺)"라는 목적으로 향하는 일련의 행위를 "헤엄쳐 가서 숨어 접근하여(泅ぎ行潛び途就)"와 하나의 구 안에 열거했을 것이다.

또한 다메나가 슌스이의『오산모헤(おさん茂平) 하나메이쇼 가이추고요미(花名所懐中暦)』2편의 초고(天保6년경)의 경우는 처음에는 구두점을 사용하지 않았지만 이윽고 대사 속에 나타나서 지문에까지 영향을 미친다. 흥미 있는 변화를 보이는 다음과 같은 부분이 있다.

여기 호리노야라는. 낚싯배 주선을 업으로 하는 집이 있다. 처는 야무지게 접객 일을. 해내서인지. 붙임성이 좋아서 누구와도 이야기가 잘 통하는 까닭에. 저절로 손님이 많다. 처마를 나란히 하고 그 안에 항상 활기 있게 노(艫)가 나가고 들어온다. 빌린 배에도 손님이 끊임없

9) 원문의 성격상 번역문의 구두점을 원문에 대응시켰다. 단, 우리말의 . 은 세로쓰기 일본어 문장에서는 。로 쓰인다.

이 많이 와. 선장은 시끄러울 정도로 바쁘다. 그렇지만 남편은 빈둥빈둥 게으름 피우는 것이 습관임은. 정해진 품행으로 보였다.[10)]

이 구두법도 현대의 것과는 다른 법칙에 따르고 있었던 듯 특히 "아내는" 이하의 부분의 현재 용법은 "처는 야무지게 접객 일을 해서인지 붙임성이 좋고, 누구와도 이야기가 잘 통하는 까닭에(たしかに座しきを勤た果と見へて如才なく, いづれも拙しが合ゆへに)"가 될 것이다. 이 호리노야의 부부에게 서점 젊은이가 신판『메구미노하나(恵の蕾)』를 전한다. 이것은 슌스이의 작품이고 작가는 확실히 자기 작품을 선전하고 있는 것인데, 그것을 남편이 "어디어디 음, 우메고요미의 발단으로 메구미노 쓰보미와의 보기 드문 간통으로 비하한 표제인데 그건 좋지만. 삼국지 후편은 어떻게 되지. 유비가 삼고초려를 하는군. 이 대목을 세 번이나 읽었다. 이미 암기해서 설명하여 들려줄 수가 있지(どれどれム, 梅ごよミの発端で恵の蕾とハありがてへごふぎと卑下した外題だなそりァいいが. 三国志の後ハどふなる. 玄徳三度草舎を訪らふ. といふ所を三度よミかへしだせ. モウ暗記で講釈が出来らァ)"라고 조롱조로 이야기한다. 이것도 현대식 구두법으로 바꾼다면, "보기 드문 이야기네. 간통으로 비하한 표제군. 그건 좋은데. 삼국지 후편은(ありがてへ. ごぶぎと卑下した外題だな. そりァいいが. 三国志の後ハ)"이 되어야 한다.

그러나 이것도 앞의 구두법에 따라 해석하면 호리노야의 부인은 "야무지게 접객 일을 해냈다(たしかに座しきを勤た)"라는 '일'이 있고, 그것이 약속 기한을 넘겨서까지 계속 일했던 듯한 모습과, 그래서 싹싹하게 누구와도 이야기를 나눌 수 있는 속성으로 부연되고 있는 것이다. 또한 남편의 대사는 우선『메구미노하나』를 주제적으로

10) 원문의 성격상 번역문의 구두점을 원문에 대응시켰다. 주 9)와 같음.

제시한다. 그리고 이 주제에 관한 문장을 맺는 "그건 좋지만(そりァいいが)"은 현대의 문법론에서는 접속구로서 오히려 "삼국지 후편은 어떻게 되지(三國志の後ハどふなる)"와 결부되는 부분인데, 이 경우에는 "그 점은 그다지 신경 쓸 것 없다"라는 의미로 문말에 놓인 것이다.

쇼요가 속문체의 대표적인 저자로 들었던 슌스이는 이러한 문장 감각을 가지고 있었던 것이다. 한편 독자 쪽은 앞 장에서 지적한 것처럼 작중인물의 대사를 스스로 여러 가지 목소리를 내면서 읽었다. 그때 슌스이와 같은 구두법을 가부키의 대사의 표현솜씨, 특히 대사의 간격을 두는 방식에 맞추고 있었을 것이라는 사실은 쉽게 추측할 수 있다. 일본의 구두법은 이러한 역사를 가지고 있었으나 흥미로운 것은 같은 시기 영어권에서도 어느 정도 사정은 비슷했다는 것이다. 지금까지 여러 번 참조한 G. P. 퀴켄보스는『작문과 수사 상급코스』(1854, 安政1)에서 다음과 같이 말하고 있다.

> 일반적으로 말해서 구두법은 교육제도 안에서 그 중요성에 상응하는 만큼의 주의를 끌지 못하고 있다. 이 때문에 다른 점에서는 폭넓은 학식을 갖추고 있는 사람이 이 문제에 관해서는 정확하고 실용적인 지식이 결여된 것을 자주 발견한다. 오랜 세월 문학 관련 일을 직업으로 삼아 온 사람들조차 이 중요한 기술을 전혀 고려 대상으로 삼지 않고, 그 원고의 구두점을 인쇄업자의 재량에 맡기고 있는 상황이다.**[*원주1]**

액면 그대로 위의 문장을 받아들이면 영어권에서는 19세기 중반까지도 구두점을 인쇄업자에게 맡기는 저술가가 있었다고 볼 수 있다. 그 점에 관해 M. B. 파크스는 최근 연구『구두(pause)와 효과(effect) — 서양 구두법의 역사서설』**[*원주2]**(1992)에서 한 가지 판단 재료를 제공해 준다. 그에 따르면 18세기 구미권에서는 구두법을 사고 구조에 따를지 아니면 수사적 구조에 따를지의 논의가 일어났다. 더욱이 19세기가 되면서 소설이 성행함에 따라 어떻게 현실감 있는 대화 장면을 만들어 낼 것인가 하는 소위 발화의 묘사 (mimesis)에 대해서 관심이 집중되어 갔다고 한다. 그와 함께 문장체(written language)와 회화체(spoken language)의 관계 또는 서기 매체(written medium)와 발화 매체(spoken medium)의 차이 문제가 강하게 지각된 것이다. 퀴켄보스는 그러한 상황에서 말한 것인데 구두점을 찍는 방식은 개인차가 크기 때문에 문법보다 수사에 속하는 문제가 아닌가 하는 의문에 거의 긍정하면서 그러나 최소한의 규칙은 필요하다는 입장에서 위와 같이 주의를 촉구한 것이다. 그는 또한 구두법이 낭독법과 다르다는 점에도 주의를 촉구하고 같은 문장을 구두(orale)로 말하는 방법의 일시 휴식(pause)과 표기했을 경우의 구두점을 비교했다. 만약 전자 그대로 구두점을 찍는다면 오히려 문장의 의미를 파괴하고 저자의 의미를 불분명하게 하기 쉽다.[*원주3] 그는 이렇게 지적했는데 이것도 같은 상황에서 나온 말이라고 볼 수 있겠다. 존 하트는 『작문 및 수사편람』(1870, 明治3)에서 "뛰어난 낭독법은 문법적 통사법을 파괴하는 일시 휴식을 요구하며, 또한 그 반대로 문에서 구두점대로 일시 휴식을 한다면 낭독은 오히려 무의미하게 들리고 말 것이다"라는 의미의 말을 서술했다.[*원주4] 그는 양쪽의 상대적 자립을 확인하면서 구두점의 첫째 목적은 문법적 명확성에 있음을 강조한 것이다.

이것도 앞 장에서 지적했지만 쇼요는 묵독이 현대의 독서법임을 주장하면서 읽는 의식에 있어서 음조가 현전(現前)해야 한다고 역설했다. 아마 퀴켄보스 등의 의견을 참조했을 것이다. 독서법에 대한 관심은 계속 이어져 『소설신수』가 나온 수년 후에도 「독법을 흥하게 하려는 취지」(『국민의 벗(国民之友)』 115, 116호, 1891. 4. 13, 23)를 저술했다. 그는 거기에서 내용도 생각하지 않고 단지 봉으로 짚어 가며 읽을 뿐인 기계적인 독법을 배척했다. 그는 문의 의미를 명료하게 하는 문법적 독법을 바탕으로 문장의 심의를 비평하며 작가 또는 작중인물의 성정(性情)을 해석하는 논리적 독법을 이상으로 삼았다. "스스로가 그 작가 혹은 그 인물이 되었다는 마음으로 그 문 속에 보이는 성정을 곧 자신의 성정처럼 여겨, 성실하고 열심히 마음을 쏟아 강개하듯이, 비분하듯이, 애상하듯이, 분노하듯이 읽으려고 하는 것이다." 이 같은 성정해석-감정이입의 독서 방식은 에도 시대 이후의 향수법에 가까우며 청자의 현전을 전제로 하는 연기적 낭독을 가리키고 있으나 동시에 그것은 묵독에도 통하는 방법이었던 것이다.

그러나 모리 오가이(森鷗外)는 「쇼요의 낭독법(逍遥子の朗読法)」(『시가라미소시(しがらみ草紙)』 2월호, 1891)에서 쇼요는 문장의 의미를 해석하는 '회(會)'와 단어를 좇아 소리로 내는 '독(讀)'과의 구별을 모른다고 비판하며 이하와 같은 예를 들었다. 일찍이 독일의 모 여배우가 실러(Schiller)의 『마리아 슈투아르트(Maria Stuart)』를 연기하여 추종자인 어떤 신사에게 칭찬을 받았다. 당신이 "'바질리스크'(독룡)에게서 사람을 죽일 듯한 눈을 받은 그대여" 하고 외친 연기는 정말로 훌륭했다고. 그러나 "천진한 푸른빛의 눈을 반짝이며 여배우는 신사의 얼굴을 올려다보며 소리를 죽이고 '바질리스크란 뭐죠'라고 묻는다." 에도 시대의 하나시본(咄し本)[11]에나 있을 법한 우스꽝스러운 결말의 에피소드로 오가이는 '회'를 수반하지 않고서는 '독'도 있을 수 있다고 말하고 싶었을 테지만, 수재형 학자가 종종 저지르는 저질의 꼬투리잡기라고밖에 말할 수 없다. 설령 그 여배우에게 실러 작품의 '회'가 결여되었다고 해도 그녀에게 연기를 지도한 연출가의 '회'가 매개되어 있다고 볼 수 있기 때문이다. 오가이

11) 에도 시대의 우스운 이야기를 모아둔 서적.

는 그 점을 간과한 것이다. 그리고 쇼요에 입각해서 말하면 그는 문장의 의미가 명료한 구두법을 초월한 인성해석적 독법의 실현을 의도했다고 보아야 할 것이다.

한편 문장 안의 기호 문제로 내가 다루고 싶은 다른 한 가지는 인용부호 문제이다.

문장에서 인용은 크게 나누어 타자의 문장을 인용하는 것과 작중인물의 발화 인용을 들 수 있다. 당시 영어권 수사서의 특징 하나는 후자의 문제에 관한 언급이 거의 이루어지지 않았다는 것이다. 관심은 오히려 타자의 문장 인용과 자기 문장 인용과의 차이를 향하고 있었다. 존 하트는 인용부호(quotation mark)의 사용법을 이런 식으로 설명했다.

> 어떤 필자가 자신의 문장을 인용할 때 인용부호의 사용 여부는 그의 선택에 좌우된다. 그것은 자신의 이전 저작물을 언급하고 싶어 하는가 여부에 달려 있다. 그러나 우리가 타인의 말을 인용할 때에는 그러한 선택의 여지가 없다. 이는 타인의 말이라는 양해 없이 타인의 말을 사용하는 것은 표절이고, 다른 말로 하자면 절도다. 단 이것은 문법의 문제라고 하기보다는 모세의 십계에 속하는 문제이다.
>
> 타인의 말을 인용할 때 때때로 우리들은 정확한 인용이 아니라 그 말의 의미 내용만을 편의적으로 나타내고 싶다고 생각하는 경우가 있다. 그러한 경우는 더블 쿼츠(“ ”)가 아니라 역 콤마(‘)와 아포스트로피(’)를 사용해서 타인의 말을 표시해야 한다. 만일 어떠한 방법으로든 그러한 변경이 이루어진 것을 명시하지 않는다면, 인용부호 속의 바뀐 말은 인용한 인간이 불성실한 증거라고 간주된다.**[*원주5]**

요즘 시각으로 보면 지극히 당연한 말이지만 당시의 일본인은 허를 찔리는 기분이었을 것이다. 그 당시 일본에서는 아직 그러한 인용부호 습관이 없었기 때문이다. 이 표절(plagiarism)이라는 관념은 말(또는 그 사상)의 소유권을 전제로 하고 있다. 일본의 가학(歌學)에도 '주인 있는 말'이라고 해서 예로부터 전래되는 명성 있는 시 가사의 절대적 우선권을 존중하는 역사가 없었던 것은 아니다. 단지 그것을 침범하지 않는 한 모방이 오히려 장려되어 왔다. 그러나 이 수사론은 모세의 십계를 배경으로 말을 훔치는 것을 금지하는 것 즉 자타의 사상과 구별하는 것을 입법화하려 했던 것이다.

결국 그것은 자타의 구별을 명확하게 하는 원작성의 존중 내지는 강제라고 해석해야 할 것이다. 타자의 말은 이중 인용부호(double quotes)로 정확히 재현해야 한다. 이것은 타자가 그 말의 기원이라는 사실을 기호적으로 표시하고 자기도 또한 그에 대치하는 기원일 것을 윤리적으로 요구되는 것임에 틀림없다. 자신이 이전에 쓴 문장을 반복할 때 인용부호를 붙일 것인가 아닌가는 본인의 선택에 맡겨져 있다고 하트는 말한다. 소위 자기 말도 타자의 말에 준한 취급을 할 수 있는 것으로, 이것은 자신의 담론의 일관성에 책임을 진다는 의미도 있겠지만, 동시에 그것은 자기를 그 기원으로 나타내는 기호 표시를 촉구하고 있었다는 말이 된다. 담론의 기원인 자기가 이렇게 확인될 수 있는 것이다.

그러나 그러한 인용부호 의식을 쇼요 시대의 사람들은 가지고 있지 않았다. 권위 있는 사람의 말을 "누구누구가 말하기를" 하고 열거하는 박인방증(博引旁証) 취미는 에도 시대 이후의 지식인들의 고질병이라고 말할 수 있을 만큼 일반화해 있었으나, 인용의 정확성을 묻는 의식은 거의 찾아볼 수 없었기 때문이다. 만약 앞에서와 같은 인용부호 의식이 인용되는 말의 주체와 그것을 인용하는 필자의 주체가 문장 레벨에서 분절화된다는 발상을 포함하고 있다고 본다면, 그러한 의미에서 언표 주체를 엄밀히 구별하는 의식이 당시의 사람들에게 결여되었다는 말이 된다. 이는 쓰는 의식 속에 구두법을 의식함으로써 문장의 논리나 구조를 대자적(對自的)으로 파악하는 발상이 희박했던 것과 아마도 무관하지는 않다. 간단히 말하면 문법(grammar)이라는 개념이 없었던 것이다.

그러나 이것은 반드시 인용부호에 상당하는 기호가 없었던 것을 의미하는 것은 아니다.

서사에서 대사 인용에 한정하여 말하자면 그것은 이미 에도 시대부터 시작되고 있었던 것이다.

예를 들면 초기의 샤레본, 아이 우메코(愛梅子)라는 인물의 『시마바라야사 모노가타리(原柳巷花語)』(간행 연도 미상. 宝暦쯤)는 "야리테바바(龜婆)[12]는 우리후노를 향해 이봐 너는 신세가 펴서 왕성히 성사가 되는 것이 싫은가" 하고 말한다. 이는 알기 쉽게 고쳐 쓴 것이다.[13] 작가는 지문과 대사를 구두점도 인용부호도 없이 계속 이어 썼는데 이러한 식으로 쓰는 것은 에도 전기에는 지극히 당연한 방식이었으나, 이 텍스트에서 주목할 점은 이 야리테바바의 물음에 대한 우리후노의 대답에 이르러, "うりふのそれハわかミの鋼鉤といふものしや戀の道はさうでハなひものじや"라고 발화자를 □로 표시한 점이다. 작가는 몇 갠가의 에피소드를 모두 같은 형식으로 엮어 썼다.

말하자면 이것은 야리테바바라는 등장인물의 서술을 지문으로 하고, 그에 대해 다른 말투의 목소리가 나타나는 점에서 발화자의 표시를 시작하는 형식이었다. 그에 비해 만약 서두에서 장면 설명을

12) 야리테바바(亀婆);유곽에서 창녀를 감시하는 할멈
13) 원래 "亀婆うりふのにむかひのふこなたハ身のはやりてさかんに成事がきらひでござるか"로 되어 있어 읽기 힘든 것을 우리말 어법에 따라 "亀婆, うりふのに向かひ, のふ, こなたハ身のはやりて, さかんに成事がきらひでござるか"로 고친 예이다.

행하고 "龜婆のふこなたは……" 하고 다시 쓰면, 무추산진 네고토 선생(夢中散人寢言先生)의 『다쓰미노 소노(辰巳之園)』(1770, 明和 7)나 이나카로진 다다노지지(田舍老人多田爺)의 『유시호켄(遊子方言)』(1770년경) 같은 중기의 대표적인 샤레본 형식이 된다. 그 점에서 판단하면 샤레본에서 말투나 사투리에 대한 관심이 싹터 그 말투나 사투리의 차이를 나타내는 기호로써 발화자가 대사 위에 표시되게 되었다고 할 수 있을 것이다. 발화자는 대사의 주체라기보다는 오히려 말투나 사투리의 상관물(相關物)이었던 것이다.

그리고 더욱이 곳케본이나 닌조본에 이르러 □라는 기호가 사라지고, 그 대신 '〽'라는 기호를 사용하여 그 위에 발화자를 가는 글씨로 표시하게 되었다. 다음에 보이는 것은 다메나가 슌스이의 『하나메이쇼 가이추 고요미(花名所懷中曆)』 초고의 일절인데, 이것을 보면 처음부터 슌스이의 쓰는 의식 속에 이 기호가 입력되어 있었던 것을 알 수 있다.

또 유곽의 한 명인 우메가에다가 포목점의 일하는 아이를 향해서 과장된 어조로

梅〽"잠깐잠깐 도쿠돈 이것. 어제 그토록 일러두었던 장식용 깃은 어떻게 된 것이냐"

小〽"아, 잊어버렸습니다."

梅〽"뭐 어쨌다고. 잊어버렸다니…… 가지고 와"

小〽"그렇지만 마님(おまえさん), 지금부터 후신바의 창고까지 가지러 가지 않으면 안 되니까, 내일까지 기다려 주십시오."

작자가 말한다. 여기는 유곽 안에 있는 전당포로, 헌옷이랑 작은 소품들을 파는 가게이다.

梅〽"정말, 밉살스러운 아이로군. 속상해"라며 몸을 떨기를 두 번 정도, 발을 쿵하고 밟고 비녀로 머리를 긁적거렸다.

이렇게 샤레본이나 닌조본의 지문은 연극 대본의 장면 지시 정도로밖에 상황을 설명하지 않았다. 그와 반대로 대사 쪽은 억양과 악센트에 세심하게 주의가 기울여지고, 그로써 등장인물 각자의 관심이나 구애를 표출한다. 그와 동시에 서로 말을 주고받는 동안에 화제가 제멋대로 전개되어 가는 듯한 인상을 부여하도록 고안되어 있었다. 뿐만 아니라 간략한 지문의 상황설명을 보완하기 위해 그 장소의 사정이나 인물간의 관계에 대한 정보를 대사 속에 별것 아닌 것처럼 삽입해 두거나 억양으로 환기시킨다. 그래도 모자랄 경우에는 할주 형식으로 '작자'가 보충하게 되는데, 그러나 이 '작자'는 어디까지나 "이것은 팔 집이어야 한다" 하고, 일종의 방관적 코멘트를 더하기만 하는 입장으로 자신을 한정했다. 그로써 대화의 자립성을 인상짓도록 꾀하고 있었던 것이다.

게다가 흥미롭게도 이 인용에서도 두 군데 구두점이 사용되었으나 이윽고 대사 전체에 영향을 미치고, 앞서 소개한 "여기 호리노야라는……" 이하의 문장처럼 지문에도 쓰이게 되었다. 위의 인용의 우메가에다(梅が枝)의 "뭐 어쨌다고. …… 가지고 와"와 포목점 점원의 "그렇지만…… 기다려 주십시오"는 각각 세 가지 문으로 나눌 수 있다.[14] 슌스이의 구두법은 반드시 현대 문법론의 문이나 구의 단위와 일치하지는 않으나, 어쨌든 하나로 이어진 대사를 그대로 분절화해 보면 구두법이라는 것은 발화의 현실감을 강화하는 방법이었다는 점을 알 수 있을 것이다.

이렇게 인용부호나 구두점은 서사의 대화에 현실감을 부여하기 위한 인공적 기호로, 이를 반대로 말하면 이러한 기호를 매개로 하여 만들어진 서사의 대화는 현실의 대화인 것처럼 보이려는 허구의

14) 원문에는 구두점 없이 낱말이 전부 이어져 있다.

대화인 것이다.

만약 현실의 대화를 녹음기에서 문자로 옮겨 보면 발화가 끊어지는 부분은 있을지도 모르나 대화의 흐름 속에서 인용부호나 구두점이 발음되는 일은 있을 수 없다. 즉 인용부호나 구두점은 대화에 포함되지 않는다. 그렇다고 해서 단지 목소리의 흐름을 정확하게 문자로 옮기기만 해서는 오히려 대화의 현실감을 잃고 만다. 적어도 의미를 이해하기 곤란하게 만들 것이다. 그렇다면 그것을 해결하기 위해 인용부호나 구두점이 고안된 것일까? 아마도 그렇지 않을 것이다. 그런 식으로 해석하는 것은 결과에서 원인을 만들어 내는 것으로 애초에 에도 시대의 서사 작가에게 현실의 대화를 모사하는 의식이 있었다고는 말할 수 없기 때문이다.

아야타리나 아키나리가 자신만의 문체를 만든 것처럼 시키테 산바(式亭三馬)나 다메나가 슌스이는 등장인물인 게이샤나 유객이나 거리의 소녀나 시골영감을 매우 그럴듯하게 연기시켜서 말투의 차별화를 노렸다. 말하자면 차이 있는 말투는 게이샤나 유객들의 표상인 것이고, 그들은 그 표상화를 '비춘다(寫す)'라고 불렀다. 그 과정에서 그들은 인용부호나 구두법이 대사에 진실성과 강약을 부여하는 효과가 있다고 깨달았던 것이라고 해야 할 것이다. 그러한 의미에서 그들이 고안한 기호를 인용부호나 구두점이라고 부르는 것은 유럽 문장의 각종 기호 개념을 불러들이는 것이 되므로 신중해야 한다. 필자는 그 점을 충분히 유의하면서도 여기에서는 일부러 일본과 유럽에서 동시적으로 유사한 동향이 있었던 점에 주의를 끌도록 이들 용어를 사용했다. 그 유사성이라는 것은 반복해서 말하면 대화에 진실성을 부여하기 위한 시각적 기호가 고안되어 왔다는 점이다.

그러나 메이지 전기의 가나 쓰기론자나 로마자론자들은 음성을 문자로 옮길 것을 주장했지만 이러한 기호의 기능에 주의하지는 않았다. 이들의 기호는 현실의 대화 속에서는 없고 서기 행위 레벨에서 출연하여 시각적인 문장을 성립시키는 기능을 가졌으나, 그것을 음성화하는 경우에는 또다시 사라지고 만다. 그러한 성격 때문에 이들 기호는 그들의 음성중심주의적 의식에서도 사라지고 말았다. 아마도 그 때문이겠지만 그들은 음성을 문자로 옮기면 문이 된다는 주장이 실은 논리적인 환상에 불과하다는 점까지는 생각이 미치지 못했던 것이다.

쇼요는 그러한 상황 속에서 소설 문체의 가능성을 오히려 바킨이나 슌스이가 쓰는 방식을 참고하면서 찾고 있었던 것이다.

쇼요도 또한 '비추는' 행위를 중시하여 거기에 유럽적 모사 개념을 더하려 했으나 지금 주목해야 할 것은 이 '비춘다'는 행위를 말로 사물을 옮기는 것, 특히 말로써 말을 옮기는 행위를 중심으로 고찰하고 있었을 것이다. "속어로 서사의 말(서사 속에 나타나는 등장인물의 말을 말한다)을 그리는 데 지장이 없다"라고. 이것은 문자로 음성을 묘사하는 것과 큰 차이는 없어 보일지도 모른다. 혹은 말로써 말이나 사물을 '비추는' 일 같은 것은 특별히 주의할 가치가 없는 극히 당연한 아이디어라고 생각될지도 모른다. 그러나 이 시점에서 그것이 의미하는 바는 매우 크며 게다가 그 의미는 현대에도 사라지지 않았다.
예컨대 이시카와 마사모치(石川雅望)는 『수도의 풍속(都の手ぶり)』(1809, 文化6)에서 바쿠로초(馬喰町)의 여관 정경이나 매춘부의 생태 등의 외잡한 세계를 왕조 서사를 묘사한 아문으로 써서 일종의 우스꽝스러운 효과를 거두었다. 쇼요는 그 효과를 인정하고 평가까지 했다. 그러나 에도 태생이 "명주우렁이 등을 잡는" 장면을 아문으로 묘사해서는 그 장면의 정경이 전해지지 않는다. 활기 있는 분위기를

해치고 만다. 그것은 "그 주의(主意)가 촌스러운데 그 문은 고상했"기 때문이다.

시키테 산바는 『우키요부로(浮世風呂)』(1809, 文化6)를 시작하면서, "봄은 먼동이 하얗게 떠간다. 가루비누로 작년의 얼굴을 씻는다. 첫 목욕물의 김이 가늘고 길게 뻗은 여탕의 모습. 어떻게든 보려고. ……"라고 쓰기 시작한다. 금방 알 수 있듯이 산바는 『마쿠라노 소시(枕草子)』를 패러디한 것인데, 쇼요의 해석에 따르면 이것은 "말의 품위와 그 주의의 품위"와의 어긋남을 노린 표현인 것이다.

이러한 사용 방식에서 판단하면 그가 말하는 "그 주의"란 작가의 모티브라기보다는 그려진 사물의 성질 정도를 의미할 것이다. 자연의 사물은 각자 고유의 성질을 가지며 인간이 만든 사물에는 그것을 만든 사람의 의도가 맡겨져 각 시대는 각각의 특색을 지니고 있다. '시대의 질'이라는 말이 생겨난 까닭이다. 그것도 그들의 '주의'는 모두 '품위'를 갖추고 있다. 이것이 사물이 존재하는 현실적인 방식이고, 이 견해로 보면 '그 주의'를 벗겨낸 객관적이고 중립적인 사물이라고 하는 것은 이론적인 픽션에 지나지 않는다. 그리고 쇼요가 보기에 메이지라는 시대의 '주의' 즉 '시대의 질'은 '개명으로 향하는' 품위에 있다. '말의 품위'도 그에 걸맞지 않으면 현대의 인정세태를 제대로 그려낼 수 없는 것이다.

마찬가지로 우리가 사용하는 말도 그 역사와 현대 사회구조와의 관계 속에서 '품위'를 부여받고 있고, 그것을 벗겨낸 중립적인 언어라는 것은 언어학의 추상적 허구일 뿐이다. 그 속의 어떤 '품위'의 말을 선택하여 어떠한 '주의'의 사물을 대응시킬까? 작가의 주의(motif)는 거기서 드러난다. 만약 미하일 바흐친처럼 모든 기호는 모두 이데올로기 기능을 갖는다는 입장에 의거한다면 쇼요가 말하는 '품위'는 이 이데올로기 기능을 가리킨다는 말이 될 테지만, 그렇다면 모든 사물도 또한 이데올로기적으로 존재한다는 말이 된다. 작가의 이데올로기는 말의 이데올로기 기능을 사물의 이데올로기성에 대응시켜 갈등시키는 방식으로 발현되는 것이다.

그렇다면 묘사되는 대상이 누군가의 발화일 경우에는 어떻게 될까?

이 발화는 그 자체가 이미 어떠한 '주의'를 향한 말이고 그러므로 이것을 묘사하는 행위는 두 가지 측면을 갖게 된다. 하나는 그 말의 음성에 대한 관심이고 다른 하나는 말의 해석 또는 비평이다.

당시의 언문일치론자는 말을 문자로 묘사할 것을 주장했으나 그 관심은 발화 주체에 응한 다양한 억양과 악센트에 있었던 것이 아니라 오히려 발화 주체를 사상(捨象)함으로써 얻을 수 있는 공통 어음을 확정하는 것에 있었다. 언문일치란 문을 위한 언을 통일하는 것이었기 때문이다. 바꾸어 말하면 묘사되는 어음과 묘사하는 문자와의 동일성(sameness) 또는 묘사되는 말과 묘사하는 말의 동일성을 무조건적 전제로 삼았기 때문에 그 사이에 해석과 비평이 개입할 것이라는 점은 고려 밖에 있었던 것이다.

앞 장에서 나는 모토오리 노리나가의 『다마카쓰마(玉勝間)』를 인용했으나 노리나가가 거기서 "다른 나라의 소리를 옮긴다(他国の音を訳す)"라고 표기했던 것을 떠올려 보기 바란다. 애초에 일본어의 '묘사하다(寫す)'는 '옮기다(移す)'・'비추다(映す)'와 마찬가지로, 거기에 있는 것의 모습과 형태를 이쪽의 것으로 '옮기는' 것을 의미했다. 회화에서 '그리는' 것은 그곳에 있는 것의 모습을 이쪽의 종이 위에 '옮기는' 것이었다. 거기에 있는 것은 반드시 눈에 보이는 것만은 아니다. 일본의 신은 인간 앞에 모습을 드러내지 않고 만약 시현할 경우에는 삿갓이나 도롱이를 걸쳐 그 정체를 보여주지 않았다. 그러나 사물 위에 그 가상을 '비추는' 경우는 있어 인간은 그 가상의

'실루엣'을 종이 위에 '옮겨'서 이것을 신이라고 간주했다. 또는 신은 물체의 형상을 스스로 가상으로 삼는 경우가 있고, 거기에서 인간은 (가마나(御輿)나 수레(山車)의 예에서 알 수 있듯) 그것을 '묘사한' 것을 만들어 그것을 특별한 장소로 '옮겨서' 신으로 섬겼다.

이것은 일본인이 '보고 간주(見なし)하기'[15]나 '듣고 간주(聞きなし)하기'[16]를 특별한 능력으로 존중했던 것과 관계가 있을 것이다. 고산(高山)이나 거목(巨木)이나 거석(巨石)을 인간이 신의 가상으로 '간주'했을 때 그것은 이미 신이다. '듣고 간주'하는 것은 현대에 와서는 잊혀져 버린 능력처럼 보인다. 그러나 예컨대 휘파람새의 울음소리를 '호-호케쿄'라고 듣는 것은 일찍이 '법, 법화경'이라는 고마운 목소리로 '듣고 간주'해 왔기 때문이다. 옛날의 인간은 종종 산속 깊은 곳에서 신비적인 계시를 들었다. 그는 산들바람소리, 강이 흐르는 소리, 새 소리를 무엇인가의 말로써 '듣고 간주하는' 능력이 뛰어났던 것이다.

노리나가는 그러한 관념 속에서 발상을 하고 있었던 것이고 타국의 소리를 이쪽의 가나문자로 표기하는 것은 이쪽의 소리로 '옮기는(譯す)' 것이었다. 타국의 문장을 일본문으로 바꾸고 고대의 서사를 지금의 속언으로 바꾸는 것은 모두 '번역하여' '옮기는' 것이었다.

메이지 전기의 언문일치론자는 이러한 관념을 잃어버렸으나 쇼요에게는 아직 그 관념이 감각적으로 남아 있었다고 말할 수 있으리라. 타인의 말을 듣는 것은 동시에 '듣고 간주'하는 것이고, 그 '듣고 간주'한 것에 따라 속언으로 묘사할 수 있는가 하면 아언으로도 옮길 수 있다. 이러한 의미에서 속언을 속언으로 그리는 것은 하나의 선택된 행위인 것으로 결코 자명한 것은 아니었다. 쇼요에게 속언은

15) 보고서 가상의 상으로 바꾸어 보는 것.
16) 새 소리 등을 듣고 사람의 말로 바꾸어 듣는 것.

칠정을 모두 그대로 '비추어' 내는 말로 분명히 그는 속언으로 속언을 묘사하는 것을 이상으로 삼고 있었으나, 그것은 그 '주의'나 '듣고 간주하기'를 매개로 한 '비추기'를 전제로 했다. 그 점을 우리는 간과하지 말아야 한다.

이렇듯 그는 말에 의한 말의 모방의 문제를 포함하여 문체의 존재 방식을 검토했던 것이다.

그러나 그는 아직 해결해야 할 문제를 끌어안고 있었다. 그것은 "단지 지문에 관해서는 (우리나라의 속언에 일대 개량이 일어나지 않는 한) 속언으로 그려서는 안 된다"라고 유보한 지문의 문제이다. 또는 속언 사용에 관한 대사와 지문의 균형 문제이다.

견해를 달리한다면 그것은 바킨적인 요미혼 문체와 슌스이적인 닌조본 문체의 통합의 문제였다. 이미 본 것처럼 슌스이가 쓰는 방식은 인용부호로 대사를 묶어 내는 것이었으나 그 대신에 지문은 할주식으로 취급되어 연극 대본의 장면지시 정도의 간략한 것에 불과했다. 한편 바킨의 문체는 이것도 지금까지의 인용에서 알 수 있듯 대사를 묶어 내지 않고 말하자면 지문에 집어넣었다. 슌스이의 대사가 직접화법이었던 것에 비해 바킨의 독백은 간접화법이었다. 이 전혀 다른 두 종류의 문체를 어떻게 통합해서 새로운 문체를 만들어 낼 것인가? "예를 들면 바킨의 독특한 문체로써 지문을 쓴 다음에 바로 다메나가의 장기인 '바보, 그만둬' 등과 같은 말을 철자화하면 지문이 맞부딪쳐서 문장의 음조도 저절로 불온할 것이다." 이 과제를 해결하는 것에 쇼요의 고심이 있었던 것이다.

앞서 먼저 그 결과부터 소개해 두면 그가 도달한 결론은 현대에서 가장 가능성이 풍부한 문체는 아속절충체라는 것이었다.

그 아속절충체는 크게 두 가지로 나눌 수 있다. 하나는 시대 서사의 경향을 갖는 패사체(요미혼체)이고, "지문을 쓰려면 아언칠팔부의 아속절충문을 사용하고 말을 쓰려면 아언오륙부의 아속절충문을 사용"하는 것이 바람직하다. 그렇게 하면 지문과 대사의 균형이 잘 맞아 "우아한 취향을 서술하려면 아언을 쓰고 좋지 않은 취향을 묘사하는 데에는 속언을 써서 임기응변으로 귀천아속을 나누어 묘사하면 편리"하기 때문이다.

다른 하나는 현대를 그리는 이야기인 구사 조시체인데, 실은 요미혼체의 바리에이션이라고 부르는 쪽이 타당한 것으로 '단지 속어의 사용이 많은 것과 한어(漢語)의 사용이 적은 것'이라는 차이만이 있을 뿐이다. 전체적으로 요미혼체의 아어를 줄이고, 특히 대사의 경우 속언을 그리는 형태에 근접해 가면 되는 것이다.

이렇게 공식화해 보면 언뜻 보기에 별다를 것 없는 결론으로 끝나기 때문에 지금까지 연구자의 평가는 극히 낮았다. 그 이유는 후에 일반화된 구어문체에서 보면 이것은 매우 낡은 문체였기 때문이나, 그 밖에도 아속절충이라는 말투가 부정적인 인상을 주었기 때문일 것이다. 다이쇼 시대의 본질주의(essentialism)적 사고법은 현재도 더욱 강한 영향을 남기고 있으나, 그러한 사고법에 빠진 연구자와 평론가에 의해 '절충'이라는 개념은 어정쩡하고 철저하지 못한 것으로 간주되고 말았기 때문이다.

그러나 메이지 전기의 '절충'은 오히려 적극적인 개념이었다. 서양 일변도가 아니라 또는 그 반대로 편협한 일본주의로도 빠지지 않기 위해서는 둘의 장점을 통합하는 화양절충(和洋折衷)으로 갈 수밖에 없다. 아니 오히려 화양절충에 의해서 비로소 새로운 사회와 문화를 개척할 수 있는 것이다. 이 태도는 정치제도나 사상뿐만 아니라 회화나 건축에까지 영향을 미쳤고 그 절충 방식에 문제가 있었던 것도 분명한데, 이 태도의 의미를 이해하지 못하는 본질주의 쪽도 함께 비판받아야 한다.

또 하나 잊어서는 안 되는 것은 그는 신문체 창출의 해결을 표준적인 문체의 제도화 같은 것에서 찾지 않았다. 아키나리나 바킨이나 류케처럼 어디까지나 자신의 쓰기 방식을 만들려 했던 것이다. 또한 이 견해는 고다 로한(幸田露伴)이나 히구치 이치요(樋口一葉)의 문체 또는 나쓰메 소세키의 초기 문체를 이해하는 데에도 빠뜨릴 수 없는 시점이리라. 그들은 다들 아속절충체를 기반으로 자신만의 신기축을 세우려고 했고, 다들 지문은 아어 7~8부의 아속절충체, 대사는 속어 중시의 방법을 사용했으나 로한과 이치요는 대사를 인용부호로 묶어 내지 않았다. 이것은 지문과 대사의 어긋남을 피하기 위한 것이다. 소세키는 대사를 묶어 내었으나, 지문의 현학성과 어긋나지 않을 정도의 지적인 대화가 가능한 인물을 등장시키는 것으로 둘의 상태를 도모했던 것이다.

그러한 이유로 오히려 지금 문제로 삼아야 할 것은 쇼요가 말하듯 "말을 엮어 낼 때에는 아언 5~6부의 아속절충체를 사용"할 경우, 속언의 '진실(實)'을 잃어버리는 것은 아닌가 하는 점이다. 다른 방식으로 보면 그가 말하는 아속절충체는 지문의 아언이 대사에 간섭하고 대사의 속언이 지문에 간섭하는 관계라고 파악할 수 있으나, 그것을 서사 방법상의 새로운 가능성의 자각이라고 평가할 수 있는지의 여부가 문제이다.

이를 판단하기 위해서는 쇼요가 인용한 바킨 등의 문체가 어떠한 질의 것이었는지를 검토할 필요가 있다. 그럼으로써 바킨 등이 가졌던 문체특성 중 쇼요가 이어받은 것과 반대로 간과해 버린 것과의 해부가 가능해질 것이다.

그것을 위해서 우선 쇼요가 속문체의 파탄으로써 들고 있었던 예를 문제 삼고 싶다.

(전략) 부모에 효도하는 둘도 없는 훌륭한 남자로 감정에 이끌려서 그대로 장자(長者)의 곁으로 돌아와 장인과 추다이후(忠太夫)에게 하다못해 조금이라도 써 두려고 벼루를 끌어당기어 문지르는 먹도 눈물에 젖어 버리는 모습이었는데, 아내인 오우메가 맹장지를 열고 손을 모아 엎드려 절하고, 梅 "오늘은 절을 참배한 후에 어디로 가셨습니까" 源 "절에 가서 어머니를 예불하고 오랜만에 여기저기를 걷다 왔습니다." (중략) 源 "오, 훌륭하다, 훌륭해. 그러니까 무사의 아내. 용기가 없고 부족한 겐다자에몬은 보잘 것이 없다. 소망을 성취하는 것은 순식간이니 반드시 좋은 소식을 기다리고 있어 봐" 하고 말하면서 비를 피하기 위한 덧문을 살짝 열어 바깥을 보면서 源 "생각했던 것보다 날이 깊은 듯하니 지금부터 갈 터이니 장인과 추다이후에게 이 서찰을 드리고 더 자세한 것은 당신이 잘 이야기해 주게" 梅 "그럼 지금 당장 떠나시렵니까. 부디 몸을 살피소서" 源 "당신도 몸조심 하시오" 조금 소리를 죽여서 源 "오마키상이 내리는 것을 무심결에 먹지 않도록, 그 외에 오마키상이 장인어른께 드리는 것에도 주의하여 몸을 소중히 하고 때를 기다리시오" 梅 "네"라고 대답하고 빼내어 버린 칼은 아니지만 만일 이대로 끊어져 버리는 것은 아닌가 하고 칼자루에 감는 끈만큼의 짧은 순간도 잊지 않으려 하니 이제 헤어진다한들 다시 만날 날이 오겠지 하고 두 눈에 맺힌 눈물을 보이지 않으려고, 운운[17]

쇼요는 이 문장의 출전을 쇼테 긴스이(松亭金水)[18]라고밖에 쓰지 않았으나 실제로는 쇼테 긴스이의 유고를 산산테 아린도(山々亭有人)가 이어 쓴 『우그이스즈카 치요노 하쓰코에(鶯塚千代の初声)』(간행 연도 미상) 제3편의 일부이다. 이 인용만으로는 장면을 파악하기 어려우나 '딸 오우메'란 도시의 어느 부호 딸이라는 의미로 거기에

17) 인용 원문은 대화 부분을 梅, 源라고 인물 표시를 한 후 「 기호로 시작한 후 끝을 맺지 않는다. 즉 한글 번역에서 " 부분은 원문에는 없는 것을 보충한 것이다.
18) 쇼테 긴스이(1797~1862): 에도 후기의 희작자. 저서로는 『閑情末摘花』, 『恋の花染』 등이 있다.

낭인 겐노스케가 데릴사위로 들어갔다. 마침 찾고 있던 원수를 발견한 겐노스케는 일단 처가로 돌아가 사정을 써서 남겨 두려고 한다. 그곳에 아내 오우메가 얼굴을 내밀고, 쇼요가 (중략)이라고 한 부분에서 그는 아내에게 신상을 밝히고 복수하러 가려고 한다.

어쨌든 쇼요는 이 두 사람의 대화를 속언에 의한 대화로 파악하고, 그래서 그 자신이 ○(위 인용문의 방점 부분)표시를 한 겐노스케의 대사를 이런 식으로 비판했다. "소위 연극의 대사로 요즘 세상 사람의 말에는 없는 것으로, 앞뒤의 언어와 비교해 보면 적합하지 않다"라고.

이 점은 그가 자신의 비판적 선입관에 끌려 인용을 조금 잘못해 버린 것 같다. 왜냐하면 그 대사의 결말은 "반드시 좋은 소식을 기다리고 계시게(必ず吉左右待つてお在で)"라는 초닌(町人)의 일상어였던 것이지만, 쇼요는 인용할 때 "반드시 좋은 소식을 기다리고 있어봐(必ず吉左右待ていやれ)" 하고 연극조의 무사의 말로 바꾸어 버렸기 때문이다. 또한 앞의 인용의 끝부분에서 오우메가 "네" 하고 검을 건네기 직전에는, "알겠습니다. 그렇게 하세요", "이대로도 됐어. 그 허리에 찬 물건을"이라는 대화가 있었다. 쇼요가 이것을 삭제해 버린 것은 단순한 부주의일지도 모르나 결과적으로는 앞의 연극조 대사에 초점을 맞추기 위해 지운 것이라고 해석해도 무방할 것이다.

그러나 가령 쇼요처럼 바꾸어 쓰지 않았다고 해도 앞의 겐노스케의 대사가 연극조라는 점은 변함없다. 아니 애초에 에도 시대의 복수 서사라는 조건에서 보았을 때, 지금부터 무사로 돌아가려는 고양된 남자의 대사가 연극조의 대사가 되지 않는다면 오히려 그 쪽이 이상하다고 말해야 한다. 실은 이 서사에는 여러 가지 대사의 장치가 있어서 위 장면 직전 겐노스케가 투쟁을 도전한 남자를 향해,

> 마음에 걸리는 일이 있어서 갑자기 정신이 나가기라도 하셨나. 정말

> 로 툭하면 칼을 휘두르는 위험한 일. 도대체 이 중본(中本)에는 베거나 휘두르는 게 이만저만 한데 이것도 저것도 아니고 어중간하지만 어쩔 수 없다. 작자도 여기에 썼다고 보이지만, 될 수 있으면 빨리빨리 칼을 거두고 말할 것이 있다면 그렇다고 말하시오.

라고 말하고 있었다. 이것은 작중인물이 자신의 '작자'가 쓰는 방식에 코멘트한다는 취향으로 슌스이 이후의 닌조본의 특징이었다. 산산테 아린도는 그 취향을 겐노스케에게 연기시킨 것이다. 대사의 장치는 그뿐이 아니다. 일반적으로 닌조본은 그 판형의 사이즈에 따라 '중본(中本)'이라 불렸으나, 이 '중본'=닌조본은 남녀의 사랑을 주안점으로 하여 칼을 휘두르는 장면 같은 것은 만들지 않았다. 칼을 휘두르는 장면을 단골로 삼은 것은 요미혼 쪽이었다. 아린도는 그러한 암묵적 약속에서 일탈하여 요미혼 쪽으로 기울어가는 그 중간적 성격을 겐노스케의 입을 빌려 "어중간하지만 어쩔 수 없다"고 양해를 구한 것이다. 그 점에서 보면 "오, 훌륭하다, 훌륭해. 그러니까 무사의 아내" 이하의 겐노스케의 대사에서 또 하나 새로운 기능이 보일 것이다. 즉 이것은 작중인물 자신이 요미혼적 취향과 상호 텍스트성(intertextuality)을 밝힌 대사인 것이다.

이렇게 표현 자체로 보면 쇼요가 말하는 연극조라는 것은 요미혼 비판이기도 하고, 다른 장르와의 관계를 나타내면서 이 장면은 작자의 서술 방식의 자기변명(또는 자기비평)까지도 포함하고 있다. 그러나 쇼요의 관심은 요미혼, 샤레본, 곳케본, 닌조본 등의 장르의 차이를 초월한 보다 포괄적인 '소설'이라는 장르를 확립하는 것에 있었다. 그 때문이겠지만 각각의 대사가 내포하는 복잡한 장치를 사상하고 아언과 속언으로 해부하고 환원하는 단순화에 빠져 버린 것이다. 앞의 인용에서 두 개의 지문, "부모에 효도하는 둘도 없는 훌륭한 남자로 …… 아내인 오우메가 맹장지를 열고 손을 모아 엎드려 절하고", "빼내어 버린 칼 …… 맺힌 눈물을 보이지 않으려고"도 굳이 말하자면 요미혼적이었다. 아마도 쇼요는 이 부분을 옮겨 적을 때 이 요미혼적인 문체에 이끌려 겐노스케의 대사를 연극조로 바꾸어 써버린 것이다.

말이 나온 김에 지문과 대사의 관계를 화법의 문제로 다시 파악해 보자. 미하일 바흐친[*원주6]은 직접화법과 간접화법의 차이를 다음과 같이 설명했다. 직접화법은 타자의 발화를 그 악센트나 억양까지 재현하는 듯한 형태로 인용하는 것이지만, 간접화법은 타자의 발화를 지문에 동화시키고 그 대신에 지문의 코멘트로 그 발화의 억양이나 악센트의 특징을 전달하려고 시도한다. 마찬가지로 바흐친에 따르면 그 억양은 단지 발화 상대에게 향해진 감정표출일 뿐만 아니라 그 언급대상에 대한 평가도 포함하고 있으며, 그것도 그 양면에서 발화자의 사회적 위치를 나타내는 것이다. 그 관점에서 겐노스케의 "마음에 걸리는 일이 있어서" 이하의 발화를 직접화법의 대사로 다시 파악해 보면, 갑자기 검을 휘둘러 온 상대를 타이르는 감정 표출과 함께 이러한 장면을 만든 작자에 대한 평가도 포함하고 있었다는 말이 된다. 그리고 그 발화자의 사회적 포지션은 일단 무사 신분을 버리면서, 그래도 한층 무예에 능하며 무사로서의 기개를 잃지 않은 원숙한 마음을 가진 초닌이라는 말이 된다. 또 그와 동시에 자신이 등장하는 장르와 작가의 서술 방식에 대한 비평적 위치도 책임지고 있었다고 할 수 있다.

그러나 이것은 어디까지나 『우그이스즈카 치요노 하쓰코에』의 대사를 유럽적 화법에 비교해 보았을 경우의 분석이다. 앞에서 지적한 것처럼 쇼요는 겐노스케의 무사로서의 포지션을 보다 강조하는 형태로 그 대사를 바꾸어 썼다. 이것은 쇼요가 지문의 영향을 받았기 때문이라고 생각되나 이것을 쇼요식으로 해석하면 이렇게 될 것이다.

즉 가령 직접화법적인 대사라도 그 발화자는 지문의 용어(diction)의 간섭을 받지 않을 수 없다. 텍스트 속의 인간은 그 고유의 말투와 지문에 동조를 강요당하여 선택해야 하는 용어와의 사이에서 발화하고 있는 것으로, 그 점에서 그의 대사는 현실의 대화와 결정적으로 다르다. 말하자면 지문이란 현실의 대화에는 없는 쓰는 행위로 비로소 출현하는 것이나, 이렇게 해서 출현한 지문 속에서 재현되는 대사는 지문의 영향을 말투 레벨에서 드러내고 마는 것이다. 아마도 이것이 "말을 엮어 내는 데에는 아언오륙부의 아속절충체"라고 쇼요가 말한 이유였다.

그렇다면 쇼요가 이후 참고해야 할 문체로 들었던 문의 예가 되는 특징은 어떤 것이었을까? 그것을 검토하기 위해, 여기에서는 그가 패사체의 범례로 삼은 바킨의 『근세설미소년록(近世說美少年録)』(A)과 구사 조시체의 범례로 삼은 다네히코의 『니세무라사키 이나카겐지(偐紫田舎源氏)』(B)를 재인용해 보고자 한다.

(A) 손님도 주인도 술을 마시지 못하지는 않기 때문에 그때부터 주연이 시작되어 술잔을 주고받으며 끝도 없는 논쟁으로 흥을 재촉하는 아케노스케는 빨리도 술이 거나하게 취하여 말수가 많아짐을 빙자하여 요즘의 우울함을 이러쿵저러쿵 푸념을 하고 중매쟁이의 눈앞에서 이렇게 말해서는 안 되겠지만, 장모는 매일매일 벌레라도 씹은 것처럼 딱딱하고 고지식하고 자존심이 센 데다, 오노에도 역시 까마귀와 같이 일어나 실을 짜고 베틀을 짜는 것 이외에는 다른 일은 없다. 요즘의 유행하는 노래라도 배워 보라고 설교했더니만 "로사이나기부시(에도 시대의 유행가)를 배웠었잖아"라고 했더니 모른다고 대답한다. 하물며 요즘은 시골에서도 가지고 노는 샤미센(삼현금)은 손으로 켜는 것인지 발로 타는 것인지 꿈에서조차 본적도 없다. (중략) 겉보리

서 말만 있으면 데릴사위는 하지 말라는 말은 옛날 사람의 깊은 경험에서 나온 것 같다고 쓸쓸하게 의중을 터놓는 술자리에서의 술회라 야고로는 웃으며 말씀하신다. (중략) 당신은 데릴사위이지만 요즘 세상의 데릴사위와는 다르다. 당장이라도 그 중요한 용건을 끝내 버리면 소매를 털고 무사시로 돌아갈 것인데. 그러면 이곳 역시 여행지이고 결국은 정처 없는 여자를 여행지에서 잠시 데리고 살았다고 생각하면 그만이다. 잠시 참아 달라고 말하자 오쿠데도 웃고, 오노에 님의 세상물정의 어두움에도 웃을 수 있다. (후략)

(B) 무라오기가 주위를 둘러보아 종이와 벼루를 꺼내서 먹을 간다. 거기에 무심결에 온 나쓰노 "날씨도 더운데 어디로 편지를. 벌써 황혼으로 어두우니 손 촛대라도 켤까요"라는 말이 들려와서 돌아보면서 "오래된 사이인 당신에게는 아무것도 숨길 것이 없다. 기미키치 님이 이 편지를 가지고 오시어 어머님에게 드리려고 하나 어머님은 받지 않으시려고 다투시는 모습을 멀리서 본 까닭에 두 분이 말씀하시는 것은 들리지 않지만, 어떠한 연유인지 편지를 집어 들어 눈여겨보았더니, 받는 사람에 띄엄띄엄하게, 바람에 흔들리지 않는 무라오기에게라고 쓰여 있는 것은 미쓰우지 님이 나에게 보낸 편지를 나이가 어린 저 아이가 잘못하여 어머님에게 가지고 가 버렸는데, 아니 그것은 딸에게 온 편지입니다"라고 차마 말씀하시지 못하고 묘한 일로 다투고 있던 터에 내가 거기에 없었더라면 그 다툼은 절대 끝나지 않았을 것이다. 운운

(A)는 쇼요가 인용한 문장에서 세 군데 정도 더 생략했으나, 이것만으로도 표현의 특징을 읽어 낼 수 있을 것이다. 아케노스케와 야고로와 오쿠데 세 명이 오노에의 이야기를 하고 있는 장면의 간접화법적 대화이나, 바흐친이 말하는 의미에서 지문에 의한 발화의 해석은 아케노스케의 어조를 "요즘의 우울함을 이러쿵저러쿵 푸념을 하고……술회"라고 설명하는 정도로 전체적으로 매우 적다. 오히려

그 본심까지도 간파한 해석은 야고로의 응답 쪽에 있으며 “결국은 정취 없는 여자를 여행지에서 잠시 데리고 살았다고 생각하면 그만이 잖아요”라는 반 놀림조의 위로가 그것인 것이다.

이 아케노스케라는 사내는 주인의 명을 받아 야마토에 왔으나 어쩌다 농가의 딸 오노에를 구해 준 것을 기회로 그 집에 데릴사위로 들어갔다. 그러나 그에게는 주인의 명령을 달성할 마음도 없고 오노에에게 애정이 있었던 것도 아니다. 앞서 인용한 장면은 그러한 사내가 자신의 나쁜 마음을 야고로와 오쿠데 앞에서 숨기면서 일부러 오노에의 애정이 엷은 점, 여성으로서 재미가 없는 점을 한탄해 보이는 장면이었다. 그 스토리의 흐름으로 보아 물론 당시의 독자는 아케노스케의 속셈을 눈치 챘을 것임에 틀림없고, 부부의 사이를 털어놓는 비근한 화제를 어떠한 식으로 술안주처럼 말했는지 생생하게 상상할 수 있었을 것이다. 그 비근한 속언조는 위의 문장 도처에서 볼 수 있지만 바킨은 그것을 “요즘의 유행하는 노래라도 배워보라”고 라든지 “곁보리 서 말만 있으면 데릴사위는 하지 말라는 말”이라는 고풍스러운 아언조로 미화했다. 쇼요는 그러한 점을 가리켜 “아언을 5~6부 섞는” 말(대사)이라고 불렀던 것이다.

그 아케노스케의 대사에는 그와 오노에의 “설교했더니만 로사이나기부시(에도 시대의 유행가)를 배웠었잖아”, “모른다”라는 대화가 인용되어 있었다. 그럼 그 직전의 “요즘의 유행하는 노래라도 배워보라고”는 두 사람의 대화에 아케노스케가 말한 것이었을까? 아니면 야고로와 오쿠데를 상대로 오노에의 이야기를 할 때의 머리말 즉 인용된 아케노스케와 오노에의 대화에 대한 일종의 지문이었던 것인가? 이것은 쉽게 구별하기 어렵다. 그렇다기보다 그런 식으로 구별하려는 것 자체에 무리가 있는 것이며, 실제로는 오노에가 아내로서 만족스럽지 못한 여자라는 점을 드러내기 위해 꾸며낸 대화의 말하자면 의사(擬似) 인용이었다고 보아야 할 것이다. 그 의사 인용을 푸념의 여세로 "하물며 요즘은 시골에서도 가지고 노는 샤미센은 손으로 켜는 것인지"라는 과장으로까지 몰고 갔던 것이다.

이 분석은 옳다고 생각하나 그렇게 보면 이 부분 전체가 아케노스케 자신의 오노에라는 언급 대상에 대한 감정적인 악센트의 해석으로 이야기되고 있었다는 말이 된다. 그 속에서 일종의 의사 인용이 시도되고 또 그 인용에 대한 해석의 형태로 과장적인 말이 발화되어 간다. 그러한 것들 전체가 비속한 대화의 아문화라는 조작으로 행해졌던 것이다.

그에 비해 (B)는 또 다른 모양의 복잡한 조작으로 만들어져 있다. 이것은 『겐지 모노가타리』의 우쓰세미(空蟬) 권의 한 장면을 한층 부연하는 형태로 쓰여 있으며 인용문에서 무라오기(村荻)는 『겐지 모노가타리』의 노키바노오기(軒端荻)에 해당한다. 그 점에서 알 수 있듯 기미키치(君吉)가 고기미(小君)에게 그리고 무라오기가 "어머님(母さま)"이라 부른 가라기누(空衣)가 우쓰세미에 대응한다. 『겐지 모노가타리』에서는 히카루 겐지(光源氏)가 우쓰세미를 향한 마음을 쓴 시를 고기미가 꺼내어 우쓰세미에게 보여주나, 여기에서는 미쓰우지(光氏)가 가라기누를 무라오기로 오해한 채 무라오기에게 편지를 쓴다. 즉 『겐지 모노가타리』에서는 히카루 겐지가 우쓰세미가 아닌 것을 알면서도 노키바노오기와 인연을 맺지만, 미쓰우지는 가라기누가 무라오기라고 거짓 이름을 대고 있는 것을 눈치 채지 못한 채 구애하여, 결국 자신의 뜻에 따르지 않은 무라오기에게 보낼 생각으로 무라오기 앞으로 편지를 썼던 것이다.

그러나 (B)에서 쇼요가 인용한 것은 그에 계속되는 장면으로, 사정을 알고 있는 기미키치는 그것을 가라기누에게 전달하려고 했다. 그러나 가라기누가 받는 것을 거절하며 기미키치와 입씨름을 벌이고 있는 곳에 무라오기가 지나가다가 그것이 자신 앞으로 온 편지라는 것을 알고 미쓰우지에게 답장을 쓰려고 했다. 거기에 나쓰노(夏野)가 지나가다가 말을 걸어서 무라오기가 사정을 설명한다. 그 대화가 위의 인용된 부분이다.

우쓰세미는 단지 히카루 겐지의 집요한 구애를 곤혹스러워할 뿐이었다. 가라기누 쪽은 무심코 무라오기라고 이름을 대어 버린 결과 위험한 장면을 초래하고 말았지만 미쓰우지의 구애를 단호히 물리치는 정조 굳은 모습을 발휘한다.

> 가라기누가 우는 모습은 가련하게 보이지만 미쓰우지는 용서하지 않고 풀려져 있는 띠도 묶지 않고 팔베개를 하고 있더니 "벌써 닭도 울어 버렸는데 언제까지 생각하고 계시는가" 하고 가까이 다가간다. 가라기누는 만일 이러한 모습이 기요노스케(喜代之助)의 꿈에 보이는 것은 아닌지 두렵고, 결국 임을 속인 이 몸의 죄를 써서 남겨, 남편이 돌아온 후에 스스로 목숨을 끊으려고 결심하고, 의관과 자세를 바르게 하여, "하찮은 몸이지만, 진정한 마음을 보여주시면 곁에 모셔도 좋다는 아버님의 말씀도 계셨습니다. 그런데 난잡한 이 침실로 경망스럽게 찾아오시는 것은 결코 진심으로는 생각되지 않습니다"라고 단아하게 강한 마음을 보이자 바람에 휘어지는 가냘픈 갈대를 꺾으려 해도 꺾지 못하는 미쓰우지 님.

다네히코는 당시의 도덕률과 위화(違和)되지 않는 변형(variant)을 만들었다. 미쓰우지 이하의 인물의 행동은 현대인의 에도 시대 게사쿠에 대한 선입관에서 보면 의외라고 생각될 정도로 예의발랐던 것이다. 그것이 다네히코의 고전의 통속화 방법이었으나, 한편 그의 동시대에서 보면 무대를 무로마치 시대의 아시카가 막부(足利幕府)로 설정하는 것으로 인한 샤레본적 유곽 세계의 아문화였다고도 말할 수 있을 것이다.

고전의 속언화와 샤레본적인 방언의 아언화라는 역방향의 부연(paraphrase), 수신처가 잘못된 편지를 서로 떠맡긴다는 우스꽝스러움이나, "묘한 일로……그 다툼은 절대 끝나지 않았을 것이다"라는 흔히 스스럼없는 말투는 일견 다네히코의 리얼리즘이라 생각되나, 오히려『겐지 모노가타리』에 쓰이지 않았던 빈 부분을 샤레본적인 장면으로 변형하면서(déformer) 상상으로 메운 표현이라고 보아야 할 것이다. 이 경우 무라오기는 미쓰우지의 구애를 받아들이는 경박한 여자로 다소 단정치 못한 말투가 부여되나, 가라기누 쪽은 "단아하게, 강한 마음"이라고 정조 있는 여성의 모습을 보이며 미쓰우지를 거절하고 동생 기미키치를 꾸짖는다.

그러한 의미에서 이 서사는『겐지 모노가타리』의 구사 조시화라는 취향뿐만 아니라, 구사 조시의『겐지 모노가타리』화라는 면에서도 파악해야 한다. 또한 그런 의미에서『니세무라사키 이나카겐지』라는 텍스트는 말 하나하나의 통시성과 공시성을 교차시키며 변환시키는 장치였다. 다네히코는 그러한 장치 속에서『겐지 모노가타리』에서 구사 조시로, 구사 조시에서『겐지 모노가타리』라는 쌍방향적 말투의 혼합으로 각 인물의 어조의 차이를 만들었던 것이다. 아오이노우에(葵の上)에 해당하는 후타바(二葉)의 대사는 완곡하면서 가시가 있고, 유우가오(夕顔)에 해당하는 다소가레(黃昏)의 대사는 가냘프며, 로쿠조노 미야쓰도코로(六條御息所)에 비교된 아고키(阿古木)는 유녀로 설정되어 때로는 경망스러울 정도로 고조의 감정 표출의 언어도 있었으나, 그만큼 미쓰우지에게 착 감기는 듯한 애집(愛執)의 대사가 살아 있다. 다네히코의 인용부호는 그러한 차이를 표시하기 위한 것이었을 것이다.

단지 이상은 어디까지나 필자의 해석으로 그 근거는 쇼요가 한편으로는 속언의 우위를 역설하면서도 일단 서사 내의 독백의 문제를 파고들자마자 굳이 아속절충체를 선택한 점에 있다. 대사의 문체를 지문과의 상관관계로 파악하는 인식을 이 시기에는 쇼요 이외의 누구도 갖지 못했다. 그 범위에서 말하면 그는 텍스트 내의 대사와 현실의 대화와의 차이를 깨닫고 있었던 것이다.

다만 이상과 같은 해석을 바탕으로 다시 쇼요의 이론을 돌이켜보면, 그가 아언/속언이라는 이분법에 구속되어 자신이 인용한 서사의 세부에서 다양한 의미작용과 기능을 간과했던 것은 부정할 수 없다. 공식화를 지나치게 서둘렀던 것이다.

아마도 쇼요가 위와 같은 문체론을 제창한 이유 중 하나는, 동시대의 정치소설이 문체를 소실하고 있다고 보았기 때문일 것이다. 메이지 초년대의 소위 합권 방식의 실록소설은 에도 시대의 요미혼이나 닌조본의 서술 방식을 이어받았고, 또한 마쓰무라 하루스케(松村春輔)의 『하루사메문고(春雨文庫)』(1875, 明治9)와 같은 유신기의 정쟁을 그린 서사에서도 요미혼의 지문과 닌조본의 대사를 절충한 서술 방식을 사용했다. 그러나 메이지 10년대에 유행한 정치소설은 한문 가키오로시체 지문에 대사를 종속시키는 형태로 쇼요가 말하는 의미에서의 문체를 잃어버렸던 것이다. 그 점에서 쇼요의 제창은 에도 시대의 서술 방식의 복권 청구였다고 말할 수 있다.

그리고 실제로 쇼요의 제창이 있은 후 정치소설에서도 새로이 문체의 모색이 시작되었고, 그뿐 아니라 앞에서도 지적한 것처럼 로한이나 이치요 외에, 오자키 고요(尾崎紅葉), 모리 오가이(森鷗外), 이즈미 교카(泉鏡花) 등이 일제히 각양각색의 아속절충체의 실험을 개시했다. 그야말로 그의 제창은 문체 회복, 문체 실험의 신호였다. 이것도 이미 지적한 것이나 후타바테이 시메이(二葉亭四迷)나 야마다 비묘(山田美妙)의 소위 언문일치체도 그 일환이었던 것이다.

제7장

소설의 이데올로기

지금까지 필자는 소설을 논하는 데에 있어 어떤 개념이 사용되어 왔는지를 검토했다. 그것은 소설이 어떠한 개념을 추구하고 또 그 개념을 어떻게 움직여 가는지를 명확히 하기 위한 것이었다.

이 의도는 거의 달성되었다고 생각하지만, 마지막으로 너무나도 반복적으로 이야기되어 자명한 전제처럼 선험화(先驗化)됨으로써 결과적으로는 맹점으로 남은 몇 가지 개념을 검토하고 이 연구를 마치고자 한다.

이와 같은 관념을 19세기 영어권 소설에 대한 담론 속에서 탐구한다면 먼저 대두되는 것이 인생(life)이다. 라이프는 인생 전반을 가리키는 것이 아니라 현대사회에서 흔히 볼 수 있는 생활의 양상을 의미한다. 쇼요가 『소설신수』의 「소설의 변천」을 쓸 당시에 『브리태니커 백과사전』 제8판의 "로맨스(ROMANCE)" 항목을 참조했을 가능성이 매우 높다는 점은 이미 언급한 바 있다. 이 "로맨스" 항목의 서두는 새뮤엘 존슨(Samuel Johnson, 1709～1784)의 전기(傳奇, romance)와 소설(novel)의 정의로 보이는 말을 소개하고 비판하면서 다음과 같은 말을 했다.

> 오히려 나는 로맨스(傳奇)를 "산문 또는 운문에서 쓰인 허구의 이야기로 흥미로운 점은 경탄하리만치 평범하지 않은 사건을 화제로 삼는다"고 평하고 싶은 심정이다. 이 점에서 로맨스는 유사적 관계에 있는 소설(novel)과 대비된다. 소설에 대해서 존슨은 "일반적으로는 사랑에 대한 온화한 이야기"라고 평했는데, 오히려 우리들은 '그 속에서 서술되는 사건은 늘 있기 마련인 일련의 인간적 사건이나 사회의 현대적 상태를 벗어나지 않는 것이고, 그 때문에 전기(傳奇)와는 다른 허구 이야기'라고 정의하고 싶다.**[*원주1]**

이 항목의 필자가 "모던 로맨스와 소설(MODERN ROMANCE AND NOVEL)" 부분에서도 같은 정의를 반복하고 있는 점에서 볼 때, 이것을 당시 최대공약수적인 의견으로 삼으려는 의도가 있었을 것이다. 지금까지 몇 번 언급해 온 G. P. 퀴켄보스의 『작문과 수사 상급 코스』(1854)에서도 "소설은 전기와 주요한 특징을 공유하고 있으나 사회 풍속을 그리려는 목적과 인생에서 당연히 일어나는 사건에 근거한 스토리 전개를 의도하는 점에서 전기와는 다르다"라는 의미의 지적이 보인다.**[*원주2]** 이들 정의에 따르면 전기라는 것은 믿기 어려운 이상한 사건이 주인공을 변화무쌍하고 불가사의한 운명(fate)에 휘말리게 하는 허구의 서사이고, 소설은 마찬가지 허구이긴 하지만 인간 스스로가 일으키는 일련의 사건에 의해서 만들어진 인생(life) 서사인 것이다. 여기에 비범(uncommon)/보통(common), 초자연(supernatural)/인간적(human)이라는 이항대립이 함의되어 있다는 것은 쉽게 알 수 있다.

그렇다면 이상과 같은 정의 가운데 당시 쇼요가 가장 이미지를 포착하기 어려웠던 것은 무엇이었을까? 다시 말하면 어떤 담론이라도 반드시 무엇인가의 자명한 전제를 포함하고 있어 그것이 독자에게 잠재적인 효과를 미침과 동시에 이데올로기성을 발휘하는데, 위의 경우 쇼요에게 어떠한 효과를 미쳤는가? 혹은 그 역으로 쇼요는 어떻게 현재화(顯在化)하려고 하였을까?

이미 한편에서는 바킨의 『핫켄덴』과 같은 장대한 규모를 지닌 서사를, 또 한편으로는 다메나가 슌스이의 닌조본(人情本)을 시야에 넣고 있던 일본의 한 청년에게 전기나 소설의 이미지를 만드는 것은 그리 곤란하지는 않았을 것이다. 오히려 그가 이미지를 빠뜨리고 있던 것은 앞에서 본 인용문 중 “사회의 현대적 상태(the modern state of sociey)”라고 부른 현대사회 쪽이었다고 보인다. 그 필자는 현대사회가 어떤 것인가에 대하여 설명하지 않았기 때문이다. 거기에는 단지 『브리태니커』 독자들이라면 이해 가능한 개념이라는 전제하에 “18세기에 이르러 영국에서는 소설이 융성하기 시작한 때가 우연히 연극의 쇠퇴와 맞물리고 있었다”고만 나올 뿐이었다. 그러나 쇼요는 거기에서 소설을 현대사회와 한 묶음으로 취급하는 관념을 만들어 버렸다. 뿐만 아니라 설상가상으로 그는 현대사회의 이미지를 『브리태니커』의 제한된 기술 속에서 추론할 수밖에 없었다. 『브리태니커』의 기술과 쇼요의 일본어화를 비교해 보면 이에 관한 경위를 잘 알 수 있다. 그는 소설의 융성과 연극의 쇠퇴를 인과관계로 재배치하여 그 작용 원인을 현대사회에서 추구하는 문학사의 법칙으로 고안해 낸 것이다.

> 사실 독자 계급이 출현했던 세련된 시대에 소설은 일찍이 드라마가 좀 더 조잡하고 감정이 고양되기 쉬운 시대를 위해 담당했던 역할을 (드라마를 대신해서) 대신하고 싶다는 야심을 품고 있었다. 이것은 유쾌하고 게다가 정확한 묘사를 통해서, 또 관객의 주의와 흥미를 끌기 위해서, 아주 잘 계산된 형식으로 시대정신을 형상화하는 것이다. 초기 국민문학에서는 한편으로는 시적이면서도 상상력이 풍부한 시대정신이 장대한 산문의 전기 쪽으로 향하고, 다른 한편으로는 풍속을

> 그리면서 어리석은 행동을 풍자하고 해학적인 기이한 성격을 과시해 보이는 작업이 드라마에 의해 효과적으로 연기되었다. …… 그러나 사회가 예의를 중시하게 되고 특이한 풍속이 점차로 눈에 띄지 않게 됨에 따라 무대에서 공연되는 (시대의) 형상은 점차로 진실성이 약화되어 갔다. 왜냐하면 연극적 효과는 현실이 제공하는 이상의 뭔가 자극적인 것을 요구하기 때문이다. 따라서 드라마는 무대효과 원칙의 편중이라는 일면 그럴 수밖에 없는 이유로 자주 전시대의 이미 사라져 버린 풍속이나 품행, 웃음 등을 재생산해 내게 되었다. 이것들은 오로지 연극이 취하는 노골적이고 자극적인 묘사에 딱 들어맞는다고 하여 받아들여진 것에 지나지 않는다.**[*원주3]**

소설은 독자 계급이 출현한 세련된 시대의 문학이고, 이를 기준으로 연극은 좀 더 조잡하고 인간의 마음이 격앙되기 쉬운 시대의 기호에 맞추는 장르였다고 단정하는 것은 확실한 근거가 있는 것은 아니다. 그렇지만 그것이 역사적인 사실이라고 잠재적으로 받아들여지는 효과 때문에 쇼요는 현대는 소설의 시대라고 하는 관념을 만들어 낸 것이다.

또 국민문학이 탄생했던 초기에는 시적이면서 상상력이 풍부한 시대정신은 장편의 전기를 즐기고, 또 한편으로 연극은 풍속을 그리고 어리석은 행동을 풍자하고 우스꽝스러운 기질을 전면에 드러내어 보이는 역할을 담당했다는 지적에서, 특히 후반 부분은 연극 고유의 작법으로 봐야 할 것이다. 그렇다면 연극이나 연기가 지금 시대의 감정 표출과 어긋난다고 해서 사회가 보다 규범적이고 특이한 풍습이 없어져간다고 결론지을 수는 없을 것이다. 그와 마찬가지로 연극은 현실의 반영 이상의 무언가 자극적인 요소가 필요했기 때문에 결국 전시대의 장황하고 강렬한 연기를 재연할 수밖에 없다는 판단에도 무리가 있다.

그런데 쇼요는 이 점에서도 액면 이상의 의미 부여를 하여 몽매 미개/문명개화라는 대비를 만들어 버렸던 것 같다. 조금 긴 인용이긴 하나 그 과잉된 의미 부여는 다음과 같은 것이었다.

> 그러면 진정한 소설패사(novel)는 어떠한 시대에 나타나는가. 이것이 기담과 다른 까닭은 또한 어떠한 점에 있는가.
>
> 말하자면 소설 즉 진정한 소설이 세상에 나타나는 것은 대략 연극이 쇠퇴하던 시기이다. 그 이유는 무엇인가 하면 대체로 문화가 얕은 미개몽매의 시대의 사람들은 모두 피상적인 새롭고 기묘한 것을 좋아하고, 착상이 기발하고 특이하면서 약간 주목을 끌 만한 새로운 성질이 있는 것이라면 경쟁하듯이 이것을 유행시켜 재미있게 만들어 버리는 것이 보통이다. 게다가 또 이때의 사람들의 마음은 지금의 인정과는 다르므로, 화를 내거나 기뻐하거나 혹은 슬퍼하거나 즐거워하거나 할 때를 불문하고 대단히 격심해짐으로 칠정이 저절로 그 거동과 얼굴색으로 나타나 확실하게 사람들에게도 보이게 된다. 결국 인간의 도리를 판단하는 작용이 지극히 미약하기 때문에 한순간의 정욕(情欲)을 참고 억제하지 못하고 마음속에 생각하는 것을 노골적으로 외면에 표출하거나 또는 거동으로도 보이게 된다.
>
> 그렇기 때문에 이 시대의 사람들에게는 이른바 기묘한 습관도 대단히 많아서 웃어야 할 습관이 있고 욕을 해야 할 습관이 있다. 불쌍히 여길 습관도 있는가 하면 미워할 습관도 있었을 것이다. (중략) 이러한 까닭에 이 시대의 인정세태는 정말로 피상적으로 보였기 때문에 묘사해 내는 것이 어려웠을 것이다. 그 로맨스 종류조차도 대략적으로 묘사하여 세상 사람들에게 알리기는 했지만, 여전히 문장을 만드는 재능이 풍부하지 않았던 당시 작가의 문장으로서는 살아 있는 것처럼 묘사하기는 어려운 인정세태도 많았을 것이다. 그러한 시기에 세밀하게 풍속을 묘사하여 자세하게 인정을 보게 하는 것으로 연극보다 더 나은 것은 드물었다. (중략) 이것은 지역을 구별하지 않고 연극이 번창하고 기담이 쇠퇴하는 이유이다. (「소설의 변천」) (줄 바꾸기는 가메이)

『브리태니커』 필자는 우연찮게 18세기 영국에서 소설의 융성과 연극의 쇠퇴가 일치하고 있었다고 지적했을 뿐인데, 쇼요는 그것을 문학사의 일반 법칙으로 바꾸어 버렸다. 게다가 로맨스의 쇠퇴와 연극의 융성이라는 법칙까지 만들고 있다. 로맨스에서 연극으로, 연극에서 소설로 교체를 결정했던 것은 쇼요의 의견으로는 인정을 그리는 각 장르의 기능적 차이로, 좀 더 단적으로 말하면 사람들이 인정을 그리는 방식의 시대적 변화였던 것이다. 그는 연극이 '문명시대의 상황'을 비추는 데에 부적절한 이유를 다음과 같이 말하고 있다.

> 인간의 지혜가 이제는 더한층 진보하기에 이르렀기에 세상 사람들은 점차로 화려한 것을 좋아하고 만사 모든 일이 옛날과는 다르다. 주로 외관을 치장하는 것에서 그 인정은 바뀌지 않았는데도 그 외면에 나타나는 세상 사람들의 행동거지는 지난 시대의 것과 비교하면 크게 다른 정취가 있다. 이렇게 세월이 지나가면 다른 풍속 습관도 언젠가는 세상에서 흔적을 감추게 될 뿐만 아니라, 인간도 지력이 진보하는 대로 자신의 욕정을 억제하고 남이 보는 앞에서는 표면에 드러나지 않도록 노력할 것이다. (중략) 인정은 이렇게 변해 와서 그 격심한 태도와 모습이 점차로 약화되어 배우들이 극장에서 연기하는 인정세태는 점점 시대의 흐름에 동떨어지고 진짜 모습을 묘사하기 어려워진다. 연극의 특성인 진짜 모습에 가까이 갈 만한 것을 찾지 못하고 오히려 진짜 모습을 넘어 버리는 것이다. 바꾸어 말하면 진짜 모습 그 자체를 모방하면 그 주요한 부분은 만들지 못하고 진짜 모습 옆에 있는 것을 모방하는 데 주안점을 두게 되는 것이다. (reality plus something) (앞 글)

『브리태니커』 필자는 무대효과의 필요상 연극은 "현실이 제공하는 이상으로 무언가 자극적인 것(something more stimulating than affords)"을 요구한다고 말했을 뿐인데, 쇼요는 그것을 '비추는' 기능의 문제로 좁혀 받아들여 이렇게까지 부연하게 된 것이다.

이와 같은 부연 속에서 대치된 격심한 인정과 그 억제가 속언/아언이라는 대비와 유사하다는 것은 말할 필요도 없다. 그와 함께 이 유사성이 그에게 이론적 정합성의 부담을 지운 이유도 잘 알 수 있을 것이다. 소설은 사람의 지혜가 발달하여 정욕을 억제하는 방법을 익히게 하는 현대사회의 중심적 장르이다. 그 자격 조건은 그 사회의 외관을 장식하고 감정을 억누른 세태풍속을 비추는 것에 있는데, 그것을 이 시대의 속언을 가지고 행하지 않으면 안 된다. 그런데 속언의 문제는 그 외관 안에 감춰진 칠정을 각색하지 않고 모조리 드러내는 것만이 아니다. 이런 촌스럽고 외설스러움 때문에 사람의 지혜가 발달한 사회를 비추는 데에는 어울리지 않게 되는 것이다. 그는 이 점을 어떻게 해결하려고 했는가?

이에 대하여는 전장에서 언급했기 때문에 반복하지 않겠지만 어쨌든 견해를 바꾸면 그는 그런 방법적 난문을 스스로 만들어 버릴 정도로, 『브리태니커』의 "그러나 사회가 예의를 중시하게 되고 특이한 풍속이 점차로 눈에 띄지 않게 됨에 따라……(But as society becomes more decorous, and peculiarities of manners less marked......)"라는 구절에서 과잉된 의미를 끌어내고 있었던 것이다. 그렇지만 그것은 오역이라든지 호걸 번역[1] 등으로 평하여 끝내 버릴 일은 아니다. 『브리태니커』 필자는 앞에서는 비범(uncommon)/보통(common)이라는 이항대립으로 현대사회를 기준화하고 여기에서는 천박한 시대(ruder period)/세련된 시대(refined age), 혹은 특이한(peculiar)/단정한(decorous)이라는 대비로 현대사회가 전시대에 대한 우위성을 시사하

1) 호걸 번역(豪傑訳): 뜻이 통하도록 의역하는 것을 말한다.

고 있었다. 아마도 쇼요는 이것을 미개/문명개화라는 이항대립의 구조로 받아들이고 나아가 문명개화=현대사회를 특징짓는 "세련된(refined)"이나 "단정한(decorous)"을 '화려한 것을 좋아하고 외관을 장식한다'는 의미로 이해했다. 쇼요가 선택한 형용구는 얼핏 현대사회의 부정적인 측면에 대한 비판처럼 보이나 그런 특징을 가져오게 된 것이 인간의 지혜의 진보, 도리력(道理力)의 작용인 이상 (단, 그와 같은 원인론은 『브리태니커』에는 없었지만) 그것은 미개=전근대에서의 무절제한 기벽(奇癖)의 발휘나 정욕의 발현에 대치된 현대의 아름다운 성질이었던 것이다.

유럽 근대의 보편화와 규범화. 이것을 계속해서 자기 확인을 하는 '거울'로서 공간적인 타자를 설정하는 이데올로기가 에드워드 사이드가 말하는 오리엔탈리즘이라고 한다면 『브리태니커』의 필자는 그 조작을 통시적인 시점에서 연극에 대입시켰다고 할 수 있다. 쇼요는 이것을 에도 시대에 전용해서 이를 매개로 일본의 '현대'를 만들어 내려고 했던 것이다. 거기서 끌어낸 현대인의 이미지는 "설령 크게 화가 날 때도 일부러 표정을 온화하게 하여 다른 이의 말에 따르고 수용하는 듯이 말하고, 무척 슬플 때도 눈물을 흘리지 않아야 한다"는 것이었다. 이렇게 하여 "밖으로 나타나는 외부의 행위와 안에 감추는 내부의 사상"이라는 이면화된 인간상이야말로 보편적인 것으로 정립되는 것이다. 이와 동시에 그 이면성을 그리는 소설이 문학의 중심적 장르로서 주장되었던 것이다. 물론 그 씨앗이 『브리태니커』 안에 없었던 것은 아니다. 그 필자는 연극이 이제는 사회의 거울이 될 수 없게 된 사정을 말한 후에 다음과 같이 덧붙인다.

> 다른 한편 거기(독자 계급이 출현한 세련된 시대)에는 그다지 눈에 띄지 않는 성격적 특징이나 풍부한 정서와 감정이 곳곳에 보이고,

> 확실히 그것들은 드라마틱하지 않기 때문에 무대를 만드는 작가에게는 간과되어 버렸던 것인데, 그러나 그 자체는 지극히 흥미롭고 관심을 부추기는 것이어서 만약 신중하게 사용된다면 사람들의 감정에 강한 영향을 끼칠 수가 있다. 문명의 억제력이 서서히 우리들의 본성인 야만적인 정열과 난폭한 충동을 배후로 밀어냄에 따라 필연적으로 그것들은 한층 현저해지고 눈에 띄는 선명함으로 나타나, 마침내는 시대의 특색을 재현하는 허구적 서사의 표현 대상으로서 정당화될 뿐만 아니라 실제로 표현될 정도로 중요성을 획득하기에 이른 것이다. 소설의 평정을 잃지 않는 균형적인 진행과 그 덕택으로 가능해진 감정이나 사건의 아주 세세한 전개야말로, 실로 그 목적에 맞는 (서사) 방식으로 발견된 것이다.**[*원주4]**

쇼요에게 힌트를 준 것은 "문명의 억제력이 서서히 우리들의 본성인 야만적인 정열과 난폭한 충동을 배후로 밀어낸(the restraints of civilization throw into the background the wilder passions and more stormy impulses of our nature)"이라는 부분일 것이다. 그에 대신하여 전경화된 것이 연극 표현에는 적합하지 않은 섬세하고 미묘한 성정(性情)이었다. 쇼요는 이와 같은 표현 대상의 변화와 장르 교체를 성정/마음이라는 오규 소라이적인 인생론에 입각해서 인간의 이면성이라는 관념을 만들었을 것이다. 또 『브리태니커』 필자에 의하면 인생의 우발적인 사건과 함께 흔들리는 이 미묘한 정서는 소설의 "평정을 잃지 않는(the calm and even march of the novel)" 어조로 전개되는 것인데, 쇼요의 경우 『당대 서생기질』에서는 아직 학생의 어리석은 행동이나 우스꽝스러운 기벽을 과장해서 그리는 경향이 강했지만 『여동생과 경대』나 『아내』에서는 평정을 잃지 않는 방향으로 나아가게 되었다.

이제까지 많은 연구자들은 쇼요에게는 근대문학을 낳은 시민사회에 대한 이해가 결여되어 있다고 지적하였다. 그 후 유입한 다량의 정보를 이용할 수 있는 입장에서 보면 분명히 그런 면도 없지는 않다. 『소설신수』에는 앞에서 인용한 의미처럼 현대인의 이미지를 볼 수는 있지만 시민사회의 구체적인 이미지는 보이지 않기 때문이다. 그렇지만 이 같은 점을 지적한다면 그와 동시에 후세의 우리들은 다음과 같은 점에서도 주의를 기울여야만 할 것이다. 그것은 근대의 시민사회가 소설을 융성하게 했다고 한다면 그와 마찬가지 혹은 그 이상으로 소설의 시대정신이나 성격과 관련된 담론이 시민사회라는 관념을 만들어 왔다는 사실이다.

서로 적당히 좋은 매너를 지키면서 각자 '내면'을 끌어안고 있는 인간들. 그것을 마치 보편적인 인간상인 것처럼 만들어 낸 것은 여타 인문과학적 담론 영역이 아니라 실로 소설이라는 장르, 나아가서 소설에 관한 담론이었던 것이다. 이것은 현재 아무리 강조해도 지나치지 않다. 설령 다른 시대의 인간의 눈에는 오버 액션이라고 보이는 감정 표현일지라도 그것은 그 시대의 지극히 당연한 매너이고 외관의 장식법일 수밖에 없다. 그런데 외부와 내부라는 이중적인 인간상을 전제로 한 입장에서 오버 액션의 감정 표현들은 세련되지 않은 천박한 감정 표현이라고 간주되어 버렸다. 연극이나 소설을 사회의 거울로 보는 견해가 이런 편견을 정당화한 것이다. 쇼요가 도입했던 것, 정확히 말하면 그가 바꾸어 씀으로써 현재화된 것은 그런 소설 담론의 이데올로기였다. 그 이후 연구자들은 쇼요의 근대사회에 대한 이해 부족을 지적하고, '내면'관의 얄팍함을 비판하는 일은 있어도 '내면'을 떠안은 인간상 그 자체의 허구성이나 이데올로기성을 의심하지는 않았다. 그들은 그 '내면'을 근대사회가 각 개인에게 강요하는 고독의 상징으로 삼거나 혹은 그 '내면'에서 근대사회의 기만을 폭로하는 인간적 진실의 근거를 추구해 왔다. 오히려 쇼요 이후의 문학(연구)자의 그러한 담론이 '내면'이라는 관념을 재생산해 왔던 것이다. 뿐만 아니라 그들은 그와 같은 인간적 진실을 그림으로써 유럽의 근현대문학에 다가가려 하였고, 이를 위해서라도 유럽적인 시민사회의 성립을 희구한다는 도착적인 근대화론을 주장하기조차 했다. 그 키워드가 '개인주의'였던 것은 말할 필요도 없다.

누구라도 명백하게 겉으로 드러내기 어려운 '내면'을 갖고 있다. 그런 의미에서 평균화되고 균질적인 인간상을 소설(적 담론)이 만들어 냈다. 이런 이데올로기 없이는 심리학도 생길 수 없었겠지만, 소설의 방법으로서는 '내면'의 개별적인 차이를 '개성'이라고 부르고 그것을 그려 내기 위해서 작중인물의 생활사를 재현한다. 그것은 당연히 비슷한 생활 과정을 겪는 독자의 공감을 불러일으킬 것임에 틀림이 없었다. 그러한 논리의 전제에는 물론 이와 같은 평균적 '시민'들의 사회적 계급화가 함의되어 여기에 인생이라는 관념의 근거가 있었던 것이다. 즉 인생이라는 것은 사적인 위상으로부터 파악된 생활 과정이었다. 『브리태니커』 이전 이미 존 던롭(John Colin Dunlop)은 『산문 픽션의 역사』(1814) 속에서 다음과 같이 주장하였다.

> 말하자면 역사는 인간을 집단과의 관련으로 논하고 그것이 그리는 개개의 인간도 단순히 혹은 제일의적으로 공공의 위상으로부터 파악할 뿐이어서, 사적인 감정·취미·습관 등은 고려되지 않는다. ……그러나 픽션에서는 그것들을 조명해서 그려도 잘못된 것이 아니고 세부적으로 들어가더라도 천하다고 비난당하지 않는다. 여기서 다음과 같은 점을 인식할 수 있다. 즉 우리들이 있는 시대의 생활양식이나 복장이나 습관을 발견할 수 있는 것은 주로 그 시대에 그려진 픽션에 의해서인 것이다.[*원주5]

이것은 소설(prose fiction)을 역사와 비교할 경우의 독자성에 대한 주장인데, 시대의 거울이라는 관점에서 비교한다는 점에서는 변함이 없었다. 역사/소설=공/사라는 도식으로 소설이 그리는 영역을 확보하려 했던 것인데, 이를 바꾸어 말하면 소설의 독자성을 주장하는 담론이 개개인에게는 '사적 영역'의 확장에 기여했다고도 말할 수 있다. 그리고 반세기 이상이나 지난 피터 바이네(Peter Bayne)의 『전기와 비평』(1881)에서도 거의 같은 주장이 시도되고 있다.

> 우리는 누구라도 역사가의 임무는 소설가의 임무와 정확하게 일치하지 않는다는 것을 알고 있다. 그와 동시에 어떤 영역에서나 소설가가 전하는 지식이 역사가가 전하는 지식과 동등한 가치를 가질 수 있다는 것도 알고 있다. 역사가는 가정생활까지는 개입하지 않을 뿐더러 또 개입할 수도 없다. 국민적 능력이나 국가적 사업 등에서 취급할 수 있는 '국가'가 그의 테마다. 전쟁, 성의 공격, 조약, 의회, 도시 등을 취급한다. 역사가도 풍속 습관을 그리기도 하지만 그것은 대중의 풍속 습관에 한정된다. 그들이 사적 생활을 세부적으로 취급한 적이 있을지는 모르나 어디까지나 그것은 국가의 지도적인 인물의 행위를 이끌어 내게 한 숨겨진 경로를 제시하기 위해서였다. 그렇지만 가정생활이라는 것도 또 그 고유의 교훈을 가지고 있는 것이다.**[*원주6]**

그는 사생활(private life)과 가정생활(domestic life)을 미묘하게 나누고 있다. 그가 말하는 사생활은 역사가가 취급하는 국가의 중요한 인물의 사적 영역이고 그것에 비해 가정생활이라는 것은 보통사람의 일상을 가리킨다. 후자는 소설가가 아니면 그리기 어려운 영역이라는 것이 주장의 골자이다. 쇼요가 시대소설의 존재 이유를 "정사(正史)의 누락을 보충한다"는 점에서 발견했을 때 그의 염두에 있었던 것은 오히려 이와 같은 의미에서의 '사생활' 쪽이었다고 생각된다. 그와 대비된 가정생활의 독자적인 소설적 의의에 대해서 어느 정도의 이해를 갖고 있었는지는 『소설신수』 그 자체에서 읽어 내기는 어렵다. 그래서 앞서 필자는 이런 시점에서 쇼요가 이해하지 못했던 것은 시민사회라는 틀에서 파악된 인생의 개념이 아니었을까 하고 지적한 바 있는데, 이제 이 점을 좀 더 검토하기 위해서 존 몰리의 『조지 엘리엇의 소설』(1866)의 일부와 쇼요의 번역적 해석을 비교해 보고자 한다.

존 몰리는 소설의 존재 이유를 인생의 비평에서 찾으면서 이와 같이 말했다.

> 소설이라는 것은 플롯을 만들어 내고 제한된 몇 가지의 성격상 특징을 연결하여 그것에 각각의 남녀 이름을 붙이는 것이다. 그렇지만 불행하게도 인생이라는 것은 한없이 복잡하게 얽혀서 변화를 중첩해 가는 원인과 함께 작용하여 무한하게 다양한 결과를 만들어 낸다. (이 점이야말로 이것들을 처리하는 인간에게 있어서 가장 흥미로운 점인데) 이러한 것을 감지하는 힘은 모든 저자에게 주어진 것은 아니다. 자신의 환경이나 조건의 질곡에서 스스로를 해방하고 그것을 통해 인간에게 주어진 운명의 폭넓음과 높이와 통일을 감수(感受)할 수 있을 때까지 스스로를 높이기 위해서는 (정신의) 발전적인 활력이 필요하게 되는데, 그것은 흔치 않은 강인한 정신력에만 허용되는 것이다. 이런 감수성이야말로 고도의 모든 문학적 창조에서 제일이자 최상위의 조건인 것이다.**[*원주7]**

현재 우리들의 눈으로 봤을 때 이런 주장의 요점은, 소설가라면 그 자신이 처한 제약으로부터 자신을 해방시킬 수 있는 정신력을 갖추고 스스로의 경험을 매개로 사람들의 행과 불행을 지각할 수 있는 감수성을 길러야 한다는 부분일 것이다. 그런데 쇼요의 해석 방식은 다음과 같았다.

세상에 문필에 종사하는 사람이 많다고 하지만 문장을 만들어 내는 재능은 인간에게 가지각색으로 부여되어, 누구에게나 동일하게 배분되지 않기 때문에 견식이 얕은 사람도 있고 생각이 부족한 사람도 있다. 일반적으로 평을 내릴 때에는 중요하고 기발한 실타래를 풀어서 교묘하게 인간의 모습을 만들며, 더 없이 미묘해서 불가사의한 근원을 밝힐 정도의 저작은 드물다. 그리고 인생은 여러 가지가 엉클어져 섞여있는데 그 끝없이 혼돈된 결과조차도 더욱더 아름답게 짜 맞추어, 인생의 비밀을 보는 것처럼 자세히 설명하려는 저작은 많지 않다. 대체로 인생에 쾌락은 그 종류가 너무나도 많은데, 그 중에서도 인간이 가지고 태어난 숙명의 비밀을 꿰뚫고 인간의 도리를 알아차리는 것만큼 세상에 재미있는 것은 존재하지 않을 것이다. (「소설의 주안」)

이상의 글에서 알 수 있듯이 쇼요는 소설가의 주체적 조건이라 할 수 있는 상황과의 확집(確執)과 자기해방이라는 요점을 쏙 빼버리고 있다. 몰리의 말을 필자 나름대로 부연하면 자기해방의 노력 속에 소설가는 인생에 대한 비평의 안목을 가질 수 있다는 것인데, 쇼요는 그 점을 천착하지 않고 그 대신에 "인생이라는 것은 복잡하게 얽혀서 변화를 중첩해 가는 원인과 함께 작용하여 무한하게 다양한 결과를 만들어 낸다"는 대목에 강하게 반응한 것이다. 그리하여 "중요하고 기발한 실타래를 풀어서"라고 하면서 바킨적인 구성론으로 치환하여 버렸던 것이다.

당연한 귀결이지만 그는 다음과 같은 부분에는 관심을 두지 않고 '중략'으로 번역에서 생략해 버렸다.

조지 엘리엇 저작의 효과는 가장 섬세한 필치와 가장 좋은 균형으로 탄생한다. 그녀가 그리는 화면에는 많은 남녀가 그 전경을 메우고 다른 한편 엷은 선과 얕은 색채와 그들 배후의 어렴풋이 먼 곳이나 그들의 머리 위에 음침하게 밀려드는 운명이나 상황의 불길한 구름이

> 그려진다. 그녀는 그 세계를 거대한 산의 바위투성이 중턱을 피그미가 기거나 뒤틀리거나 하면서 결코 다다를 수 없는 산정을 향하여 결국은 단지 괴로워하기 위해서 자신의 살을 찢고 있을 뿐이라는 식으로는 그리지 않는다. 노력과 달성과의 균형, 인간 개개의 힘과 처한 상황의 압력과의 균형을 충분히 진실성 있게 그려가는 것, 그것을 평가할 수 있는 자는 시이건 소설이건 정확한 음계(붓놀림)에 가까운 곳까지 달한 사람들 속에서도 극히 소수일 것이다.**[*원주8]**

이 회화적인 비유를 사용한 엘리엇에 대한 평이 과연 옳은지의 여부는 여기에서 묻지 않겠다. 어쨌든 이것이 몰리가 본 엘리엇의 세계이고 위와 같은 달성은 개개의 인간을 가까이에서 보고 결코 눈을 떼지 않고 비춰 내는 노력으로 얻어지는 것(It comes of the reflection being always kept close to the men and women)이다. 그렇지만 쇼요는 그와 같은 현실화된 인생의 이미지에는 관심을 표하지 않았다. 앞의 번역에서 알 수 있는 것처럼 "더 없이 미묘해서 불가사의한 근원"이라는 일종의 불가지론적인 운명에 농락당하는 기구한 인생과 그 사이에 나타나는 "인간이 가지고 태어난 숙명의 비밀" 쪽이 보다 중요했던 것이다.

이는 앞서 말한 몰리와 쇼요의 문의 대조에서는 생략해 버린 부분인데, 그는 "스스로의 성질과 운명에 대한 인간의 호기심(man's curiosity about his own nature and his own lot)"을 "그 성질과 운명이라는 것은 어떤 자연 기관에 의해서 어떤 상태로 작용하는가"라고 번역하고 인생의 비판을 "세상 평판기"로 대치하였다. "자연 기관"이라는 소위 보이지 않는 손의 지배력을 부가한 점에서도 같은 지향을 엿볼 수 있다. 쇼요 시대의 criticism의 번역어인 '비평'은 '비점(批点)을 찍는 것' 즉 표현의 잘잘못을 평하는 말이었다. 쇼요는 그 용법에 따라 "자연 기관"이 자아내는 인간세계의 여러 모습에서 각자의 삶의 급소, 그 처세 태도에 비점을 찍는다는 의미에서 "세상 평판기"라고 불렀을 것이다.

이상과 같은 점에서 19세기 영어권에서의 소설 담론과 쇼요의 이해 사이에는 미묘한 차이가 인정되지만, 양쪽 모두 인생을 향한 관심과 그 재현을 목적으로 한 것임에 틀림없다. 그것이 소설이라는 장르에 부착된 이데올로기였던 것이다.

이 문제는 소설의 미디어적 기능의 측면에서 파악해 둘 필요가 있다. 사회학적으로 본다면 앞에서처럼 의미를 부여받은 소설이 다량으로 쓰인 것은 18세기부터 19세기에 걸쳐서 영국 전 국토에 부유한 중산 계급이 성립되고, 게다가 도시지역에 광범위한 소시민 계층이 출현한 결과였다. 그렇지만 앤터니 트롤로프의 『자전』(1883)이나 헨리 제임스의 『픽션의 기술』(1884) 등을 보면 그 중산 소시민층 가정에 소설이 받아들여지기까지는 강인한 '편견'과 싸워야만 했다는 것을 알 수 있다. 이 사회적인 설명은 다음과 같이 보충되어야 할 것이다. 실은 가정 안에서 '내면'을 품은 인간을 그린 소설이 독자에게 인생의 이미지를 제공하고 같은 인생을 살아가는 중산 소시민의 편재라는 관념을 만들어 냈던 것이라고. 존 몰리는 인생의 비평이 소설을 성공시키는 이유를 이런 식으로 설명하고 있다.

> 많은 사람들은 왜 그것이 자신들을 끌어당기는가 무의식적인 경우에서조차 인생의 비평에 매료되어 버리는 것이다. 그것이 폭과 깊이를 부여하는 것이고, 대부분의 어리석은 사람들은 그 폭과 깊이가 어디에서 유래되었는가에 대하여는 애매모호한 관념밖에 갖고 있지 않지만, 그래도 어쩔 수 없이 그 저서로부터 강한 인상을 받는다. 세계에 대한 이 광대한 전망을 시사할 수 있는 저자는 그의 예술이 성공을 거둘 수 있는 근본적인 요소를 손에 넣은 것만이 아니다. 거기에다 상상할 수 없을 정도의 인기를 누리는 가장 안전한 보증을 획득해 왔던 것이다.[*원주9]

인생의 비판적인 모티브가 그 저술에 깊이와 폭을 부여한다는 의견은 확실히 수긍할 수 있다. 그렇지만 그 후반은 오히려 미디어로서의 소설이 어떻게 대중적인 성공을 거둘 수 있는가에 대하여 절반은 원망(願望)을 이야기한 것이라고 받아들여야 할 것이다. 독자는 개인과 환경과의 각투를 그린 소설을 통하여 스스로의 인생을 발견하거나 그 내용에 자신을 투영해 보는 것으로만 그치지 않는다. 자신과 마찬가지로 이 작품에 매료되어 있을 독자를 그려 내어 그것을 매개로 일정한 계층의 이미지를 만들어 낸다. 그러한 기능을 소설이라는 미디어는 지니는 것이다. 논평이라는 장르도 이 기능 속에서 탄생하기 때문에 또 그것을 강화시키는 기능을 해 왔다. 앞의 몰리의 말은 실로 그 기능을 연기하기 위한 것이었던 것이다.

쇼요도 결국은 그런 방향으로 추진해 갔다. 이미 본 것처럼 19세기 영어권에서 소설 담론과 『소설신수』와의 사이에는 미묘한 차이가 보이고 『당대 서생기질』의 경우 인정본적인 플롯을 배경으로 당시 학생의 '평판기'를 그려 냈던 것뿐이었다고 할 수 있다. 그렇지만 그 후 『여동생과 경대』, 『아내』로 이어지는 추이는 가정생활에서 '내면'을 품은 인간상을 현실화시키려고 하는 명확한 의도를 엿볼 수 있다.

후세 연구자는 이 과정을 쇼요가 인간 의식과 소설 방법을 심화시켜 진보한 것이라고 평가해 왔는데, 그런 점에서 그들도 또한 소설 이데올로기의 가담자였던 것이다. 근대 일본 소설가 중 가정에서 '내면'을 품은 인간상을 가장 정력적으로 생산해 온 것은 나쓰메 소세키였다. 거기에 연구가 집중되고 그 '내면'을 소세키의 인생에까지 강요하는 작가론이 양산되는 것도 이유가 없는 것은 아니다. 요즘에는 과연 작중인물과 작가를 동일시하는 '연구'는 비판받고 있는데, 작중인물의 '내면'에 정신적인 트라우마(trauma)를 가정하는 속류 심리학적인 방법은 여전히 바뀌지 않는다. 예를 들면 『마음』의 경우 '선생님'의 '나'에 대한 공포라는 '내면'을 가정하는 분석까지 진행되고 있다. 이윽고 '내'가 그 회상을 서술하기에 이르는 '내면'의 트라우마를 읽어 내려는 '연구'가 나올 것이다.

그런데 이상과 같은 인생관과 밀접한 관계에 있는 것이 리플렉션(reflection) 이론이었다.

소설에 그려지는 사건은 통상 일어나기 쉬운 일련의 '인간적 사건(human event)'이나 '사회의 현대적 상태(modern state of society)'에 부응한 것이 아니면 안 된다. 『브리태니커』 필자에 의하면 그 특질로 소설은 연극보다 뛰어난 문학 장르가 될 수 있게 된 것이다. 이미 검토한 것처럼 거기에는 사회의 거울이라는 기능의 우열관이 관계하고 있었다. 그는 반드시 그런 관점으로 "로맨스" 항목 전체를 기술한 것은 아니었다. 단 주목해야 할 것은 현대에 와서 전기에서 소설로 전환이 시작되고, 그리고 소설이 연극을 대신하여 중심적인 장르가 된 바로 그 시기의 기술에서 그가 사회의 거울로서의 기능을 강조하기 시작한 것이다. 그 의미에서는 오히려 이 기능이야말로 현대인의 기호를 반영한 역사적 특성이 틀림없다고 보는 것도 가능했을 것이다. 이 견해로 보면 그들이 이 거울에 기대했던 것은 그들 자신의 생활 풍속의 반영뿐 아니라 그들과는 다른 세계의 거울에 대한 기대도 포함되어 있는 것이고, 사실 19세기에는 그러한 서사가 많이 쓰였다. 그런데 『브리태니커』 필자는 사회의 거울로서의 기능을 선험화하여 장르 교체의 원리로 간주했다. 그 결과 각 시대 사람들의 기호의 반영은 이 거울에 비쳐진 풍속이나 감정 표출에 한정받게 된 것이다.

이와 같은 교묘한 조작을 통해 이 시기 거울 그 자체의 역사성 아닌 초월적인 객관성을 주장하는 담론이 유포되어 믿어지기에 이르렀던 것이다.

앞서 말한 필자의 견해로 본다면 이 과정은 소설의 내재적 특질에서가 아니라 오히려 미디어적인 기능 면에서 다시 생각해 볼 필요가 있다. 다시 말하면 소설의 독자가 자신을 투영해 보는 것은 반드시 그 작품에 재현된 인생에 대해서만은 아니다. 그와 동시에 자신과 같이 이 이야기에 심취해 있을 독자에게 자신을 투영해 간다. 시나 연극에 있어서도 마찬가지로 자신과 동질적인 향수자의 발견이 행해진다. 그렇지만 신문이나 잡지 등의 매스 미디어와 관계된 소설의 유통범위는 엄청나게 넓고 이 점에서 특히 중요한 것은 소설 향수의 방식이 개인화되었을 것이다. 시의 청중과 연극의 관객은 감동의 공유 그 자체까지도 향수할 수 있다. 그것에 대하여 소설의 독자는 압도적으로 광범위한 매스 미디어 공간에 점재(點在)하고 있을 눈에 보이지 않는 독자를 사적인 공간 안에서 상상할 수밖에 없는 것이다.

아마 이와 같은 개별적인 향수 형태는 사적으로 소비하는 시간(서사를 읽으면서 빠져 드는 시간)에 대한 요구나 사적인 영역을 다루는 서사 내용에 대한 기대와 관계가 없는 것은 아니다. 향수 형태가 서사 내용을 방향 짓고 서사 내용이 향수 형태를 낳는다는 상호작용으로 만들어진 프라이버시 관념이 독자를 조직해 가는 것이다. 뿐만 아니라 그와 같은 향수 형태 때문에 그 감동은 자기의 주관성이라고밖에 의식하지 못하고 그 반작용으로서 작품 쪽에 객관성의 환상이 부여되었다. 시나 연극은 그것을 상연할 때마다 일종의 변주(variation)가 요구되는데, 소설의 경우 출판사가 바뀌어도 여전히 본문의 동일성이 요구된다. 그러한 사정이 생긴 것도 이 때문임에 틀림이 없다.

소설의 향수에 부과된 이와 같은 사정은 전기(傳奇)의 경우도 마찬가지로 작용한 것으로 생각된다. 그렇지만 돈키호테는 기사도 서사에 자신을 투영하고, 『보바리 부인』의 에마는 전기에 자신의 꿈을 실었는데, 『돈키호테』나 『보바리 부인』을 읽는 독자 쪽은 돈키호테의 우스꽝스럽고 숭고한 악전고투에 동정하고 에마의 비참한 말로에 전율하기는 해도 결코 자신을 대입시켜 행동에 옮기지는 않는다. 같이 동정하고 전율하고 있을 다른 독자를 투영하는 것에 그친다. 소설의 독자는 이렇게 자타를 '독자'로서 만들어 내었고 그와 같이 성립한 독자층을 전제로 한스 야우스의 『도발로서의 문학사』나 볼프강 이저의 『행위로서의 독서』와 같은 것이 탄생되어 왔던 것이다.

소설이 사회의 거울로서 의미를 부여받게 된 경위는 대략 이상과 같이 생각되지만, 소설의 독자는 항상 자신들의 모습이 비춰지는 것을 추구하는 것은 아니다. 『브리태니커』 필자조차도 이와 같은 것을 지적하고 있다. 월터 스콧의 소설이 대중적인 인기를 누리고 거대한 수입을 얻었다는 소문이 난 이후 투기적인 소설가 지망생들이 속출하기 시작했다. 그 독자의 대부분은 중산 계급이고 그들은 사회적인 신분을 넘어 당세풍의 생활을 동경하는 무리들이기 때문에 투기적인 소설가들은 그 기호에 맞추어 무도회나 귀부인의 침실 같은 가십류를 소설화하였고, 그중에는 상류사회의 생활을 모르는 자까지 막연한 지식으로 그 풍습을 그리거나 했다.

이렇게 본다면 제 1장에서 소개한 월터 베잔트의 소설 창작법적 충고가 얼마나 적합한 것인지 알 수 있는데, 소설은 그 독자층의 있는 그대로의 모습을 비추는 거울이 아니라 그들의 원망(願望)이나 기호를 반영한 것이다.

물론 『브리태니커』 필자는 그와 같은 경향을 긍정하고 있었던 것은 아니다. 그는 그것을 극복하고 소설을 독자층의 생활과 인생의 거울로 삼으려고 하면서도 극복할 방법을 찾지 못하고, 그런 경향을 벗어난 약간의 예외로서 벌워 리턴의 이름을 들고, 커다란 결점이 있지만, 그래도 볼 만한 점이 있는 작가로서 미세스 고어와 테어도르

혹 두 사람을 거론할 수밖에 없었다. 이 점에서도 쇼요가 리턴의 작품을 번역하여 고른 이유가 엿보이는데, 이와 같은 거울 이론(mirror theory)을 한 발 전진시킨 것으로서 그는 존 몰리의 엘리엇 평에서 리플렉션 관념을 받아들였던 것이다.

쇼요에게 있어 몰리가 말한 리플렉션이라는 것은 현실의 모습을 비추는 거울임과 동시에 그것을 통하여 자신을 되돌아보는 반성의 실마리였다.

> 사람은 이러한 종류의 책을 읽으면 비록 그 깊은 뜻은 이해하지 못하더라도 인생의 비평에 대한 기록이 재미있다는 것을 알고 있기 때문에 책장을 덮을 수는 없을 것이다. 학문의 지식이 없는 몽매(蒙昧)인은 이런 서적을 읽는다 하더라도 그것을 읽었기 때문에 스스로 깨달아서, 사안의 옳고 그름을 평가하지는 못하더라도 사물의 정과 부정의 시비의 옳고 그름은 미약하게나마 판단할 수 있을 것이다. (앞 글)

이것은 앞서 소개한 몰리의 "많은 사람들은 왜 그것이 자신들을 끌어당기는가 하고 무의식적으로 인생의 비평에 매료되어 버리는 것이다"에 대응한다. 비교하면 바로 알 수 있는 것처럼 쇼요는 일부러 "스스로 깨달아서……수 있을 것이다"라는 효과를 덧붙이고 있다. 그 만큼 그는 반성적 작용을 강조하고 싶었던 것이다. 아니 번역으로 대조해 보는 바로도 몰리는 오히려 작가의 주체적 조건의 문제 쪽에 관심을 집중하고 "사안의 옳고 그름"을 깨닫는 효과에 대해서는 언급조차도 하고 있지 않았다. 그럼에도 불구하고 쇼요는 굳이 앞의 한 문장을 덧붙인 것으로, 아마 그는 바킨적인 권선징악을 조금 일반화하여 소설의 보편적인 작용으로 '반성'을 정착시키고 싶었을 것이다. 그에게 이 '반성'은 소설이 사회를 반영하는 것과 불가분의 작용이었다. "소설이라는 것은 원래 세태를 비춰 내는 것이니 깨어 있는 독자라면 책에 서술된 내용을 통하여 반성하는 것이 당연하다"라고.

단, 몰리의 엘리엇 평에서 쇼요가 그것을 덧붙인 근거가 없었던 것은 아니다. 그 엘리엇 평 중에는 다음과 같은 발언을 볼 수 있다.

> 만약 소설이 태만한 기분 전환이나 시간 때우기와 구별되는 무엇인가의 유용성을 지니고 있다면 그것은 살아 있는 텍스트의 보고와 같다고 할 수 있을 것이다. 이 살아 있는 텍스트라는 말로 나는 단순히 어떤 행동이 바르고 어떤 행동이 틀린가를 나타내는 (이것이 제1의 기준이지만) 도덕 텍스트를 의미하는 것만은 아니다. 그와 동시에 나는 사람들 스스로가 무엇이 우아하고 기품 있는가의 관념을 만들어 내도록 유도하고, 그들에게 보다 섬세하고 지적인 감수성을 가르치고, 그들 자신의 관대한 애정이나 강한 정열을 더욱 확장하도록 유도하는 리플렉션의 텍스트까지도 의미를 두고 있는 것이다. 이것이야말로 소설을 즐기는 데에 따른 정당한 과실(果實)인 것이다. 독자는 소설을 즐긴다는 것이 가장 큰 목적이며 때로는 유일한 목적이고, 이 즐거움은 실제로는 아직 꽃의 단계임에도 불구하고 이미 그 자체를 과실로 받아들여 버리지만.**[*원주10]**

쇼요는 몰리의 번역에서 이 부분을 생략해 버렸는데, 그 취지를 살리면서 앞에서와 같은 번역을 했다고 할 수 있을 것이다. 더구나 재미있는 것으로 그는 「소설의 비익」의 장 "(제2) 사람을 권장 징계하는 것" 안에서 다음과 같이 말하고 있다. 조금 길지만 그가 어떤 개념으로 해석하고 무엇을 부가했는지를 잘 알 수 있는 대목이다.

> 서양의 모 박식한 사람이 옛날에 말하기를 소설이 마음속의 고민을 없애주는 데 도움이 된다는 것은 모든 사람이 알고 있지만, 그 이외에도 명백한 실리가 있음을 아는 사람은 드물다. 소설은 가르침의 근원이 될 만한 것이 어마어마하게 저장되어 있는 보고이자 도매상이다. 사람들이 한번 그 문을 열면 아마도 이익을 얻을 것이 적지는 않을 것이다.

가르침이라고 하면 오로지 인의도덕의 주의를 받들어 사람의 행적의 옳고 그름의 시비를 평판하는 것만 생각하는 사람도 있는데, 내가 말하는 교훈은 그것과는 다를 것이다. 도덕주의 같은 것은 인생의 필수 규율로서 정말로 소중한 표준이기는 하지만, 내가 말하는 교훈은 범위가 넓어서 보통의 일반적인 것만을 말하는 것은 아니다. 비록 도덕의 범위를 벗어난 것이라 하더라도 조금이라도 인간을 경계하여 그 내외의 체재를 개량하는 힘이 있다면 모두 합쳐서 이것들을 통칭하여 가르침이라 할 만하다. 예를 들면 인간에게 여러 가지 예법을 가르치는 것도 임기응변의 재치를 갈고 닦게 하는 것도 인정이 무엇인가를 깨닫게 하는 것도 또 정욕의 무궁무진함을 알게 하는 것도 모두 이 훈계의 일단일 것이다.

세상의 소설 독자는 만일 이 가르침의 소재를 알고 그 진정한 의미에서 음미를 한 후에야말로 비로소 소설 패사의 진정한 효능까지도 깨달을 수 있다. 그리고 동시에 쾌락의 열매를 땄다고 할 수 있을 것이다. 그런데 세상의 소설 독자는 이 도리를 알지 못하는 사람이 많아 오로지 이야기의 줄거리만 읽고 쾌락의 열매를 이미 얻었다고 생각하는 것은 잘못된 것이다. 그것은 쾌락의 꽃을 볼 뿐이고 열매를 얻지는 못하는 것이라고 말했다. (줄 바꾸기는 가메이)

왜 쇼요가 이때 몰리의 이름을 가렸던가는 잘 알 수 없다. 도중에 쇼요 자신의 보충이 너무 많은데다가 지나치게 의역을 해 버렸기 때문일지도 모른다. 몰리는 앞의 인용문 직전에 "사람들은 설교가 아닌 본문을 원한다(people want texts and not sermons)"는 격언을 인용하고 있다. 만약 이것이 "민중은 설교 따위는 좋아하지 않는다. 성서의 말 그 자체를 요구한다"라는 의미라고 한다면, 몰리가 말하는 "살아 있는 텍스트(vivid texts)"도 그런 뉘앙스를 포함하고 "사람들의 마음을 사로잡는 생생하고 좋은 이야깃거리"라는 정도의 의미가 될 것이다. 그것을 "소설은 가르침의 근원이 될 만한 것이 어마어마하게 저장되어 있는 보고"로 한 것은 잘 꿰맞춘 의역이라고 말할 수 있다. 그렇지만 '무엇이 우아하고 기품 있는가의 관념(notions of what is graceful and seemly)'을 "여러 가지 예법"으로 하고, '섬세하고 지적인 감수성(exquisite intellectual sensibility)'을 "임기응변의 재치"로, '관대한 애정이나 강한 정열(their own scope of affection and intensity of passion)'을 "인정"·"정욕의 무궁무진"으로 치환하는 것은 의역이 좀 지나쳐서 이런 식으로라면 생생한 텍스트(vivid texts)의 의미가 변질되어 버리기 쉽다.

그렇지만 이것이 쇼요가 이해한 리플렉트 법칙이었던 것이다.

필자는 앞에서 엘리엇 평을 번역하여 인용하면서 리플렉션이라는 말을 그대로 남겨 두었다. 말할 필요도 없이 이 말은 반영과 반성의 의미를 가지고 문맥상 어느 것으로도 한정할 수 없었기 때문이다. 몰리는 양면을 포함하여 사용하고 있었을지도 모른다. 단지 어느 것이든 이 비추는 거울은 영국의 독자에게는 소설이었는데, 쇼요는 그것을 서양의 문화이기도 하고 더구나 반성을 촉진하는 거울의 의미로 받아들이고 있었다. 그 사정을 잘 전하는 것이 "조금이라도 인간을 계도하여 그 내외의 체제를 개량할 힘이 있다면……"이라는 보충이다. 개량주의적인 이 말은 전혀 소설론의 담론이 아니다. 그는 이처럼 당시의 문명개화 이데올로기를 도입하고 있는데, 실은 이점에서야말로 쇼요가 몰리 등의 담론들을 일본의 거울로 삼지 않을 수 없었던 모티브가 되었다고 말해야 할 것이다.

그가 보는 한, 당시 일본에는 앞의 인용문에서 말하는 것과 같은 의미의 거울로 간주할 수 있는 서사나 소설은 하나도 없었다. 또 그것을 어떻게 끌어내야 하는가를 제시하는 소설론도 없었다. 그러한 실정을 비춰 내고 반성을 재촉하는 거울이 영국의 소설이고 그 이론적 지주라고 여긴 리플렉트 이론의 소설론이었던 것이다. 쇼요의 입장에서는 이것을 모델로 삼아서 일본의 서사를 개량하는 것이 그대로 동시에 일본의 인정이나 풍속을 개량하는 것이었다.

다시 한 번 앞에서 인용한 부분의 일부를 가져와 보자. "세상의 소설 독자는 만일 이 가르침의 소재를 알고 그 진정한 의미에서 음미를 한 후에야말로…… 그런데 세상의 소설 독자는 이 도리를 알지 못하는 사람이 많아 오로지 이야기의 줄거리만 읽고 쾌락의 열매를 이미 얻었다고 생각하는 것은 잘못된 것이다." 이 소설 독자는 몰리가 말하는 novel-reader를 넘어 당시 일본의 독자를 가리키고 있었다고 말할 수 있을 것이다. 이 말들도 거의 쇼요가 보충한 것이기 때문이다. 몰리의 엘리엇 평이라는 거울에는 소설의 독법조차 알지 못하는 이러한 일본의 독자가 비춰져 버린 것이고, 쇼요는 그와 같은 독자들을 향하여 말할 수밖에 없었다. 그런 의미에서 이 부연적 번역의 담론 주체는 몰리임과 동시에 쇼요이다. 역으로 말하면 몰리도 아니려니와 쇼요도 아니다. 여기에서 서술되는 것은 만약 몰리의 엘리엇 평이라는 거울을 선택하지 않았다면 볼 수 없었던 일본의 상황이고, 동시에 쇼요 자신의 모습도 비치고 있었을 터인데, 그러나 그는 자신의 모습을 거기에서 지워 버린 입장으로 말하고 있는 것이다.

그러나 필자는 여기서 『소설신수』의 담론 주체의 부재 따위로 결론지을 생각은 없다. 번역이라는 것은 (동일 언어 내 번역을 포함하여) 앞서 말한 것과 같은 의미에서 복합적인 주체를 생성시키는 행위인 것이고 그리고 오히려 필자가 지적해 두고 싶은 것은 이 기묘한 반영(반성의 메커니즘)이 그대로 '내면' 구조에 작용했다는 점이다.

무엇인가에 반영된 자신의 모습을 반성하는 것에서 '내면'이 시작된다. 이것이 쇼요가 상정한 '내면'을 낳는 자의식의 메커니즘이고 그 후의 문학(연구)자에게 거의 반성 없이 이어져 온 것이다. 그런데 여기서 실은 거울로서 선택된 규범적인 타자 그 자체가 '내면'을 끌어안은 인간상을 지향하는 소설(적 담론)이었다. 욕망이라는 것이

타자의 욕망을 모방하는 것이 틀림없다면 일본의 소설에서 '내면'은 타자의 '내면'을 욕망하고 모방하려하고, 그래도 거기에 미치지 못하는 것을 반성하는 '내면'이었던 것이다. "인간을 경계하여 그 내외의 체재를 개량하는" 것. 이것은 일본을 서양 여러 나라와 대등한 국제관계로 발전시키고자 하는 당시의 구호라 볼 수 있고, 쇼요는 그 일환으로 소설의 개량에 착수하였던 것이다. 그리고 이러한 의미에서 "체재"를 정비하기 위해서는 '내면'을 획득한 소설을 실현시켜야만 했던 것이다. 이 모티브는 일찌감치 기타무라 도코쿠(北村透谷, 1868～1984)나 사가노야 오무로(嵯峨の屋お室, 1863～1947)에 의해 나타났다. 특히 자연주의 시대에는 유럽 문학에서 나오는 작중인물의 번민을 따라서 고뇌하려는 주인공을 그리는 것이 통례로 되어 시마자키 도손의 『봄』에 나오는 아오키(靑木, 기타무라 도코쿠를 모델로 하는)에서 그 전형을 볼 수 있다. 이러한 경향은 시라카바파[2]나 히로쓰 가즈오(廣津和郎, 1891～1968) 등에게서도 변함없이 보인다. 더욱이 그 범위를 넓혀서 유럽 문학의 '내면'의 깊이에 미치지 못하는 것을 고민하는 청년이 등장하는 소설을 세어 보면 현대에 이르기까지 그런 종류의 작품을 쓰지 않는 작가 쪽이 적었다고 해도 과언이 아니다. 이 과정에서 당초의 모티브는 무의식화해 버릴 정도로 자명해지고 현대에 와서는 문학 연구나 국어 교육에까지 침투하고 있다.

그렇다고 해서 예전에 벌어진 본격 소설에 대한 논의처럼 유럽의 문학이 진짜고 일본의 소설은 그 모조품에 지나지 않는다고 말하고 싶은 것은 아니다. 이러한 일종의 흥이 깨지는 비평은 이미 마사무네

2) 시라카바파(白樺派): 일본 근대문학의 한 유파. 잡지 『白樺』의 동인들과 그에 동조하는 사람들을 가리킨다. 개성주의, 자유주의를 중심으로 강렬한 자아의식과 인도주의에 뿌리내린 이상주의적 경향을 띠고 다이쇼 시대 문학의 중심적 역할을 담당하였다.

하쿠초(正宗白鳥, 1879～1962)나 고바야시 히데오(小林秀雄, 1902～1983)에 의해서 제시되었는데 이런 종류의 '진짜/가짜'관 역시 앞에서와 같은 사정의 한 귀결에 지나지 않기 때문이다. 따라서 관점을 바꾸어 여기서 확인해 두고 싶은 것은 그런 당초 사정에 역으로 비춰진 거울 그 자체의 왜곡 혹은 프레임의 구성 문제이다.

1970년대부터 일본에서도 현실의 재현 혹은 현실의 비판적 형상을 주안점으로 하는 소설론에 대한 비판이 시작되어 단순한 현실 반영론은 현재 거의 명맥이 끊어졌다고 말할 수 있다. 그럼에도 불구하고 그것이 극복되었다고 하기보다 실은 형태를 바꾸어 점점 더 심화되어 가고 있을 뿐이라고 봐야 할 것이다. 무엇인가 사회를 전율하게 하는 사건이 일어날 때마다 그 사건을 현대사회가 앓고 있는 부분에 대한 은유적인 표상, 혹은 억압 · 은폐된 사회 암부로부터 발하는 경고로 취급하고 사건을 일으킨 인간의 외상적인 '내면'의 해석에 노력한다. 그런 담론이 현재 점점 더 유포되기 때문이다. 사회를 하나의 유기적인 '전체'라고 보고 시대에는 그 고유한 정신적 경향이 있다는 전제에서, 사회적 사건이라는 '부분' 속에서 그 '전체'나 정신적 경향의 비유적인 표상을 발견한다. 그 제유적(synecdoche)인 사회 해석법이야말로 (이러한 해석법은 현대의 문학비평에서도 일반적으로 잘 사용되고 있는데) 리플렉트 이론의 현대적 형태임에 틀림없다. 거울 이론의 최초 발생의 사정을 파악해 보면 결국 이러한 해석법의 근거에까지 도달하게 되는 것이다.

앞에서 필자는 소설의 미디어적 기능을 지적했다. 얼핏 보기에 현실의 반영이라고 간주되는 소설 내용은 오히려 현실보다는 미디어적 기능으로 만들어진 성격이 강하다. 다시 말해서 개별적인 향수 형태가 요구하는 사적 시간에 대한 요구나 사적인 영역을 그리는 서사 내용 등 이들 미디어적 기능 조건에서 생긴 요구로 소설의 주제나 내용이 만들어져 왔던 것인데, 그것을 외부 현실의 반영이라고 착각하게 함으로써 소설은 스스로를 거울로 비유할 수 있었다. 거울은 틀을 비추지는 않는다. 또 그 거울을 보는 자도 틀을 지각하지 않는다. 이 거울은 만약 다른 거울이었다면 비췄을 것을 소실시켜 버리고 자신이 비춰 낸(다고 착각하게 하는) 상을 상대에게 강요한다. 쇼요의 과잉된 보충은 무엇이 강요되었는지를 비춰 내고 있었던 것이다.

> 소설의 목적은 사람들에게 오락을 주는 것인데 오락에도 종류가 많다. 그렇기 때문에 소설이 목적으로 하는 바는 인간의 문심(文心)을 즐겁게 해주는 데에 있다. 문심이란 무엇을 말하는가 하면 미묘한 정서이다. (중략) 혹 소설에 실려 있는 것이 인정의 급소를 잘 찔러서 상세하게 세태의 가장 중요한 것을 탐색하여 아름다운 사람도 괴상한 사람도 재미있는 사람도 이상한 사람도 모두 만들어 묘사하면 어찌 문심을 느끼지 않을 수 있겠는가. (중략) 그렇지 않았기 때문에 '존 몰리' 씨는 인간세계의 비판이야말로 인생의 중요한 오락이라고 말했다.
>
> 소설은 즉 인생의 평판기로서 갑의 실패한 까닭, 을의 성공한 이유 혹은 권력을 얻어 도의심이 부패하는 경향, 혹은 정에 이끌려서 도리를 그르치는 경로를 명백하게 소설 전체에 서술함으로써 독자의 비판에 대비한다. 견식이 있는 사람이 이것을 읽으면 그 읽는 즐거움은 다른 경전을 읽거나 혹은 역사서를 읽는 것과는 비교도 되지 않는다. 이것은 서양의 여러 나라에서 학식 있는 명망가로 불리는 사람들 모두가 너나할 것 없이 다투어서 패사를 펴서 읽고 쾌락을 구하는 까닭이다. 우리나라의 습성은 먼 옛날부터 소설을 노리갯감으로 간주하고 작가도 또 이것에 안주하여 소설을 개량하여 학식 있는 명망가를 즐겁게 하는 미술로 만들려고 전혀 생각지도 않았다. (「소설의 이익」) (줄 바꾸기는 인용자)

몰리는 이와 같은 말을 하지는 않았다. 그렇지만 쇼요는 그렇게 받아들인 것이다. 소설을 인생의 평판기로서 읽는 것, 혹은 인생을 평판기적으로 읽는 것이 즉 인생의 일대오락이라고. 결국 소설에 그려진 인생을 평판기적으로 소비하는 것을 인생의 목적으로 삼는 독자층을 몰리가 암묵의 전제로 하고 스스로 그 양질의 한사람으로 임했던 것을 쇼요가 읽어 냈던 것이다. 그렇다고 한다면 그 목적은 소설에 비춰서 자신을 되돌아보는 것과 같지만 실은 그뿐만이 아니다. 읽는 자신을 그 소설 내에 비춰 내고 다른 독자상과 중첩시키거나 자신이 읽는 주체적인 위치를 확인하거나 하는 것도 포함된다. 읽는 행위의 이 구조를 소설 내용 쪽으로 일원화하여 몰리는 크리티시즘 오브 라이프(Criticism of life)라고 부르고 있었던 것이다.

몰리의 말은 다음과 같이 부연할 수 있을 것이다. 즉 그가 대부분의 어리석은 사람들(most stupid people)이라고 단순한 독자로 언급하고 있었기 때문에 그와 같은 독자와 대비시키면서 소설의 리플렉션 기능인 인생의 비평을 이해할 수 있는 선택된 독자에게 자신을 견주고 있었다. 그것을 쇼요는 앞서 인용한 것처럼 확장해 간 것인데, 이 경우도 그의 입장은 이중화되지 않을 수 없었다. 왜냐하면 그는 몰리적인 독자의 위치에 자신을 투영함과 동시에 몰리의 엘리엇 평이나 『브리태니커』에 기술된 일본에서 선택된 독자의 입장으로 "몽매불학의 무리", "우리나라의 습성"을 계몽하려고 했기 때문이다. 결국 이 이중성이 쇼요의 '내면'을 만들어 낼 뿐만 아니라 그 이후 일본에서 소설에 대해서 담론하는 자의 주체의 질을 결정하게 된다.

그런 의미에서는 그의 과잉 부가로 비꼬인 번역 그 자체가 『브리태니커』나 몰리의 엘리엇 평이라는 거울에 비춰진 일본의 문학(적 담론)의 모습이었다. 또한 그것은 이 거울에 강요당했던 왜곡이고 역으로 영어권의 소설 담론에 대한 잠재적 효과를 드러내는 거울이기도 했던 것이다.

쇼요가 소설을 미술로서 주장했던 돌출성도 이 점에서 이해해야 될 것이다.

이상 필자는 19세기 영어권의 소설 담론이라는 거울에 비친 일본의 모습이 틀림없이 당시의 실상을 나타내지는 않았다는 것을 밝혔다. 그것은 반드시 거울이 비뚤어졌다든가 쇼요의 인식이 부정확했다는 의미가 아니라, 원래 두 개의 문화가 서로의 거울이 되는 경우 상호규정성에 관계되는 문제인 것이다. 한편이 완전하게 다른 편의 객관적인 거울이 된다는 것은 있을 수 없고, 실제의 거울조차도 뭔가의 대상을 비춰 내는 것에 의해 역으로 거울로서의 기능이 그 대상으로 인해 비춰진다. 하물며 인간의 인식 행위의 경우 무엇을 거울로 선택하고 어떤 점을 비춰 내려는지는 자신을 비추려는 인간의 판단과 선택에 달려 있다. 혹은 거울에 대한 해석을 포함하고 있다. 지금까지 살펴온 것처럼 쇼요의 번역적 수정(rewrite)은 '원문'에 없는 보충이 과잉되게 부과되어 있었는데, 이것을 다시 말하면 너무 많은 보충이 가능할 만큼 이미 만들어진 서사 담론을 쇼요에 앞선 사람들이 준비하고 있었다는 것을 의미한다. 그 완성도는 이것을 거울로 19세기 영어권의 소설과 그 이론을 비춰낼 수 있는 영역에 달하고 있다. 쇼요는 실제로 그와 같은 인식을 토대로 했음에도 불구하고 19세기 영어권 소설과 그 이론 쪽을 거울의 위치로 삼으려 했던 것이다.

필자는 서장에서 일본의 비교문학에 대하여 포스트모던의 입장에 의한 비판을 소개하면서 필자 자신의 의견은 보류해 두었다. 이미 짐작하는 바와 같이 필자의 견해는, 지금까지의 비교문학적인 연구가 두 '나라'의 문학을 비교할 때에 앞서와 같은 상호 규정성을 간과하고 일방적인 관계 파악으로 전파나 영향이나 섭취를 논하는 경향에 빠져 있었다. 유럽에서의 재패니즘을 거론하는 경우도 그 뒷받침에 지나지 않았다. 이와 같은 약점은 조금 더 일반적으로 말해서 번역론에도 공통된다. 두 '나라'의 문화적 맥락이 다르고 언어 시스템이 다른 이상 의역이나 오역은 당연하며 그 번역이 정확한지 아닌지를 논해도 사실 큰 의미가 없다. 현재의 번역론은 이런 종류의 허무주의로 정착하여 그로부터 비교문학적 연구를 비판하고 있는데, 결국 그것은 두 '나라'의 문화나 언어 시스템을 자립적이고 소통 불가능한 것으로 정립하는 것에 지나지 않고 번역이라는 것은 공범관계를 만들어 내는 시도라는 것을 간과해 버렸던 것이다.

동일한 관점에서 필자는 서장에서 소개한 포스트모던적인 비교문학 비판에도 불만을 가지고 있다. 그것은 거울의 비유를 교묘하게 이용하여 얼핏 보기에 혁명적인 비판처럼 보이지만 그 수사법을 지탱하는 거울 이론 자체가 역사적인 산물이라는 점을 깨닫지 못하고 있다. 뿐만 아니라 비추는 것과 비춰지는 것과의 상호 규정이나 상호 전환에 생각이 미치지 못하기 때문이다. 이러한 약점은 원래 포스트모던의 '사상'이 대상 의존적이고 극히 소극적일 수밖에 없다는 성격에 유래한다. 여기에 의거한 사람들은 '근대'를 국민국가 형성과 동일시한 다음 그것을 기반으로 '근대'의 총체를 비판해야 할 일종의 스토커와 같은 추적증의 정열로 '근대'=국민국가에서의 억압, 표상에 의한 전이·은폐·배제 등의 시스템을 세우고 있다. 다만 이들 용어가 모두 정신분석학에서 왔다고 할 수는 없어도 현재로는 임상심리학을 경유한 의미내용을 띠고 있는 것은 부정할 수 없을 것이다. 그런데 이 '사상가'들은 그 모더니즘적인 성격을 불문에 붙여 버리고 있다. 그 자기은폐와 그 용어의 편애 양상은 오히려 그들의 콤플렉스를 의심해 볼 정도이다.

게다가 더욱 문제가 되는 것은 그들에게 억압된 것, 은폐되어 온 것이야말로 민중적이고 보다 자연스럽고 순진무구하고 풍부하기 때문에 진정한 의미를 짊어지고 있다는 착각에 빠져 있다는 것이다. 그 때문에 설령 '근대'=국민국가에서 '근세'의 어떤 부분이 억압되고 은폐되었다고 '발견'한 경우, 사항을 '근세'의 중심적인 의미로 간주해 버린다. 그렇지만 그것은 '근대'=국민국가를 뒤집어 놓는 것에 지나지 않는다. 이런 점들을 포함하여 결국 그들만큼 '근대'=국민국가에 고집하여 계속 재생산하는 자는 없다고 하는 현상을 낳고 있는 것이다.

이런 이유로 필자 자신은 본론의 도중에 오규 소라이나 교쿠테 바킨의 담론이나 서사에 많은 페이지를 할애해 왔는데, 그것들이 쇼요에 의해서 '억압'되어 있었기 때문은 결코 아니다. 분명히 쇼요는 일면에는 바킨의 권선징악이나 소설 7법칙에 비판적이었다. 그렇지만 필자가 다시 그것들의 내실을 밝히려고 했던 것은 결코 '억압'되어 온 것을 복권시켜 에도 시대의 서사 담론의 중심적인 위치에 두려고 했기 때문은 아니다. 이미 장황할 정도로 반복하고 강조한 것처럼 쇼요는 바킨을 비판하면서 바킨에게 의존하고 있었다. 만약 바킨의 '억압'을 이야기한다면 바킨을 '억압'해 온 것은 오히려 쇼요의 부정적 평가를 곧이듣고 바킨을 경시해 온 연구자들이라 할 수 있다. 그리고 '근대'를 비판하는 태도를 취하고 '근세'를 피해자로 세우기만 하면서 실제로 에도 시대의 텍스트를 읽으려 하지 않았던 포스트모던의 '사상가' 쪽이야말로 바킨을 '억압'해 왔다고 할 수 있다. 그와 달리 필자가 에도 시대의 언어나 역사나 서사의 담론이 어떠한 개념을 사용해서 어느 정도 높은 수준에서 시스템화되었는가를 파악하려 한 것은 그것을 19세기 영어권의 소설 담론과 서로 번갈아 서술하여 동시대적으로 일어난 사항들의 다양성을 그려 보고 싶었기 때문이었다.

이 책의 주제와 달라 다른 형태로 구체적으로 밝혀야만 하겠지만 에도 시대의 서사 생산은 지극히 상호 텍스트(Intertext)적이었다. 앞 장에 소개한 다케베 아야타리나 우에다 아키나리의 표현에서도 그 일부분을 엿볼 수 있다. 따라서 만약 그 서사 내용을 문제시한다면 그것은 단편화된 몇 개의 선행 텍스트의 재편성 방식 그 자체를 파악해야만 한다. 텍스트 외의 현실은 우선 단편화된 선행 텍스트의 양식으로 분절되고 변형되어 약간의 흔적으로서만 파악이 가능하기 때문이다. 그런데 메이지 시대에 들어서 리플렉트 이론이 우세해짐에 따라서 이 텍스트 구조는 과도한 형식주의 혹은 여러 형식의 통일되지 못한 조합으로서 후퇴해 버렸다. 소설의 내용은 그것에 대신하여 작품 속에 반영된 텍스트 외의 현실과 작가의 '내면'의 투영이라고 간주되게 되었다. 이것은 앞에 『당대 서생기질』의 분석과 함께 지적한 것처럼 선행 작품의 '세계'가 세상 사람이 잘 아는 서사가 아니게 되고, 그것을 대신하여 세상사람 공통의 현실 경험이 '세계'화되었던 것도 무관하지는 않다. 그런 의미에서는 내용이라는 개념 자체가 '근대'의 산물인 것으로 그 이후 내용 중심적인 텍스트의 취급법이 주류를 이루어 왔던 것이다.

지금까지 필자는 '근대'라는 용어를 피해 왔다. 지금 필자 나름대로의 '근대' 개념을 굳이 말한다면 그것은 이 장에서 지적해 온 리플렉트 시스템을 사람들이 자신이 사는 세계에 내장시키게 된 시대라고 정의할 수가 있을 것이다. 근대란 사회가 자신에게 보고서를 적극적으로 요구하는 역사적으로 상당히 특수한 시대인 것이다.

에도 시대에도 자신들이 사는 세계를 시각화하는 여러 가지 시도가 있었고 에도의 마을을 소개하는 『에도 명소 도회(江戸名所図会)』나 아사쿠사(淺草)・요시하라(吉原) 등의 번화한 장소를 무대로 한 기뵤시(그림이 삽입된 읽을거리)가 출판되고 있었다. 이것은 현재의 타운 정보지와 같은 성격을 지니는 만큼 에도라는 도시가 거대화한 증거라고 말할 수 있다. 그러나 자신들에게 에도라는 것은 무엇인가라는 문제의식은 거의 보이지 않았다. 그것은 무사 계급의 영역까지 들어가지 못했기 때문인지도 모른다. 그것을 잘 나타내는 것은 에도 도시를 그린 우키요에(浮世繪)[3]인데 어느 우키요에를 보아도 이상할 정도로 에도성(江戸城)은 그려지지 않았다. 이 위치에서 이 방향을 그렸다면 당연히 에도성이 시야에 들어왔을 터라 여겨지는 우키요에에도 그 모습은 보이지 않는다. 그리고 대부분의 우키요에에는 신중하게 에도성이 시야에 들어오지 않는 경관을 선택하고 있다. 대신에 그려지는 것이 후지 산이고 쓰쿠바 산이었다. 이것은 도쿠가와 막부가 군사적인 이유로 금지하였기 때문이라고도 보이고 그림을 그리는 사람 측에서 금제(禁制)가 작용하고 있었기 때문이라고도 생각된다. 어느 쪽이든 이른바 '숨겨진' 공백은 단지 우키요에 만이 아니라 그 외의 표현에도 발견할 수가 있다. 하물며 그 이전의 시대는 자신들의 세계의 초상화를 그리려는 발상 그 자체가 없었던 것이다.

그런데 메이지 시대에 들어서 사회라는 관념이 생겨났다. 보통 '사회'라면 정치 · 경제 · 생활양식의 총체를 가리키지만 이것만으로는 충분하지 않다. 그것들에 대해서 각각 사람들은 각자의 입장에서 의견을 서술한다. 이 입장의 담론을 포함할 때 비로소 '사회'가 성립한다고 말할 수 있을 것이다.

'자신들의 사회'라는 의식이 공유되기 위해서는 정치나 생산과 유통 등의 문제점을 지적하거나 평가하거나 하는 언론이 신문이나 잡지 등의 매스 미디어에 의해 보급될 필요가 있었다. 즉 생산과 유통이라는 것 속에서는 담론의 생산과 유통도 포함된다. 오히려 후자야말로 '사회'를 만드는 결정적인 조건이었던 것이다. 세상 사람이 공유하는 사회라는 '세계'는 이렇게 만들어진 것이고 그런 의미에

3) 우키요에(浮世絵): 에도 시대 세상사 풍속을 소재로 한 유파를 이룬 화가들의 그림. 춘화를 지칭하기도 한다.

서 이 사회를 '상상의 공동체'라고 부르는 것은 틀리지 않는다.

필자는 이것을 가리켜 리플렉션 시스템을 내장한 사회라고 불러 봤던 것인데, 지금 주의를 촉구하고 싶은 것은 이 시스템의 기능에 관해서인데, 이 시스템은 사회가 자신에 대한 리포트를 거울로 삼아 자신을 바꾸어 가게 기능한다. 이런 의미에서 근대라는 것은 사회가 자발적인 변화의 메커니즘을 내장하고 변화의 템포를 가속화시켜 버린 시대라고 할 수 있을 것이다. 인간은 사물이나 관념을 생산함으로써 다른 생물의 자연사적인 역사와는 다른 독자적인 역사를 만들어 왔다. 자연사의 시간과 인간 역사의 시간이 차원을 달리하는 것은 이 때문이다. 그런데 인간은 더욱이 이 시스템을 내장함으로써 그 이전의 시대와는 변화의 방법이나 템포가 완전히 다른 역사를 만들기 시작했던 것이다. 좀 더 정확하게 말하면 이와 같은 가속화된 변화의 시대를 맞이하여 현대적인 의미에서의 '역사'라는 관념을 만들어 왔던 것이다.

일본은 메이지 시대에 이르러 그러한 '역사'의 시대로 진입한다. 메이지의 국가 권력이 이와 같은 시스템에 억압적이었던 것은 지금까지도 자주 지적되어 왔다. 그러나 적어도 관념적인 차원에서는 많은 사람들이 이 시스템의 도입에 합의하였고 메이지 정부도 또한 그에 합의했다. 아니 오히려 그것을 강인하게 또한 교묘하게 운용함으로써 정부를 유지할 수 있었던 것이다. 국가 권력이나 국민국가의 억압기구를 폭로하는 것도 필요하지만 현재 오히려 그 이상으로 필요한 것은 이 시스템의 구조를 파악하고 그 구조의 맞춤 거울적인 성격이 어떤 상황을 낳았는가를 밝히는 일일 것이다.

『소설신수』에서 쇼요가 시도했던 것은 소설을 그러한 시스템의 중요한 하나의 기능으로서 자리매김하는 것이었다. 그 후 소설의 역사는 그 기능을 강화하는 방향으로 나아가고 있다.

■ 원주해 ■

▣ 서 장

*원주1: Walter Besant, *The Art of Fiction*(1884).

*원주2: Henry James, *The Art of Fiction*(1884).

*원주3: 矢本貞幹, 『文学技術論』(1974) 등.

*원주4: George Henry Lewes, *The Principle of Success in Literature*(1865).

*원주5: Anthony Trollope, *An Autobiography*(1883).

*원주6: Masao Miyoshi, *Accomplices of Silence*(1974)도 쇼요를 다룬 부분에서 다음과 같이 지적하고 있다. "Despite its vagueness, however, Syʒyʒ's essay is impressive enough for its time : after all, even in England the general discussion of the novel was just about to begin around the time with James, Robert Louis Stevenson, Walter Besant, and others. And with the exception of George Henry Lewes, there is no one earlier who set forth a coherent treatment of the novel"

*원주7: *Dr. Blair's Lectures on Rhetoric*(1848). 단 본고에서 인용한 것은 1871년판이다.

*원주8: G. P. Quackenbos, *Advanced Course of Composition and Rhetoric*(1854). 단 본고에서 인용한 것은 1873년판이다.

▣ 제1장

*원주1: Fiction is an Art in every way worthy to be called the sister and the equal of the Arts of Painting, Sculpture, Music, and Poetry.(Walter Besant, *The Art of Fiction*, 1884). 이 표지의 안쪽에는 'A Lecture delivered at the Royal Institution, April 25, 1884'라고 되어 있다.

*원주2: [Mr. Besant insists upon]the fact that fiction is one of the fine arts, deserving in its turn of all the honours and emoluments that have hitherto been reserved for successful profession of music, poetry, painting, architecture.(Henry James, *The Art of Fiction*, 1884)

*원주3: That it is an Art which, like them, is governed and directed by general laws; and that laws may be laid down and taught with as much precision and exactness as the laws of harmony, perspective, and proportion.(원주1과 같음.)

*원주4: 여기에서 인용한 것은 게이오(慶応) 3년(1867)판 헵번(平文) 편역(編訳) 『화영어임집성(和英語林集成)』(A Japanese-England Dictionary with an English-Japanese Index by J. C. Hepburn, 1867).

덧붙여서, 당시 "art"의 번역 예를 들자면, Ernest Mason Satow의 *An English-Japanese Dictionary of The Spoken Language*(1876)에서, "Art, n.(mechanical)jutsu(c);(fine) (dexterity)takumi"라고 되어 있다. (fine) 다음이 비어 있는 것은 번역어를 아직 찾아내지 못했기 때문일 것이다. 제2판(1879)에서는 그 빈 곳에 bijutsu라는 단어가 들어가 있다.

한편 『영화자전(英華字典)』(An English-Chinese Dictionary by The Rev. W. Lobscheid)은, 일본에서 『영화자전(英華字典)』을 편찬할 때 자주 참조되는 사전인데, 이노우에 데쓰지로(井上哲次郎)가 증보・개정한 羅布存徳(서양인 이름의 한자표기) 원저 『정증 영화자전(訂増英華字典)』(明治16년 7월, 1883)에서는, "Art, n. 手芸, 技芸, 芸業, 事業, 法術, 技術, 伎倆, 工芸, 芸; the six liberal or polite arts, 六芸; — they are 礼, 楽, 射, 御, 書, 数; etiquette, music, archery, charioteering, writing and arithmetic; the art of war, 武芸, 武学; literary exercise, 文芸; A. B., Bacherlor of Arts, 秀才; A. M., Master of Arts, 挙人; skill, 機巧, 巧手; by art, 以技芸; adroitness, 巧捷; trade, 事業; profession, 工業; the art of jugglery, 叱法, 使法, 弄法, 演法; atrifice, 詭譎; a mysterious art, 秘法"으로 되어 있다. 여기서는 아직 '미술(美術)'이라는 숙어는 찾아볼 수 없지만, 세키 신파치(尺振八)가 Webster의 "National Pictorial Dictionary"(1883)로부터 어휘 설명을 번역・증보한 『메이지영화자전(明治英和字典)』(1884)에서는, 'art, (名) 技術. 技芸. 芸業. 芸術. 伎倆。熟練. 機巧. 巧手。詭譎(イツハリ) 奸計(タクミ)'로 되어 있다.

*원주5: 『早稲田文学』(1925. 7, 1926. 1)

*원주6: Poetry is a Fine Art, operating by means of thought conveyed in Language.

Poetry agrees generically with Painting, Sculpture, Architecture, and Music; and its specific mark is derived from the instrumentality employed.(Alexander Bain, *English Composition and Rhetoric*, 1869)

*원주7: 『「修辞及華文」の研究』(1978. 8, 教育出版センター)

*원주8: The greater part of the fiction now published and read has no other object than mere pleasure, and that of a very low kind. Novels of this sort have a debasing effect upon the public mind. The reading of them is a mere mental dissipation, unfitting the reader both for reading of a more elevated kind, and for the active duties of life.(John S. Hart, *A Manual of Composition and Rhetoric*, 1870). 단 여기서 인용한 것은 1871년판.

*원주9: A work of Art, unlike the things that perish in giving delight to one individual, admits *the participation of a multitude*. A picture, a poem, or a fine building, can be enjoyed by successive generations of men. It is chiefly what appeals to one or other of the higher senses — Sight and Hearing — that complies with this demand. Objects of Gustatory sensibility are consumed by the single users; Odours affect a greater number. but are still limited; things that gratify the feelings of Touch and Muscularity — a bed or a chair — are monopolized for the time. It is the ennobling function of Art to draw human beings together in mutual sympathy and common enjoyment, instead of holding out occasions of strife and apples of discord.(원주6과 같음)

*원주10: These senses [Sight and Hearing]seem to be particularly in service of the soul. The sensations they produce are pure, not gross; intellectual, not corporeal. They contribute to the refining rather than the sustaining of life. They procure us pleasures which are not selfish and sensual, but noble and elevating.(G. P. Quackenbos, *Advanced Course of Composition and Rhetoric*, 1854).단 여기서 인용한 것은 1873년판.

*원주11: The eye being, as we have seen, the medium of the most vivid and abundant sensations, to it most of the fine arts, — painting, sculpture, architecture, and landscape-gardening, — are exclusively addressed.(원주10과 같음)

*원주12: As a Science, Rhetoric investigates, analyses, and defines the principles of Composition; as an Art, it enables us to apply these principles to practice.(W. D. Cox, *The Principles of Rhetoric and English Composition for Japanese Students*, 1882)

*원주13: Rhetoric is the Science of Laws and Forms of Prose.

Poetry belongs to What are called the fine arts.……Prose, on the contrary, strives to accomplish some outward end.(A. D. Hepburn, *Manual of England Rhetoric*, 1875)

*원주14: A Figure of Speech is a deviation from plain and ordinary way of speaking, for the sake of greater effect.(원주6의 증보판. 1887)

*원주15: The chain of incidents on which a fiction is founded, is called its Plot. A plot should not be glaringly improbable; it should be moral, consistent in all its parts, and so managed as to keep alive the reader's interest throughout. This is often insured by reserving some important denouement for the last.

Next to a good plot, nothing is more necessary to success in fictitious composition than a striking and life-like portraiture of character. Individual peculiarities of mind and manners must be carried out.(원주10과 같음)

*원주16: The Novel, though thus like the Romance in its main features, differs from the latter in that it aims at the delineation of social manners, or the development of a story founded on the incidents of ordinary life, or both together; whereas the Romance is based on incidents, not merely improbable, but altogether wild and out of the common course of life at the present day, — on legends of bygone ages, heroic exploits of former times, supernatural events, and vagaries of the imagination in general.(원주10과 같음.)

*원주17: A good fiction should always be written with a view to showing the beauty and triumph of truth and virture, and the deformity and punishment of falsehood and vice. This class of literature is more widely read than any other, and often exerts a powerful influence over morals and tastes of a nation. The *Novel*, which is a pure fiction describing the incidents of modern social life or manners, containing every possible variety of character and of scenery, and designed to excite to the reader's interest by a rapid succession of events, an involvement of interests, and the unravelling of intricacies of plot.(원주12와

같음.)

*원주18: A panoramic view is often effective. This consists in pointing out a succession of varied objects, one leading naturally up to the succeeding one. Professor Bain calls this the "*Traveller's point of view*". Sometimes the panoramic description is given from some lofty height, as a balloon, and is then called "*a bird's eye view*".

A description can also be rendered interesting by confining it to some particular moment of time, or by viewing the object under some special circumstances.(원주12와 같음)

*원주19: The reader has the pleasure of foreseeing somewhat of the sequel without confusion; he observes always one event rising out of another, and longs to see the winding up of the whole, which is artfully concealed from him, to hasten him on to it with the greater impatience. When he has pursued the whole history, he looks back like a curious traveller, who, having got to the top of a mountain, observes all around him, and takes a delight in viewing from this situation, the way he came and all the pleasant places through which he passed.(원주13과 같음)

*원주20: *Narration* is the account of real or imaginary facts or events.…… Narrative composition applies to a succession of views, or to things changing from one phase to another, and to the stream of events.(원주12와 같음)

*원주21: To produce illusion, — that is, to make the reader forget the language in the meaning, the verbal sigh in the thing signified, — words should be used in the way they are most efficient, the way in which sound most closely corresponds to sense, the succession of characters on the page to the succession of events of story.(Adams Sherman Hill, *The Principles of Rhetoric and Their Application*, 1878)

*원주22: Such a writer will, then, never undertake to describe in detail places or persons in their outward aspect; but he will manage, in the course of his narrative, (1) to give such glimpses of them as one who runs may have; or(2) to convey ideas about them through the medium of the impressions they make or the effect they produce; or(3), if it is necessary to keep an object long before the mind, to relate a story about it, — a story which shall gradually, though incidentally, tell the reader all that words can tell him.(원주21과 같음.)

*원주23: To secure method in movement, a writer should keep one point of view until he has good reason to change it.

To secure method in movement, a writer should keep constantly in mind the central idea of his narrative; about that central idea he should group all other ideas according to their relative value and pertinence.

In fiction, the requirements of method in movement should always be observed. A story should begin to move as soon as possible.……Once started, it should keep in motion, never stagnating, never eddying, but flowing on like a river which take to itself all tributary streams and thus grows broader and deeper.(원주21의 개정 · 증보판, 1895)

*원주24: An unskilful historian runs from one point of view to another, and he has no central idea. Having no sense of proportion, he gives as much space to unimportant as to important matters. Having no eye for perspective, he fails to show the true relations between events. Even when his narrative is historically correct, the total impression is false.(원주21과 같음)

*원주25: "Art," in our protestant communities, where so many things have got so strangely twisted about, is supposed in certain circles to have some vaguely injurious effect upon those who make it an important consideration, who let it weigh in the balance. It is assumed to be opposed in some mysterious manner to morality, to amusement, to instruction. When it is embodied in the work of the painter(the sculptor is another affair!) you know what it is : it stands there before you, in the honesty of pink and green and a gilt frame; you can see the worst of it at a glance, and you can be on your guard. But when it is introduced into literature it becomes more insidious — there is danger of its hurting you before you know it. Literature should be either instructive or amusing, and there is in many minds an impression that these artistic preoccupations, the search for form, contribute to neither end, interfere indeed with both. They are too frivolous to be edifying, and too serious to be diverting; and they are moreover priggish and paradoxical and superfluous.(원주2와 같음)

*원주26: The only reason for the existence of a novel is that it does attempt to represent life. When it relinquishes this attempt, the same attempt that we see on the canvas of the painter, it will have arrived at a very strange pass.……The only effectual way to lay it[the Christian's suspicion of the novel]to rest is to emphasize the analogy to which I just alluded — to insist on the fact that as the picture is reality, so the novel is history. That is the only general description(which does it justice)that we may give of the novel.

To represent and illustrate the past, the actions of men, is the task of either writer, and the only difference that I can see is, in proportion as he succeeds, to the honor of the novelist, consisting as it does in his having more difficulty in collecting his evidence, which is so far from being purely literary. It seems to me to give him a great character, the fact that he has at once so much in common with the philosopher and the painter, this double analogy is a magnificent heritage.

[T]he good health of an art which undertakes so immediately to reproduce life must demand that it be perfectly free.

As people feel life, so they will feel the art that is most closely related to it. This closeness of relation is what we should never forget in talking of the effort of the novel. ……Catching the very note and trick, the strange irregular rhythm of life, that is the attempt whose strenuous force keeps Fiction upon her feet. Inproportion as in what she offers us we see life without rearrangement do we feel that we are touching the truth; in proportion as we see it with rearrangement do we feel that we are being put off with a substitute, a compromise and convention.(원주2와 같음)

*원주27: 좀 더 확실히 독특한 비유의 영문을 소개하자면 다음과 같다. “Experience is never limited, and it is never complete; it is an immense sensibility, a kind of huge spider-web of the finest silken threads suspended in the chamber of consciousness, and catching every air-borne particle in its tissue. It is the very atmosphere of the mind; and when the mind is imaginative-much more when it happens to be that of a man of genius-it takes ot itself the faintest hints of life, it converts the very pulses of the air into revelations."

*원주28: The ways in which it is at liberty to accomplish this result(of interesting us)strike me as innumerable, and such as can only suffer from being marked out or fenced in by prescription. They are as various as the temperament of man, and they are successful in proportion as they reveal a particular mind, different from others.……The execution belongs to the author alone; it is what is most personal to him, and we measure him by that.(원주2와 같음)

▣ 제2장

*원주1: Every society can have its history. The most important of this class [Special History] is the history of a nation.(A. D. Hepburn, *Manual of English Rhretoric*, 1875)

*원주2: "Men expect from history," says Guizot, "experience analogous to the wants they feel, to the life they live; they desire to understand the real nature and hidden springs of institutions; to enter into the movements of parties, to follow them in their combinations, to study the secret of the influence of the masses, and of the action of individuals. Men and things must resuscitate before them, no longer merely as an interest or diversion, but as a revelation of how rights, liberties, and power are to be acquired, exercised, and defended; how to combine opinions, interests, passions, the necessities of circumstances, all the elements of active political life. This is what history becomes for free nations.……The need of broad philosophical view of the course of human affairs and progress of society has gained strength instead of becoming extinguished; we have not ceased to look to facts for something more than mere narratives,……"(원주1과 같음)

*원주3: There are two defective methods of historical composition which are very prevalent.

1st. History deals with individual concrete facts, and aims to embody them in affective picturesque narrative; it is closely related to poetry and romance. If it is written with a view simply to give a brilliant narrative that shall please the imagination and satisfy curiosity, it becomes a romance; and realizes none of ends for which history is written.

2nd. If the writer gives prominence to the principles which can be derived from the facts, and make his work a depository of general views, that gartify the speculative intellect, he does not write history; his work is a scientific treatises, wanting in the essential features of genuine history.

A perfect history avoids both extremes. It gives to imagination and reason their due; and combines vivid narration with broad philosophical view. History is not science. It exhibits individual facts, and is not a system of notions and general principles,······it tells, not what generally is, or what must be, but facts that once occurred and that never occur again.(원주1과 같음)

*원주4: In exacting the most rigid impartiality of the historian, it is not demanded that he suppress all personal feeling. There is a false objectivity of history which consists in the absence of all feeling and interest on the part of the writer.······The historian should have fixed conviction; we expect him to feel moral indignation at wrong, and to sympathize with what is noble and good. He is a judge as well as a witness; it is his right to distribute praise and blame; we do not demand that he shall be destitute of feeling, but that he regulate it accoding to the dictates of truth and justice.

It is in his skill in detecting the relations of facts, descerning their value, correctly interpreting them, and distinguishing what is permanent from what is transitory, what is essential from what is accidental, that the historian's powers of generalization and his philosophic culture are shown. The exhibition of facts with scrupulous exactness without these higher qualities gives us chronicles and annals — the materials of history; but there is wanting a correct view of the meaning and bearings of events reported. These the historian discovers; he draws from the rude narratives what the original writers never saw in them.

The chronological method gives the events in order of their occurrence.…… But the exclusive employment of this method destroys the unity of the narrative, separates related and throws together heterogeneous matters; and produces a rude, undigested mass, not an organic whole.

The disposition of materials is an important and difficult part of the historian's task. There is no one method that can be exclusively employed. The mode of representation varies with the point of view of the writer, and the subject of the history.

In history, as in every literary work, unity is indispensable. Historical unity is not the same as scientific and oratorical. It resides in the subject — in the society, institution, individual whose life is narrated.(원주1과 같음)

*원주5: Events must not only be vividly portrayed; their historical significance must be made apparent; that is, their meaning and importance for growth and destiny of the nation or the individual.(원주1과 같음)

*원주6: Description enters more or less largely into all historical works. The events are so closely connected with localities and persons, that in order to render them even intelligible, the historian must endeavor to place before the minds of his readers a vivid picture of the entire land, of particular localities and of the character of the leading actors.(원주1과 같음)

*원주7: In narrating the history of a country, we have to keep in mind that several classes of events are going on at the same time.……And we shall at once see that each of these departments has a history of its own contemporaneous with the histories of all the rest.

State and describe the leading events, classifying them as religious, political, social, commercial, literary, & c.(W. D. Cox, *The principles of Rhetoric and English Composition for Japanese Students*, 1882)

*원주8: The events which I propose to relate form only a single act of a great and eventful drama extending through ages, and must be very imperfectly understood unless the plot of the preceding acts be well known, I shall therefore introduce my narrative by a slight sketch of the history of our country from the earliest times.(원주1과 같음)

*원주9: "It is sometimes best to commence by describing a recent state of things more familiar to the persons addressed, and then to point out by what previous steps that state was arrived at. In this case also, inversion of order of time has a view to explanation of the event…….(Bain)

This method of procedure is known as the *backward teaching of* history. It seems eminently consistent with the great educational maxim of proceeding from the known to unknown; from(what is, at least to the learner, apparently)the simple to the complex.(원주7과 같음)

*원주10: W. M. Thackeray, *The English Humourists of the Eighteenth Century*, 1853.

▣ 제3장

*원주1: 徳田武「馬琴の稗史七法則と毛声山の『読三国志法』—『俠客伝』に則して「隠微」を論ず」(『文学』1980年 6, 7月号, のち青裳書房『日本近世小説と中国小説』所収)

なお本論における『天理図書館 善本叢書 馬琴評答集』(天理大学出版部, 昭和48年 3月)からの引用は, 上記の論文に引用されたものはその表記に従ったが, それ以外は私に翻刻し, 引用した.

*원주2: 『八犬伝』の段階における馬琴にとって,「照応(昭対)」における「物」は『俠客伝』の蛍や『八犬伝』の牛のように同一種類のものでよかったが,「反対」における「人」は同一人物であって, その行為が逆転していなければならなかった.これに関連して,「俠客伝二集評答書」に次のような言葉がある.

「仙女出現の段ハよしの山の照応にて云々の評ハよし. 但是ハ照応にあらず, 反対なり. 小六がよし野山にての示現ハ夢なり. こゝは現在の事にて趣おなじからず. 且小六と姑摩姫とおのおの約束もなし. 彼ハ彼, 是は是にておのづから事の相似たれバ反対なり. 且よし野にてハ九六姫の来由なほ詳ならざるとこゝにて巨細に志たり. これらハ前回の自註と見るべし」

つまり九六媛という同一人物(仙女)が一方では小六の夢に現われ, 他方では現実に姑摩姫の眼前に出現したが故に「反対」なのである. また互いに無縁だった小六と姑摩姫が, 九六媛のお告げによって相似た立場を与えられた. この関係も「反対」なのである. (このように, もと無関係だった二人に超越的な立場から「反対」という関係を与えることは, (3)で言うように「隠微」となる.)

なお右の「自註」は, 九六媛の出現の由来を, 小六の夢に現われた時すべて明かしてしまわず, 謎を残しておき, 姑摩姫の前に出現した際に詳しく語ったことを指す. このように一つの事柄を一回で説明するとくどくなってしまう場合, 二回に分け, 後の回で前の回の不足を補う方法を, 毛声山は「読三国志法」で「縇染」と呼んだのであるが, 馬琴は「縇染」と「襯染」とを同一概念とし, ここでは「縇染」に当たる方法を「自註」と呼んだのである.

*원주3: 『八犬伝』の犬塚信乃には浜路という許婚がいたが, 不幸にして亡くなってしまう. のち里見義成の第五女の浜路という姫が登場し, 容貌も瓜二つだった. 当然信乃との縁が予想され, 馬琴も予告したため, 読者の一人が, 信乃が敵城より浜路姫を救出した功績によって結ばれるというストーリーを予測した. それに対して馬琴は「八犬伝九輯再評」で次のように答えている.

「信乃が浜路姫を敵城より救ひ出す功ありてその賞として妻せらるゝなどいふごとき趣向にてハ人作にて天縁にあらず. (中略)畢竟義成主もしらず浜路姫も知らず信乃は勿論しらず是の彼も皆不用意にて竟に夫婦になるにあらざれば, 甲斐の石禾なる木工作が宿所にて浜路が冤魂, 浜路姫に憑て信乃にものをいふたる大意融らず候. 皆不用意にて竟に夫婦なるをもて浜路姫ハ即浜路にて, 浜路ハ浜路姫なる事, その中に彷彿たるが則作者の隠微に候」

当人は全く気がつかず, ストーリー内の因果関係などという「趣向」を越えたところで生まれる「天縁」こそが, 彼の言う「隠微」なのである.

*원주4: The main cause of this difference between the products of an undisciplined and those of a cultivated mind lies in the absence from the one and the presence in the other of a leading thought, a central idea, around which facts group themselves in accordance with their relative value and pertinence. This leading thought gives Unity to that which would otherwise be a meaningless Variety.(Adams Sherman Hill, *The Principles of Rhetoric and Their Application*, 1878)

▣ 제4장

*원주1: The novelist is not under the same limitations of time, nor has he to contend against the same mental impatience on the part of his public. He may therefore linger where the dramatist must hurry; he may digress, and gain fresh impetus from the digression, where the dramatist would seriously endanger the effect of his scene by retarding its evolution. The novelist with a prudent prodigality may employ descriptions, dialogues, and episodes, which would be fatal in a drama. Characters may be introduced and dismissed without having any important connection with plot; it is enough if they serve the purpose of the chapter in which they appear. Although as a matter of fine art no character should have a place in a novel unless it from an integral element of the story, and no episode should be introduced unless it reflects some strong light on the characters or incidents, this is a critical demand which only fine artists think of satisfying, and only delicate tastes appreciate. For the mass of readers it is enough they are amused; and indeed all readers, no matter how critical their taste, would rather be pleased by a transgression of law than wearied by prescription.(George Henry Lewes, *The Principles of Success in Literature*, 1865)

*원주2: In Antithesis, again, we may recognize the same general truth. The opposition of two thoughts that are the reverse of each other in some prominent trait, insures an impressive effect; and does this by giving a momentary relaxation to the faculties addressed. If, after a series of images of an ordinary character, appealing in a moderate degree to the sentiment of reverence, or approbation, or beauty, the mind has presented to it a very insignificant, a very unworthy, or very ugly image; the faculty of reverence, or approbation, or beauty, as the case may be, having for the time nothing to do, tends to resume its full power; and wil immediately afterwards appreciate a vast, admirable, or beautiful image better than it would otherwise do. Conversely, where the idea of absurdity due to extreme insignificance is to be produced, it may be greatly intensified by placing it after something highly impressive; especially if the form of phrase implies that something still more impressive is coming.(Herbert Spencer, *Philosophy of Style*, 1858)

*원주3: Alis R. Kaminsky, "Literary Criticism of George Henry Lewes," 1964

*원주4: Description presents a picture of a combination of parts or objects, without reference to time; but narration presents a series of events in order of time, or with special reference to time.(Simon Kerl, *Elements of composition and Rhetoric*, 1871)

*원주5: Narration is the presentation to the mind of parts of a successive whole. Its theme is a series of related events occurring in time. Language, being itself related to time as a succesion of signs, is particularly adapted to narration.(David J. Hill, *The Science of Rhetoric*, 1877)

*원주6: If the sole aim of a novel were to tell a story, Trollope would be right in saying that there should be no "episodes" in it; but the story is only a small part of some great novels. Compare "Henry Esmond" with "Les Trois Mousquetaires". In "Les Trois Mousquetaires,"Dumas never drops the thread of his story. In "Henry Esmond", Thackeray drops his thread very often; but he does so in order to make observation on life, — observations that sometimes have not a very close connection with either the main incidents or principal characters, but that are to some readers more interesting than the narrative itself. Dumas, as Thackeray would have been the first to admit, is the better story teller; but Thackeray, in judgement of many, is the greater novelist.(Adams

Sherman Hill, *The Principles of Rhetoric and Their Application*, 1878のRevised and enlarged edition, 1891)

*원주7: There should be no episode in a novel. Every sentence, every word, through all those pages, should tend to the telling of the story. Such episode distarct the attention of the reader, and always do so disagreeably ……. Though the novel which you have to write must be long, let it be all one. And this exclusion of episodes should be carried down into the smallest details. Every sentence and every word used should tend to the telling of the story.(Anthony Trollope, *An Autobiography*, 1883)

*원주8: But many young fail also, because they endeavour to tell stories when they have none to tell. And this comes from idleness rather than from innate incapacity. The mind has not been sufficiently at work, when the tale has been commenced, nor is it kept sufficiently at work as the tale is continued. ……He [the novelist]desires to make his readers so intimately acquainted with his characters that the creatures of his brain should be to them speaking, moving, living, human creatures. This he can never do unless he know those fictitious personages himself, and he can never know them unless he can live with them in the full reality of established intimacy. They must be with him as he lies down to sleep, and as he wakes from his dreams. He must learn to hate them and love them.(원주7과 같음)

▣ 제5장

*원주1: 『近代読者の誕生』(昭和48年 11月, 有精党)

*원주2: 荻生徂徠『弁名』(享保2年, 1717年)は次のように論じている.

「情者. 喜怒哀楽之心. 不待思慮而発者. 各以性殊也. 七情之目. 医書曰. 喜怒憂思悲驚恐. 此就其発於五臓者立之名. 儒者曰. 喜怒哀懼愛悪欲. 或止言喜怒哀楽四者. 此皆以好悪両端言之. 大氐心情之分. 以其所思慮者為心. 以不渉思慮者為情. 以七者之発不関乎性為心. 関乎性者為情. 凡人之性皆有所欲. 而渉思慮則或能忍其性. 不渉思慮則任其性所欲. 故心能有所矯飾. 而情莫有所矯飾. 是心情之説也. 凡人性皆有所欲. 而所欲或以其性殊. 故七情之目. 以欲為主. 順其欲則喜楽愛. 逆其欲則

怒悪哀懼. 是性各有所欲者見於情焉. 故如曰情欲. 曰天下之同情. 皆以所欲言之. 性各有所殊者亦見於情焉. 故如曰万物之情. 曰物之不斉物之情也(中略)皆以其不匿内実言之. 所謂訓実是也」

(情は, 喜怒哀楽の心. 思慮を待たずして発するもの, おのおのその性を以て殊なるなり.

七情の目は, 医書に曰く, 喜怒憂思悲驚恐と. これ, 五臓に発するものに就いて, 之が名を立つ. 儒者曰く, 喜怒哀懼愛悪欲と. 或は喜怒哀楽の四者を言ふに止む. これ皆好悪の両端を以て之を言ふ.

大氐心情の分かちは, その思慮する所のものを以て心と為し, 思慮に渉らざるものを以て情を為す. 七者の発, 性に関せざるを以て心を為し, 性に関するもの, 情と為す. およそ人の性, 皆欲するところあり. しかして思慮に渉らば, 則ち, 或ひは能くその性を忍ぶ. 思慮に渉らざれば, 則ち, その性の欲するところに任す. 故に心は能く矯飾するところ有り. しかして, 情は矯飾するところあるなし. これ心情の説なり.

およそ人の性, みな欲するところあり. しかして欲するところ, 或はその性を以て殊なる. 故に七情の目は, 欲を以て主と為し, その欲するに順はば則ち喜楽愛, その欲するに逆らはば則ち怒悪哀懼. これ性, おのおの欲するところあるもの, 情に見はる. 故に情欲といひ, 天下の同情といふが如し. みな欲するところを以て, 之を言ふ. 性のおのおの殊なるところ有るもの, また情において見はる. 故に万物の情といひ, 者の斉しからざる, 物の情といふが如きなり. (中略)皆その内実を匿さざるを以てこれを言ふ. 謂ふところの, 実と訓むは, これなり)

また徂徠は『経子史要覧』(文化元年, 一八〇四年)で, 次のような感・情の論を述べている.

「孟子ニ, 心之官ハ則思フト云へり. 人ノ心ハ思フヲ官トスルユヘニ, 閑暇(カンカ)無事ノ時デモ, 何ナリト思フコトハアルモノナリ. 況ンヤ物ニ感スルコトアレハ, 其事ニ随テ, 或ハ喜ヒ, 或ハ怒リ, 或ハ哀ミ, 或ハ楽ミ, 或ハ愛シ, 或ハ悪ムト云フヤウナ情カ内ニ起レハ, 自然ト言ニアラハレ声ニ発ス. 唯日本ノ和歌ト同シコトニテ, サノミ修己治人ノ道ヲ説キタル物ニテモナク, 治国平天下ノ法ヲ示スモノニモアラス. タヾ古人ノ喜ヒニツケ, 哀ミニツケ, 軽キハ呻吟(シンギン)シテ, 重キハ咨嗟咏嘆(シサエイタン)ス.

人ニ向テ告ケ語ルヘキヤウモナケレハ, 只其心ニ思フトコロヲ詞ニツ, リテトナヘ出ス」.

*원주3: In the first place, then, we may remark that mental excitement spontaneously prompts the use of those forms of speech which have been pointed out as the most effective. "Out with him!" "Away with him!" are the natural utterances of angry citizens at a disturbed meeting.……Again, every one knows that excited persons are given to figures of speech. The vituperation of the vulgar abounds with them: often, indeed, consisits of little else. "Beast," "brute," "gallows rogue," "cut throat villain" these, and other like metaphors and metaphorical epithets, at once call to mind a street quarrel. Further, it may be noticed that extreme brevity is another characteristic of passionate language. The sentences are generally incomplete; the particles are omitted; and frequently important words are left to be gathered from the context.(Herbert Spencer, *Philosophy of Style*, 1858)

*원주4: The thoughts are principal, the language is but accessory,……. There must be true and appropriate thoughts clothed in fitting words.

Figures of speech are deviations from the strictly grammatical and logical modes of expression, by means of which ideas and thoughts are conveyed with vividness and force.(G. P. Quackenbos, *Advanced Course of Composition and Rhetoric*, 1854)

*원주5: The first essential of any sign used to convey an idea, is that the sign be *recognized* as representing a certain object, act or relation. Upon our familiarity with a word all its value as a sign of an idea depends. Aristotle defends the use of strange words, and especially the use of words in new senses, for ornament. He says in his "Rhetoric," "Men are affected in respect to style, in the very same way as they are toward foreigners and citizens. On which account you should give your phrase a foreign air; for men are admirers of things out of the way, and what is an object of admiration is pleasant." If admiration be the end of writing, Alistotle's advice should be followed; but since men understand and confide in their own countrymen more readily than foreigners, there is a stronger reason for rejecting strange words.(David J. Hill, *The Science of Rhetoric*, 1877)

*원주6: But we must leave these absurd theories. Language is, beyond doubt, a divine institution, invented by the Deity and by Him made known to the human race. If language was devised by man, the invention could not have been at once matured, but must have been the result of the necessities and experiences of successive generations. This, however, does not accord with the facts of history; for, however far go back, we can not arrive at any period when even the most unenlightened portions of mankind did not possess a system of language. Scripture informs us that this means of communication was employed by the first man and woman, as well as their immediate descendants; and we are hence forced to the conclusion that it was the result of a direct revelation from on high.(원주4와 같음)

*원주7: But supposing language to have a devine original, we cannot imagine that a perfect system of it was at once given to man. It is much more natural to suppose that God taught our first parents only such language as suited their present occasions; leaving them as he did in other respects, to enlarge and improve it as their future necessities should require.(“Dr. Blair, *Lecture on Rhetoric*, 1848)

*원주8: As terms increase in every nation, and the vast field of language is filled up, words by a thousand fanciful and irregular methods of derivation and composition deviate widely from the primitive character of their roots, and lose all resemblance in sound of thing signified. This is the present state of language. Words, as we now use them, taken in general, may be considered as symbol, not imitation; as arbitrary or instituted, not natural signs of ideas.(원주7과 같음)

*원주9: Ideas may be communicated by written, as well as spoken, language. The latter represents ideas by articulated sounds; the former employs certain arbitrary characters to represent these articulated sounds, and thus through a double medium conveys the ideas themselves. It is written language alone that gives permanence to thoughts. Written language was devised by men. The exact period of its origin is unknown; but it is supposed not to have been invented until several centuries after men were in possession of a complete system of spoken language.(원주4와 같음)

*원주10: If letters were known at this early period, it can hardly be explained why men, in spite of the vastly superior facilities they afford, should have gone back to the ideographic or syllabic system.(원주4와 같음)

▣ 제6장

*원주1: Punctuation does not generally received in educational institution the attention its importance demands; and hence in the case of otherwise well-informed persons, there is too often a lack of accurate and practical information on this subject. Even those who have made literary pursuits a profession, have regarded this important art as altogether beneath their notice, and leave their manuscripts to be suplied with points entirely at the discretion of the printer.(G. P. Quackenbos, *Advanced Course of Composition and Rhetoric*, 1854)

*원주2: M. B. Parkes, "Pause and Effect — An introduction to the History of Punctuation in the West —," 1992.

*원주3: Punctuation is entirely independent of elocution. Its primary object is to bring out the writer's meaning, and so far only is it an aid to the reader. Rhetorical pauses occur as frequently where points are not found as where they are; and for a learner to depend for these on commas and semicolons would effectually prevent his becoming a good reader, just as the use of such marks wherever a cessation of the voice is required whould completely obscure a writer's meaning.(원주1과 같음)

*원주4: It is true that a pause required for elocutionary purposes does sometimes coincide with a grammatical point, and so the one aids the other. Yet it should not be forgotten that the first and main end of points is to mark grammatical divisions. Good elocution often requires a pause where there is no break whatever in the grammatical continuity, and where the insertion of a point would make nonsense.(John S. Hart, *A Manual of Composition and Rhetoric*, 1870)

*원주5: A writer, in quoting from himself, may use his option in regard to the use quotation marks. It depends upon whether he does, or does not, wish to make a reference to his previous writings. We have no so such option, however, when using the words of other people. To use the words of others without acknowledging them to be such, is plagiarism, which is only another name for *stealing*. It is, however, a branch of the Decalogue, rather than of Grammer.

Sometimes, in quoting from another, we wish for convenience to give the substance only of his meaning, but exact words. In such a case, we may show that the wording has been thus altered, by using only one inverted comma and one apostrophe, instead of two.……Any alteration whatever in the words inclosed in quotation marks is regarded as dishonest, unless in some manner we distinctly indicate that such alteration has been made.(원주4와 같음)

*원주6: ミハイル・バフチン著，北岡誠司訳，『言語と文化の記号論』(1980年 10月)

▣ 제7장

*원주1: We would be rather inclined to describe a *Romance* as "a fictitious narrative in prose or verse; the interest of which turns upon marvellous and uncommon incidents;" being thus opposed to the kindred therm *Novel*, which Johnson has described as "a smooth tale, generally of love," but which we would rather define as "a fictitious narrative, differing from the romance, because the events are accommodated to the ordinary train of human events, and the modern state of society"(*Encyclopeadia Britanica*, Eighth edition).

*원주2: The Novel, though thus like the Romance in its main features, differs from the latter in that it aims at the delineation of social manners, development of a story founded on the incidents of ordinary life, or both together, ……(G. P. Quackenbos, *Advanced Course of Composition and Rhetoric*, 1854)

*원주3: The novel aspired, in fact, to perform for a reading and refined age, what the drama had done for a ruder and more excitable period; to embody the spirit of the times in pictures at once amusing and accurate, and in the form best calculated to awaken attention and interest in those to whom they are addressed. In the earlier periods of a national literature, while the poetical and imaginative spirit of the time takes the direction of the long prose romance, the task of painting manners, and satirizing follies, and displaying the comic oddities of character, is most efficiently performed by the drama.……But as society becomes more decorous, and peculiarities of manners less marked, the pictures exhibited by the stage are apt to become less true; for dramatic effect appears to demand something more stimulating than reality affords; and hence the drama, with a pardonable leaning to the principle of stage effect, often continues reproduce the manners, vices, and humours of a preceding age, long after they have ceased to exist, merely because they are found better adapted to that broad and strongly-coloured delineation in which it cheafly deals.(원주1과 같음)

*원주4: Besides, there are many lesser traits of character, many sentiments and feelings, which are not at all dramatic, and which had therefore been overlooked by writers for the stage, yet in themselves highly interesting and curious, and capable, when judiciously employed, of exercising a strong influence on the feelings. These become more prominent, and stand out in brighter relief, as the restraints of civilization gradually throw into the background the wilder passions and more stormy impulses of our nature, until they acquire an importance which not only justifies, but renders their introduction into any fictitious narrative which represents the peculiarities of the time, necessary; and for this purpose, the calm and even march of the novel, and detailed development both of sentiment and incident which it allows, is found to be admirably adapted.(원주1과 같음)

*원주5: History treats of man, as it were, in the mass, and the individuals whom it paints are regarded merely, or principally, in a public light, without taking into consideration their private feelings, tastes, or habits,……. But in Fiction we can discriminate without impropriety, and enter into detail without meanness. Hence it has been remarked, that it is chiefly in the fictions of an age that we can discover the modes of living, dress, and manners of the period.(John Colin Dunlop, *History of Prose Fiction*, 1814)

*원주6: We all acknowledge that the office of the historian is not precisely that of the novelist, and that there is a sphere in which the latter may convey instruction of a value equal to that convey by the former. The historian does not and cannot descend into domestic life. Nations in their national capacity and in their national doings are his theme; with battles, sieges, treaties, senates, cities, he deals. He may paint manners; but only in the mass. He may give details of private life; but only exhibit the hidden strings which guide the men who guide nations. But domestic life has also its instructive lessons.(Peter Bayne, *Essays in Biography and Criticism*, 1881)

*원주7: Unhappily, it is not given to every writer who can spin a plot and piece together a few traits of character, labelling them with the name of man or woman, to perceive that life moves from a thousand complicated and changing springs, and works into infinitely diversified results, which it is the highest interest of men to mediate upon. It demands an expansive energy, of which only the mind of rare vigour is capable, to shake oneself free from the shackles of one's own circumstance and condition, and thence to rise to a feeling of the breadth and height and unity of human fortunes. This feeling is the first and most valuable condition of all higher kinds of literary production.(Jonn Morley, *George Eliot's Novels*, 1866)

*원주8: In George Eliot's books the effect is produced by the most delicate strokes and the nicest proportions. In her pictures men and women fill the foreground, while thin lines and faint colour show us the portentous clouds of fortune or circumstance looming in the dim distance behind them and over their heads. She does not paint the world as a huge mountain with pigmies crawling or scrambling up its rugged sides to inaccessible peaks, and only tearing their flesh more or less for their pains. The difficulty of keeping this truthfulness of proportion between effort and accomplishment, between the power of the individual and the might of circumstance, may be measured by the fewness of those who, either in poetry or in prose fiction, have even come near reaching the right pitch.(원주7과 같음)

*원주9: Men are fascinated by this criticism of life even when they are unconcious of what it is that attracts them. It gives a size and depth to a book by which the most stupid people cannot choose but be impressed, though their conceptions of what size and depth come to may be of the haziest and dimmest. An author who can suggest this wide outlook over the world has got not only the prime element of success in his art, but the safest guarantee for an unbounded popularity in to the bargain.(원주7과 같음)

*원주10: If a novel has any use at all apart from the idlest diversion and timekilling, it must be as a repertory of vivid texts, by which I certainly do not mean merely texts of moral, pointing only to the right and wrong conduct, though this is the first standard, but those reflections also which lead people to work out for themselves notions of what is graceful and seemly, to teach themselves a more exquisite intellectual sensibility, and to enlarge their own scope of affection and intensity of passion. These are rightful fruits of that pleasure which is the first aim of the novel-reader, and which he too often take to be the only aim, and to be itself the fruit when in truth it is only the blossom.(원주7과 같음)

■ 참고문헌 ■

▣『小説神髄』諸本

坪内雄蔵著,『小説神髄』全九冊(明治18[1885]年 9月～19[1886]年 4月, 松月堂)の復刻版(昭和51[1976]年 2月, 日本近代文学館)

『逍遥選集』別冊第三(昭和2[1927]年 11月, 春陽堂)

坪内逍遥著,『小説神髄』(昭和11[1936]年 10月, 岩波書店・岩波文庫)

明治文学全集16『坪内逍遥集』(昭和44[1969]年 10月, 筑摩書房)

日本近代文学大系3『坪内逍遥集』(昭和49[1974]年 10月, 角川書店)

▣ 단행본

石田忠彦著,『坪内逍遥研究 附・文学論初出資料』(昭和63[1988]年 2月, 九州大学出版会)

板垣俊一校訂・叢書江戸文庫『前太表記』上・下(昭和63[1988]年 2月, 64[1989]年 5月, 国書刊行会)

井上哲次郎抄訳,『倍因氏 心理新説』(昭和15[1882]年 11月, 青木清輔刊)

イ・ヨンスク著,『「国語」という思想 近代日本の言語認識』(平成8[1996]年 12月, 岩波書店)

ヴォルフガング・イーザー著, 轡田収訳,『行為としての読書』(昭和57[1982]年 3月, 岩波書店)

越智治雄著,『近代文学成立期の研究』(昭和59[1984]年 6月, 岩波書店)

加藤周一・前田愛編,『日本近代思想大系16 文体』(昭和64[1989]年 1月, 岩波書店)

北村季吟著・有川武彦校訂,『源氏物語湖月抄』(昭和57[1982]年 5月, 講談社・講談社学術文庫)

曲亭馬琴著・早川純三郎編,『曲亭遺稿』(明治44[1911]年 3月, 国書刊行会)

曲亭馬琴作・幸田露伴校訂,『開巻驚奇 侠客伝』(大正15[1926]年 9月, 玉文社)

曲亭馬琴著,『玄同放言』(昭和2[1927]年 6月, 吉川弘文館)

曲亭馬琴著・笹川種郎校訂,『近世説美少年録』(昭和3[1928]年 6月, 博文館)

曲亭馬琴作・和田万吉校訂,『椿説弓張月』 上・中・下(昭和5[1930]年 8月, 6[1931]年 1, 3月, 岩波書店・岩波文庫)

曲亭馬琴作・小池藤五郎校訂,『南総里見八犬伝』 全10冊(昭和12[1937]年 1月～16[1941]年 10月, 岩波書店・岩波文庫)

『天理図書館 善本叢書 近世小説稿本集』(昭和58[1983]年 11月, 天理大学出版部)

『郡司正勝 刪定集』 全6巻(平成2[1990]～4[1992]年, 白水社)

斎藤一寛著,『坪内逍遥と比較文学』(昭和48[1973]年 11月, 二貝書房)

酒井直樹著,『死産される日本語・日本人 ―「日本」の歴史・地政的配置』(平成8[1996]年 5月, 新曜社)

松亭金水遺稿・山々亭有人編次,『鶯塚千代の初声』(大正5[1916]年, 人情本刊行会)

逍遥研究会篇,『翻刻と研究 坪内逍遥「小説 外務大臣」』(平成6[1994]年 4月, 双文社)

菅谷広美著,『「修辞及華文」の研究』(昭和53[1978]年 8月, 教育出版センター)

鈴木貞美著,『日本の「文学」概念』(平成10[1998]年 10月, 作品社)

関良一著,『逍遥・鴎外 考証と試論』(昭和46[1971]年 3月, 有精堂)

添田寿一訳,『倍因氏 教育学』(明治18[1885]年 1月, 酒井清造・岩本三二刊)

『荻生徂徠全集』 第1巻(昭和48[1973]年 7月, みすず書房)

高田衛著,『八犬伝の世界』(昭和55[1980]年 1月, 中央公論社)

高田衛著,『江戸幻想文学』(昭和62[1987]年 4月, 平凡社)

『建部綾足全集』 全9巻(昭和61[1986]～平成2[1990]年 4月, 国書刊行会)

谷沢永一著,『近代評論の構造』(平成7[1995]年 7月, 和泉書院)

千葉宣一著,『現代文学の比較文学的研究 ― モダニズムの史的動態』(昭和

53[1978]年, 八木書店)
千葉宣一著,『モダニズムの比較文学的研究』(平成10[1998]年 5月, おうふう)
鶴田久作訳述・磯部弥一郎校閲,『修辞論　一名スペンサー文体論』(明治28[1895]年 12月, 開新堂)
『徳川文芸類聚』第12巻(大正14[1925]年 11月, 広谷国書刊行会)
徳田武著,『日本近世小説と中国小説』(昭和62[1987]年 5月, 青裳書店)
中村完著,『坪内逍遥論 ― 近代日本の物語空間』(昭和61[1986]年 2月, 有精堂)
『日本随筆全集』第5巻(昭和3[1928]年 2月, 国民国書株式会社)
日本文学研究叢書『坪内逍遥・二葉亭四迷』(昭和54[1979]年 8月, 有精堂)
日本古典文学全集『英草紙　四山物語　雨月物語　春雨物語』(昭和48[1973]年 2月, 小学館)
日本古典文学大系『近世文学論集』(昭和41[1966]年 11月, 岩波書店)
『天理図書館 善本叢書 馬琴評答集』(昭和48[1973]年 3月, 天理大学出版部)
原子朗著,『修辞学の史的研究』(平成6[1994]年 11月, 早稲田大学出版部)
ハンス・ロベルト・ヤウス著, 轡田収訳,『挑発としての文学史』(昭和51[1976]年 6月, 岩波書店)
前田愛著,『近代読者の成立』(昭和48[1973]年 11月, 有精堂)
ミハイル・バフチン著, 北岡誠司訳『言語と文化の記号論』(昭和55[1980]年 10月, 新時代社)
『本居宣長全集』全22巻(昭和46[1971]～平成5[1973]年, 筑摩書房)
矢代知夫校訂, 叢書江戸文庫『前久太平記』(昭和63[1988]年 8月, 図書刊行会)
矢本貞幹著,『文学技術論』(昭和49[1974]年 8月, 研究社)
柳田泉著,『若き坪内逍遥』(昭和35[1960]年 9月, 春秋社)
柳田泉著,『明治初期の文学思想』上・下(昭和40[1965]年 3, 7月, 春秋社)
柳田泉著,『『小説神髄』研究』(昭和41[1966]年 11月, 春秋社)
柳田泉著,『政治小説研究』上・中・下(昭和42[1967]年 8月, 43[1968]年 9月, 12月, 春秋社)

吉川幸次郎著,『仁斎・徂徠・宣長』(昭和50[1975]年 6月, 岩波書店)

柳亭種彦作,『修紫田舎源氏』 上・下(昭和2[1927]年 2月, 3[1928]年 1月, 日本名著全集刊行会)

▣ 잡지 및 논문

宇佐美毅,「坪内逍遥 — 小説表現の模索」(平成5[1993]年 5月,『国語と国文学』

尾島健次,「『小説神髄』とベインの修辞書 — その模写主義と理想主義」(昭和45[1970]年 6月,『国文学研究』 42号)

亀井志乃,「芸術の前史 — Aestheticsとの遭遇」(平成7[1995]年 5月,『国語国文研究』 100号)

亀井志乃,「妙想と湊合 — フェノロサと日本<美術>」(平成7[199]年 11月,『国語国文研究』 101号)

菅谷広美,「『小説神髄』とその材源」(昭和48[1973]年 3月,『比較文学年誌』 9号)

森田実歳,「『神髄』における措摭 —「小説の変遷」を中心に」(昭和48[1973]年 3月,『国語と国文学』)

横山邦治,「『南総里見八犬伝』に於ける三大隠微 — 八百比丘尼説話の場合」(昭和62[1987]年 4月,『読本研究』 初輯)

▣ 영어 문헌

CHAMBERS'S ENCYCLOPEADIA, J. B. Lippincott & Co., 1868.

William and Robert Chambers, CHAMBERS'S INFORMATION FOR THE PEOPLE.(出版年の記載なし)

ENCYCLOPEADIA BRITANICA, Eighth edition, 1853～1860.

A. D. Hepburn, *Manual of English Rhetoric*, Wilson, Hinkle & Co., 1875.

Adams Sherman Hill, *The Principles of Rhetoric and Their Application*, Harper & Brothers, 1878.

Adams Sherman Hill, *The Principles of Rhetoric and Their Application*, Harper & Brothers, 1891(Revised and enlarged edition).

Alexander Bain, *English Composition and Rhetoric*, Longmans, Green and Co., 1869.

Alexander Bain, *English Composition and Rhetoric*, D. Appleton and Company, 1887(Enlarged edition).

Alexander Bain, *Autobiography*, Longmans, Green, 1869.

Alice R. Kamainsky, *Literary Criticism of George Henry Lewes*, University of Nebroska Press, 1964.

Anthony Trollope, *Thackeray*, Macmillan and Co., 1879.

Dr. Blair's Lectures on Rhetoric, J. B. Lippincott & Co., 1848.

Brainerd Kellogg, *A Text Book on Rhetoric*, Clark & Maynard, 1880.

C. W. Bardeen, *A System of Rhetoric*, A. S. Barnes & Co., 1884.

David J. Hill, *The Science of Rhetoric*, Sheldon & Company, 1877.

Edward W. Said, *Orientalism*, Random House, Inc.,1978.

G. P. Quackenbos, *Advanced Course of Composition and Rhetoric*, D. Appleton Company, 1854.

George Henry Lewes, *The Principles of Success in Literature*, Gregg International Publishers, 1969.

George Winfred Hervey, *A System of Christian, for the Use of Preachers and other Speakers*, Harper & Brothers, 1873.

Henry Coppée, *Elements of Rhetoric*, E. H. Butler & Co., 1859.

Henry James, *The Art of Fiction*(Translated with Notes by Katsuji Takamura). Kenkyusha, 1970.

Herbert Spencer, *Philosophy of Style*, The Department of Literature of Tokio Daigaku, 1877.

John Colin Dunrop, *History of Prose Fiction*, George Bell and Sons, 1906.

John Loofbourow, *Thackeray and the form of fiction*, Guardian Press, 1976.

John S. Hart, *A Manual of Composition and Rhetoric*, Eldredge and

Brother, 1870.

Malcolm Beckwith Parkes, *Pause and Effect; An Introduction to the History of Punctuation in the West*, University of California Press, 1993.

Masao Miyoshi, *Accomplices of Silence*, University of California Press, 1974.

Michael Sadleir, *An Autobiography by Anthony Trollope*, Oxford University Press, 1924.

Miriam Allott, *Novelists on the Novel*, Colombia University Press, 1959.

Naoki Sakai, *Voices of the Past*, Cornell University Press, 1992.

N. John Hall, *Trollope; A Biography*, Oxford University Press, 1991.

R. A. Scott-James, *The Making of Literature*, Martin Secker & Warbury Ltd., 1928.

Richard D. Altick, *The English Common Reader; A Social History of the Mass Reading Public, 1800～1900*, Ohio State University Press, 1998.

Richard Whately, *Elements of Rhetoric*, Longmans, Green, Reader and Dyer, 1877.

Sarah B. Daugherty, *The Literary Criticism of Henry James*, Ohio State University Press, 1981.

Simon Kerl, *Elements of Composition and Rhetoric*, Ivison, Blakeman, Taylor & Company, 1871.

Walter Besant, *The Art of Fiction*, Chatto & Windus, 1902.

Walter Besant, *Autobiography of sir Walter Besant*, Dodd, Mead and Company, 1902.

Walter Scott, *Quentin Durward*, The Aldine Press, 1906.

W. D. Cox, *The Principles of Rhetoric and English Composition for Japanese Students*, Z. P. Maruzen & Company, 1882.

W. D. Cox, *Glimpses of English Literature for Japanese Students*, Z. P. Maruzen & Company, 1883～1884.

W. M. Thackeray, *The English Humourists of the Eighteenth Century*, Oxford at the Clarendon Press, 1916.

■ 역자 후기 ■

역자가 이 책을 처음 만난 것은 1999년 홋카이도 대학에서 연구년을 보내고 있을 때였다. 막 책이 나왔을 때 저자로부터 기증받은 『「소설」론』을 한 장 한 장 넘기면서 이 고도의 지적 수준으로 무장된 이론서를 문화가 다른 우리말로 제대로 옮길 수 있을까 진지하게 고민했었다. "서로 적당히 매너를 지키면서 각자 '내면'을 끌어안고 있는 인간들. 그것을 마치 보편적인 인간상인 것처럼 만들어 낸 것은 여타 인문과학적 담론 영역이 아니라 실로 소설이라는 장르, 나아가서 소설에 관한 담론이었던 것이다. 이것은 현재 아무리 강조해도 지나치지 않다"는 부분을 읽으면서 '소설'론의 보편성이 이문화 커뮤니케이션에 어떤 영향을 미칠 것인가 흥미롭기도 했다.

그리고 수년이 지난 지금 미진하나마 가메이 히데오 씨의 『「소설」론』을 옮기게 되었다. 다른 문화와 다른 언어의 한계는 고스란히 이 책 속에 베어 역자의 한계로까지 확장되었다. 그러나 문화와 언어의 한계를 넘어 이 책이 지니는 엄청난 지적 폭발력이 작업을 진행하게 하였고, 수많은 독자들과 연구자들에게 소설과 소설론에 대한 담론을 더욱 확장시킬 수 있을 것이라는 희망과 자부심이 뒷받침되었다.

이 책의 원대한 구상과 세밀한 분석 내용을 한마디로 설명하기란 쉽지 않다. 굳이 말하자면 『「소설」론』은 일본에 소설 개념을 도입한 『소설신수(小說神髓)』 성립의 한시적 의미 규정을 넘어서 지금 우리의 시점에 새로운 해석 틀을 제공한다. 저자는 쓰보우치 쇼요 이후 만들어진 '소설'에 밴 관념의 띠를 한 꺼풀씩 벗겨 내어 근대소설과 근대성의 의미를 천착하는 방법을 쓰고 있다. 즉 소설에 대한 인식 시스템 속에서 근대성의 문제를 환기시키는 방법으로 저자는 일본 근대문학 연구자들의 좁은 시야를 비판한다. 19세기 영국의 수사서를 통한 소설 창작론과 에도 시대의 창작론이 『소설신수』에서 맞부딪치는 순간을 포착하여, 일본의 근대 소설(론)이 자명한 원리로 믿어 의심치 않던 의식(이데올로기)의 성립을 선명하게 부각시키는 것이다. 이 방법적 실천에 매료된 독자들은 '소설'이 얼마나 자의적인 포장 위에서 근대적 인간을 양산해 왔는지 이해할 수 있을 것이다.

소설의 시민권은 공공/개인, 역사/소설, 공/사의 이분법에 입각하여 인간의 진실을 사적인 영역에서 구하는 '근대적' 문학관의 성립에 의해서 가능하게 되었다. 여기에 사적인 영역이 소설의 특징 혹은 예술성을 뒷받침하는 장치였던 것이다.

이 책을 원서로 읽는다면 에도 시대, 메이지 초기의 낯선 문장들과 만나는 체험을 통해 '일본어'라는 고정적 관념 장치의 허구성을 쉽게 간파할 수 있을 것이다. 번역이라는 매개 행위 속에서 그 변별성을 드러내지 못한 것은 역자의 한계를 노정함과 동시에 아쉬운 부분이다.

최근 인문학의 독자들이 점점 줄어들면서 이 책과 같은 전문서의 출판이 점점 어려워진다고 한다. 이러한 사정에도 불구하고 흔쾌히 출판을 맡아준 건국대학교출판부 관계자 여러분께 감사드린다. 격려와 조언을 아끼지 않은 학형들, 교정을 도와준 이들에게 깊이 고마움을 전한다.

2006년 10월 23일

신 인 섭

■ 찾아보기 ■